서술형 기출 No.1

BASIC

(Grammar & Writing)

You might not know well,
but you were the number one from the beginning!

기획 · 집필   NESS영어교육연구소

교재 제작을 도와 주신 선생님

김기원 선생님(대구-아너스어학원)

서상천 선생님(서울-대찬학원대치본원)

이서준 선생님(서울-잠실마스터영어학원)

김은정 선생님(경기-하이퍼학원)

이정섭 선생님(전북-확인영어자기주도학원)

최대호 선생님(전북-전북대사범대부설고등학교)

최혜희 선생님(경남-Plan A 영어학원)

김영국 선생님(서울-리벤티움영수전문학원)

안재우 선생님(대구-제우스학원)

이수영 선생님(인천-MIT영수학원)

이혜윤 선생님(경기-자이언트에듀)

이현민 선생님(서울-명성사관학원)

최철웅 선생님(인천-유빅학원)

한보라 선생님(세종-종촌중학교)

서술형 기출 No.1_BASIC

개정판 1쇄 발행 2018년 12월 15일
  2쇄 발행 2019년 3월 15일
  3쇄 발행 2019년 8월 15일
  4쇄 발행 2020년 2월 5일
지은이 김재학
펴낸이 김재학
펴낸곳 도서출판 no.1
출판등록 제385-2018-000050호

디자인 이현
편집 이현, 안영인, 최지희, 장홍은
교정 정혜나
마케팅 고은빛

주소 경기도 안양시 동안구 평촌동 900-2 아트빌딩 3층
교재 문의 - 네이버 카페 cafe.naver.com/rlawogkr0078

ISBN 979-11-965470-0-4(53740)
값 16,000원

ⓒ 김재학 2020 Printed in Korea

고등/고등선행 영어 서술형 전문교재

영어서술형
베스트셀러

서술형 기출 No.1

BASIC

(Grammar & Writing)

NESS영어교육연구소

- 👍 고등어법과 서술형 영작을 동시에 잡는 구성
- 👍 2015년 개정교과서 '영어' 주요 문장 반영 3단계 영작문 제시
- 👍 전국 상위 10% 고교 서술형 출제코드 반영

★★ 교사용 / 서술형 추가자료 제공 cafe.naver.com/rlawogkr0078

도서출판 No.1

Going Into

시험기간이 되면 학생들은 보통 영어서술형 문제에 대비하여 본문을 암기합니다. 가뜩이나 바쁜 고등학생들에게 교과서나 모의고사, 부교재 지문의 암기를 통한 서술형 대비는 다른 과목에 대한 학습시간을 앗아갈 뿐만 아니라, 암기한 대로 시험에 출제가 되는 것도 아니어서 효율성이 떨어집니다.

그 이유인즉슨, 객관식 문제의 경우는 본문에 대한 철저한 이해를 기반으로 하여 충분한 대비가 가능하나, 한 문항이 한 등급을 결정할 만큼 배점이 높은 서술형 문제의 경우는 기본적으로 본문에 대한 이해를 바탕으로 영어표현능력(English expressive power)을 평가하므로 단기간의 대비로는 대처하기가 어려운 것입니다.

이에 본서에서는 근본적으로 영어쓰기능력을 키울 수 있도록 영작에 필요한 핵심어법정리와 함께 단계별/수준별로 편성된 영작 문항을 제시하고 있습니다. 서술형에서 출제 비중이 가장 높은 영작(영어문장의 구성능력 평가)은 단순한 본문 암기가 아닌, 기본적으로 영어쓰기능력이 있는지를 평가하고 있는 것입니다. 또한, 고난도 서술형 문제에 대비할 수 있도록 실전에 가장 가까운 서술형 지필평가(공통 고난도 6개 유형)를 배치하여 실전에서 좀 더 원만하게 서술형 문제를 해결해 갈 수 있도록 하였습니다.

그러나, 때때로 해당 학교 유형에 맞는 서술형 문제만 풀고 싶다는 말씀을 듣습니다. 영어를 언어가 아닌 시험을 중심으로 한 접근으로 보입니다. 오히려 시험이라는 울타리를 넘어 좀 더 열린 자세로 학습할 때 어떤 유형의 문제가 새로 나오더라도 풀 수 있지 않을까 생각해 봅니다.

다만, 교재 한 권으로 서술형을 정복할 수 있을 거라는 생각은 맞지도 않고, 올바른 학습방향도 아닙니다. 영어를 외국어로 접하고 있는 현실에서 외국어를 습득하는 유일한 방법은 목표 언어에 대한 지속적인 노출(continuous exposure to the target language)과 실수의 반복을 통한 끊임없는 오류의 수정(endless corrections of the errors through the repetition of mistakes)입니다.

본서에서 제시되는 833개의 서술형 문제에 대한 여러분의 833번의 고민과 오류의 수정이 여러분의 영어서술형을 향상 시킬 것입니다.

서술형, 암기(MEMORIZATION)가 아닌,
실력(COMPETENCE)으로 승부해야 합니다!

NESS영어교육연구소

일러두기 3

1 "서술형 기출 No. 1"의 의미

전국 최초의 수능성적 상위 10% 고교(250개교) 서술형 기출분석과 유제 출제, 그리고 스스로 "No. 1"이면서 그것을 모르고 있는 학습자에게 자신이 No. 1임을 알게 하고 싶은 바람

2 전국 수능성적 상위 10%"

● 수능성적 상위 250개교 ÷전국 고교 2344개교 = 10.6%

● 수능성적 상위 250개 고교
  신문사(조선, 동아)의 수능성적(2015년~2017년) 발표기사 참고

● 전국 고교 2344개교
  2015년 기준 한국교육개발원 교육통계 고등학교 수
  (일반고-1537개, 특목고-148개, 특성화고-498, 자율고-161개 = 2344개교)

3 서술형 실전 기본서

본서는 시험대비 기간용 교재가 아닌, 서술형 실전 기본서로, 학기 중(3월, 5월, 7월, 8월, 10월, 12월)과 겨울방학기간에 학습하도록 제작된 교재입니다.

본서에서 다루는 서술형 지필평가 문항은 입수한 기출문제를 토대로 출제문항의 형식과 내용을 반영한 유사문제(유제)입니다. 기출유제의 경우, 입수한 시험지의 문제와 동일한 형식과 내용으로 문제를 제작하되, 출제상 불가피한 경우 일부 변형을 하였습니다.

250개 고교 중 입수 가능한 기출문제를 토대로 문제를 제작하는 과정에서 누락된 학교가 있습니다. 특히, 수도권 외의 학교들은 기출문제의 확보가 어려워, 최신 문제들로 반영을 하는 과정에서 출제분석에 어려움이 있었습니다. 과학고/영재고는 제외되어 있습니다.

구성과 특징

PART 1 영작방법 예제

우리말로부터 영어문장을 구성해 가는 과정을 제시하는 '문형별 영작방법'학습과정입니다.

PART 2 주요어법별 문장전환편

어법의 이해 및 영어쓰기를 위한 기반이 되는 영역으로, 최근 학교기출문제를 토대로 하여 자주 출제되는 문장전환 서술형 내용을 7개의 어법 파트로 압축 후, 핵심어법정리와 함께 문장전환 문항을 제시합니다. 또한 파트별 출제경향의 제시와 함께 실전감각을 갖도록 최근 출제학교를 보여주어 문장전환 서술형에 대비하도록 하였습니다.

PART 3 고등어법 총정리와 활용 영작편

서술형에서 가장 출제빈도가 높고 자주 틀리는 '영작에 대비하기 위한 과정'으로, 고등어법과 영작의 핵심사항을 20개 유형으로 분류 후, 어법별 주요내용에 대한 도표식 핵심정리와 영작 문항(400문항)을 제시하여 고등어법과 영작을 접목하였습니다.

단계별로 구성된 영작문항을 제시(단순배열 영작 → 어법응용 영작편 → 어법 누적편)하면서 국내 최초로 시도된 "누적 어법 영작문"을 제공하여 학생들이 이전 단원에서 학습한 내용을 잊지 않고 다음 단원에서도 지속적으로 활용하도록 하여 단편적인 영작이 아닌 어법을 활용한 유기적 영작이 가능하도록 하였습니다.

또한 해당 어법사항을 활용하여 출제한 학교명을 제시하여 좀 더 현장감을 갖도록 하였고 2015년 개정교과서 '영어' 11종에 반영되어 있는 서술형 핵심문장을 영작 문항으로 제시하여 학생들의 시험대비에 실질적인 도움이 되도록 하였습니다.

■ 해설집(고등 핵심어법 총정리 수록)

출제빈도가 가장 높은 '서술형 영작'의 해결을 위해, 영어문장을 이끌어 내는 과정을 상세히 다루려고 노력했습니다. 또한 본서의 PART 2와 PART 3에서 학습한 고등 핵심어법을 별도로 해설집에 정리하여, 한눈에 고등어법을 정리할 수 있게 하였고 본서의 문제를 해결해 가는 과정에서 별도로 관련 내용을 찾아봐야 하는 번거로움이 없도록 하였습니다.

ADVANCED - Writing & Actual Test

PART 1 서술형 유형편

현재 고등학교에서 출제되고 있는 서술형 문제를 9개의 유형으로 정리하였고 유형에 따른 학습전략을 제시하고 있습니다. 또한 실제 학교기출문제를 토대로 제작된 기출유제를 제시하여 좀 더 실질적인 유형학습이 되도록 하였습니다.

PART 2 고난도 영작 & 실전 테스트

LEVEL 1. 어법 혼합형 + 실전 테스트

학교시험에서는 기본편 [PART 3. 고등어법 총정리와 활용 영작편]의 내용처럼 단순한 단어의 배열 문항보다 '어형변화, 단어추가' 등 조건제시 문항이 난이도가 높고, 더 많이 출제됩니다. 또한 영작해야 할 문장은 한 가지 어법사항만 반영된 것이 아닌 여러 어법사항이 복합된 문장을 출제하는 경우가 많습니다. 이에 대비하여 교육청 모의고사와 개정교과서에 반영되어 있는 주요 어법사항이 혼합된 문장을 영작문항으로 제시합니다.

LEVEL 2. 고난도 복합유형 + 실전 테스트

실제 시험에서 고난도로 꼽히는 서술형 영작유형을 해결해 가는 과정으로 LEVEL 1(어법 혼합형 영작)에서 제시한 영작(어형변화, 어법상 단어추가 등 조건제시) 이외에 '별도의 어휘추가 및 단어 수 제한 그리고, 조건 힌트가 감소된 영작문항'을 제시합니다. 교육청 모의고사와 개정교과서에 반영되어 있는 주요 고난도 문장을 영작문항으로 선별하였습니다.

[실전 테스트] PART 3의 서술형 지필평가와 같은 내용으로 학교시험과 가장 유사한 문항을 제시합니다.

PART 3 서술형 지필평가

전국 수능성적 상위 10% 내의 최근 학교기출문제의 형식과 내용을 반영하여 유사문제로 출제한 서술형 지필평가로 실제 시험과 가장 유사하도록 제작하였습니다. 2018년에 출제된 고1/고2 교육청 모의고사와 같은 해의 EBS수능특강 교재에 반영된 지문을 활용하여 조금 더 시험대비에 도움이 되도록 하였습니다.

평이한 유형(문장전환, 지칭내용쓰기, 상세내용서술)은 가능한 한 제외하였고, 가급적 학교별 공통 고난도 유형[어법/어휘 고치기, 본문 빈칸쓰기, 단어배열 문장쓰기(어형변화, 단어추가 포함), 조건제시 문장쓰기, 주제/제목/요지/문단요약 쓰기]으로 문제를 출제하였습니다.

특히, 본 교재는 학생들이 가장 많이 틀리는 유형인 내용 요약형(주제/제목/요지/문단요약 쓰기)에 중심을 두고 있습니다. 단, 논술형 문항(자유/창의 서술형: 영어/한글 쓰기)은 일부 학교들에서만 출제가 되어 중점적으로 다루지 않았습니다.

■ 해설집

출제빈도가 가장 높은 '서술형 영작'의 해결을 위해, 영어문장을 이끌어 내는 과정을 상세히 다루려고 노력했습니다. 특히, 실전에 가장 가깝고 난이도가 높은 '실전 테스트'와 '서술형 지필평가'의 자세한 해설을 위해 많은 지면을 할애하였습니다.

교재별 학습 MAP

PARTS			CONTENTS		문항 수
B A S I C	PART 1 영작방법 예제		문형별 예제		15문
	PART 2 주요어법별 문장전환편		7개의 문장전환 관련 어법정리와 영작		60문
	PART 3 고등어법 총정리와 활용영작편	1강-5강	1. 문장의 구조 2. 동명사 3. 가주어 It 4. to부정사 5. 간접의문문		100문
		6강-10강	6. 가목적어 It 7. 수동태 8. 분사 9. 분사구문 10. 관계사 1		100문
		11강-15강	11. 관계사 2 12. 접속사 13. 비교 14. 가정법 15. 도치		100문
		16강-20강	16. 강조 17. 수의 일치 18. 조동사 19. 시제 20. 병렬구조		100문
			TOTAL 475문		
A D V A N C E D	PART 1 서술형 유형편		1강 – 9강	9개 파트의 서술형 유형 대비전략	30문
	PART 2	고난도 영작 & 실전 테스트	LEVEL 1 어법 혼합형	TEST 1회	실전 테스트	25문
				TEST 2회	실전 테스트	25문
				TEST 3회	실전 테스트	26문
				TEST 4회	실전 테스트	24문
				TEST 5회	실전 테스트	25문
			LEVEL 2 고난도 복합유형	TEST 1회	실전 테스트	25문
				TEST 2회	실전 테스트	25문
				TEST 3회	실전 테스트	26문
				TEST 4회	실전 테스트	25문
				TEST 5회	실전 테스트	24문
	PART 3 중간[기말]고사 서술형 지필평가		서술형 지필평가 22회		108문
			TOTAL 358문		
전체 문항 수 833문					

▌수준별 학습 NAVIGATION ▌

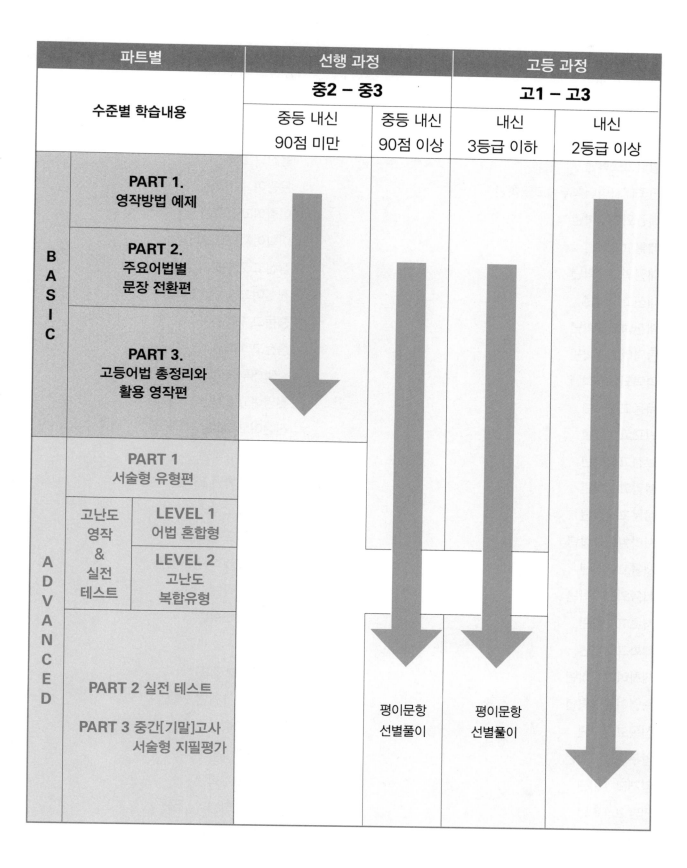

파트별		선행 과정		고등 과정	
수준별 학습내용		중2 – 중3		고1 – 고3	
		중등 내신 90점 미만	중등 내신 90점 이상	내신 3등급 이하	내신 2등급 이상
B A S I C	**PART 1.** 영작방법 예제				
	PART 2. 주요어법별 문장 전환편				
	PART 3. 고등어법 총정리와 활용 영작편				
A D V A N C E D	PART 1 서술형 유형편				
	고난도 영작 & 실전 테스트 / LEVEL 1 어법 혼합형				
	LEVEL 2 고난도 복합유형				
	PART 2 실전 테스트 PART 3 중간[기말]고사 서술형 지필평가		평이문항 선별풀이	평이문항 선별풀이	

🏫 기출문제 분석 185개교

서울특별시(51개교)

강서고 2학년

개포고 2학년

경기여고 2학년

광남고 2학년

단국대사범대학부속고 2학년

대원외고 2학년

대일고 2학년

대일외고 2학년

대진고 2학년

대진여고 2학년

동덕여고 1학년

명덕외고 2학년

목동고 2학년

반포고 1학년

보성고 2학년

불암고 2학년

상문고 2학년

서라벌고 1학년

서울고 2학년

서울외고 2학년

서초고 2학년

세화고 2학년

세화여고 2학년

숙명여고 2학년

신목고 2학년

압구정고 2학년

양재고 1학년

언남고 1학년

여의도여고 2학년

영동고 2학년

영동일고 2학년

영신여고 2학년

영일고 2학년

용산고 2학년

은광여고 1학년

이화여고 2학년

이화여자외고 2학년

잠신고 2학년

잠실여고 1학년 2학년

중동고 1학년

중산고 1학년

중앙대부속고 1학년

진명여고 2학년

진선여고 2학년

창덕여고 2학년

청담고 1학년 2학년

한가람고 2학년

한국삼육고 1학년

한영외고 1학년 2학년

현대고 1학년 2학년

혜성여고 2학년

경기도(42개교)

경기외고 1학년 2학년

경안고 2학년

과천여고 1학년

과천외고 2학년

과천고 1학년

광명북고 2학년

광주중앙고 2학년
김포고 1학년
김포외고 2학년
늘푸른고 1학년
동두천외고 1학년
동산고 1학년
동화고 2학년
백석고 2학년
백영고 2학년
병점고 1학년
보정고 1학년 2학년
부천고 1학년 2학년
분당고 1학년
분당대진고 1학년
서현고 1학년
성남외고 1학년
수내고 1학년
수리고 1학년
수성고 2학년
수원외고 1학년 2학년
수지고 2학년
신성고 1학년 2학년
안법고 1학년
양서고 1학년
영덕여고 1학년 2학년
유신고 2학년
의정부고 2학년
의정부여고 2학년
이매고 3학년
일산대진고 1학년 2학년
진성고 1학년
창현고 2학년
평택고 2학년
한국디지털미디어고 2학년

호원고 2학년
효원고 1학년 2학년

경상남도(9개교)
거제고 2학년
거창고 2학년
거창대성고 1학년
경남외고 2학년
경해여고 2학년
대아고 1학년
마산제일고 2학년
창신고 1학년
창원남고 2학년

경상북도(8개교)
경산고 1학년
경주여고 1학년
구미여고 2학년
안동고 3학년
안동여고 2학년
영신고 2학년
포항여고 2학년
풍산고 1학년

대구광역시(8개교)
경신고 2학년
경원고 1학년
남산고 2학년
능인고 2학년
대구남산고 2학년
대륜고 1학년
영남고 1학년
정화여고 2학년

대전광역시(10개교)

노은고 2학년

대덕고 2학년

대성고 2학년

대전둔산여고 2학년

대전외고 1학년

대전전민고 1학년

서대전고 2학년

전민고 1학년

유성고 2학년

충남고 2학년

충청남도(8개교)

공주사대부설고 2학년

논산대건고 1학년 3학년

복자여고 1학년

북일고 2학년

북일여고 2학년

서령고 2학년

천안고 1학년

천안중앙고 2학년

충청북도(3개교)

세광고 2학년

청석고 2학년

충주여고 1학년 2학년

인천광역시(6개교)

명신여고 2학년

세일고 1학년

연수고 1학년

연수여고 2학년

인천국제고 2학년

인천외고 2학년

광주광역시(11개교)

고려고 2학년

광덕고 1학년

금호고 2학년

대광여고 2학년

동신여고 1학년 2학년

문성고 1학년

석산고 2학년

숭덕고 2학년

언성고 2학년

인성고 2학년

진흥고 2학년

전라남도(8개교)

광양제철고 2학년

능주고 2학년

목포홍일고 2학년

순천매산고 2학년

순천효천고 1학년

영흥고 1학년

장성고 2학년

창평고 1학년

전라북도(8개교)

상산고 1학년

완산고 2학년

원광여고 2학년

이리고 2학년

전북대사범대부설고 1학년

전북외고 1학년

전주기전여고 2학년

전주한일고 3학년

BASIC contents

PART 1 ▶ 영작방법 예제

PART 2 ▶ 주요 어법별 문장전환편

PART 3 ▶ 고등어법 총정리와 활용 영작편

ADVANCED contents

PART 1 서술형 유형편

PART 2 고난도 영작과 실전 테스트

LEVEL 1. 어법 혼합형

LEVEL 2. 고난도 복합유형

PART 3 중간[기말]고사 서술형 지필평가

If you want to build a ship,

don't drum up the men to gather wood, divide the work and give orders.

Instead, teach them to yearn for the vast and endless sea.

– Antoine Marie Roger De Saint Exupery –

당신이 배를 만들고 싶다면,

사람들에게 목재를 가져오게 하고 일을 지시하고 일감을 나눠주는 일을 하지 마라.

대신 그들에게 저 넓고 끝없는 바다에 대한 동경심을 키워줘라.

– 생텍쥐페리 –

1

영작방법
예제

🎓 여기에서 제시하고 있는 영작방법은 예시에 불과하고, 근본적으로 영어환경으로의 지속적 노출을 통해 영어 어순에 익숙해져야 합니다.

〈1〉 기본문장의 영작(영어문장의 5가지 형태)

Q. 다음 우리말의 뜻에 맞게 아래에 주어진 단어를 모두 사용하여 영작하시오.

"카페에 있던 여자는 음악을 들으며 그녀의 친구를 기다리고 있다."
[woman / the cafe / waiting / friend / her / to / music / listening / for / is / in / the]

1. 우리말 뜻을 의미단위로 끊는다. 〈슬래쉬(/) 사용〉
① 카페에 있던 ② 그 여자는 ③ 음악을 들으며 ④ 그녀의 친구를 ⑤ 기다리고 있다.

2. 우리말의 의미단위에 맞게 주어진 영어단어를 결합하여 짧은 구나 절을 만든다.
① in the cafe ② the woman ③ listening to music ④ her friend ⑤ is waiting for

3. 우리말 뜻에서 주어(-은/는/이/가)와 동사(-이다/하다)를 파악하여 S+V로 시작하는 문장을 만든다.
② 그 여자는(the woman) ⑤ -를 기다리고 있다(is waiting for)

4. 주어를 수식하는 어구가 있는 경우, 주어와 동사 사이에 위치시켜야 한다.
② 그 여자는(the woman) ① 카페에 있던(in the cafe) ⑤ -를 기다리고 있다(is waiting for)
　　　　주어　　　　　　　　　수식어　　　　　　　　　　동사

➡ **주어를 수식할 수 있는 구/절:** 전치사+명사/to 부정사/분사/관계사절/형용사구/부사구[절]

5. 영어의 문장구조를 고려하여 주어와 동사로 시작하는 문장을 쓴다. (M=수식어) 〈3형식 문장〉
⇨ **The woman** (S) in the cafe (M) is **waiting for** (V) **her friend** (O) listening to music (M).

예시 문항

■ 주어진 우리말과 같은 뜻이 되도록 괄호 안의 단어를 <u>어형변화 없이 모두 배열</u>하시오.

[1형식] 지평선 아래에 숨어 있던 / 태양이 / 새벽에 / 떠오른다.
(dawn / rises / the / hidden / the / sun / under / horizon / at)

답 : _____

[2형식] 그 구직자는 / 회의실에서 열리는 / 면접에서 / 긴장되어 / 보였다.
(the conference / looked / nervous / the interview / in / the job seeker / in / held / room)

답 : _____

[3형식] 사람들에 의해 무시당했던 / 그 발명가는 / 세상을 바꿀 / 새로운 장치를 / 개발했다.
(people / ignored / the inventor / by / developed / new / change / the world / devices / to)

답 : _____

[4형식] 전쟁터에 있던 / 사령관은 / 그의 부하들에게 / 원주민 마을에서 전해지는 / 이야기를 / 해주었다.
(told / men / told / in / native village / his / the battlefield / in the / the commander / the story)

답 : _____

[5형식] 강의실에 있던 / 교수님은 / 학생들에게 / 이달의 말까지 / 보고서를 / 제출하라고 / 요청하셨다.
(asked / the professor / the month / reports / submit / the students / lecture / in / to / their / by / of / the end / room / the)

답 : _____

정답과 해설

[1형식] The sun / hidden under the horizon / rises / at dawn.
     S   M   V   M

해설) 주어(S)와 동사(V)로 이루어진 1형식 문장으로, 수식어(hidden under the horizon)는 주어를 수식하고 있다.

[2형식] The job seeker / looked / nervous / in the interview / held in the conference room.
      S   V   SC   M   M

해설) 주어(S)와 동사(V)로 이루어진 2형식 문장으로, 과거분사(held)가 명사(interview)를 뒤에서 수식하고 있다.

[3형식] The inventor / ignored by people / developed / new devices / to change the world.
     S   M   V   O   M

해설) S+V+O의 형태를 취하고 있는 3형식 문장으로, 주어는 수식어(ignored by people)에 의해 꾸밈을 받고 있고, 목적어(new devices)도 to부정사의 수식을 받고 있다(형용사적 용법).

[4형식] The commander / in the battlefield / told / his men / the story / told in the native village.
     S   M   V   IO   DO   M

해설) 4형식 문장으로, 수여동사(told) 뒤에 간접목적어(his men)와 직접목적어(the story)가 차례대로 이어지고 있다. 주어(The commander)를 수식어(in the battlefield)가 뒤에서 꾸며주고 있고, 과거분사(told) 이하의 구는 the story를 수식하고 있다.

[5형식] The professor / in the lecture room / asked / the students / to submit / their reports / by the end of the month.
     S   M   V   O   OC   M

해설) 5형식 문장으로, 전치사구(in the lecture room)가 주어(the professor)를 수식하고 있고, 동사 asked는 목적격 보어로 to부정사(to submit)를 취한다. by 이하의 구는 수식어이다.

〈2〉 관계사절이 필요한 문장의 영작

Q. 다음 우리말의 뜻에 맞게 아래에 주어진 단어를 모두 사용하여 영작하시오.

"근면을 통하여 나는 내가 정말로 성취하기를 원했던 것을 이루었다."
[Through / I / the thing / I / really wanted / achieve / hard work / achieved / which / had / to] 〈Through로 시작할 것〉

1. 우리말 뜻을 의미단위로 끊는다. 〈슬래쉬(/) 사용〉
① 근면을 통하여 ② 나는 ③ 내가 ④ 정말로 성취하기를 ⑤ 원했던 것을 ⑥ 이루었다

2. 주어진 우리말 뜻에서 내용상 명사를 수식하는 절(형용사절=관계사절)이 있어야 하는 경우, 관계사절의 수식을 받는 명사(선행사)를 우리말의 뜻에서 파악하여 『명사(선행사) + 관계사 + (S) + V』의 형태로 만든다.

the thing	+	**which**	+	**I**	+	**had really wanted to achieve**
명사(선행사)		관계대명사		주어		동사
"–한 것"				**"내가"**		**"정말로 성취하기를 원했던"**

〈내가 정말 성취하기를 원했던 것〉

3. 나머지 제시어들을 의미단위에 맞게 결합하고, 문장의 주어와 동사를 파악한다.
① Through hard work   ② I   ⑥ achieved
                              (S)   (V)

4. 영어의 문장구조(5형식)를 고려하여 주어와 동사로 시작하는 문장을 쓴다. (M=수식어)

⇨ Through hard work(M) I(S) achieved(V) the thing(O) **which I had really wanted to achieve**. 〈3형식 문장〉
                                                                       (관계사절)

예시 문항

■ 주어진 우리말과 같은 뜻이 되도록 괄호 안의 단어를 <u>어형변화 없이 모두 배열하시오.</u>

[관계대명사] 그 웹사이트는 / 전통적인 장소를 / 방문하는 것에 / 관심이 있는 / 관광객들을 위한 것이다.
(who / interested / visiting / sites / traditional / in / are / tourists / is / the / website / for)

답 : _____

[관계부사] 많은 사람들이 / 죽임을 당한 / 라스베이거스에 / 그 장소는 / 잠시 / 통제되었다.
(Las Vegas / many / were / was / for / the place / in / where / killed / people / controlled / a while)

답 : _____

[전치사+관계대명사] 서울에 사는 / 나의 친구는 / 우리가 / 모임을 갖는 / 카페를 / 운영한다.
(living / at / the cafe / we / in / have / Seoul / my / runs / a get-together / which / friend)

답 : _____

정답과 해설

[관계대명사] <u>The website</u> / <u>is</u> <u>for tourists</u> / **who are interested / in visiting / traditional sites.**
       S   V   SC   관계대명사절

해설) 내용상 "전통적인 장소를 방문하는 것에 관심이 있는"이라는 문장이 수식하는 명사(선행사)가 "관광객들"이므로, 선행사(=관계사절의 수식을 받는 명사)를 tourists로 하여 주격 관계대명사(who) 이하에서 선행사를 수식하게 하는 관계대명사절을 쓰면 된다. for tourists는 주어(the website)를 설명해 주는 주격보어(SC)이다.

[관계부사] <u>The place</u> / <u>in Las Vegas</u> / **where many people / were killed** / <u>was controlled</u> / <u>for a while</u>.
      S   M   관계부사절   V   M

해설) "많은 사람들이 죽임을 당한"이라는 문장이 수식하는 명사가 "라스베이거스에 그 장소"이고 완전한 문장이 이어지므로, 선행사를 the place(그 장소)로 하여, 관계부사절(where many people were killed)이 선행사이자 주어인 the place를 수식하는 문장을 만든다. *for a while 잠시 동안

[전치사+관계대명사] <u>My friend</u> / <u>living in Seoul</u> / <u>runs</u> / <u>the cafe</u> / **at which we have a get-together.**
        S   M   V   O   관계사절

해설) 내용상 "우리가 모임을 갖는(we have a get-together)"이라는 표현이 수식하는 명사(선행사)가 장소명사(the cafe)이고, 목적어(a get-together)도 취하고 있는 완전한 문장이 이어지므로 전치사+관계대명사(at which) 또는 관계부사(where)가 이끄는 문장이 선행사를 수식하는 문장을 쓴다. 전치사 at은 we have a get-together (**at** the cafe)의 at이 관계대명사와 결합한 것이다.

〈3〉 명사절 접속사가 필요한 문장의 영작

■ **명사절 접속사 : 문장 속에서 주어, 목적어, 보어로 사용되는 문장(명사절)을 이끄는 접속사**

명사절 접속사로 쓰일 수 있는 품사 → 의문사(who, when, where, what, how, why), 관계대명사 what(−하는 것), 접속사 whether(if : 목적어로 사용될 경우), 접속사 that, 복합관계대명사

Q. 다음 우리말의 뜻에 맞게 아래에 주어진 단어를 모두 사용하여 영작하시오.

"그 CEO는 그 합의가 회사에 도움이 될 것이라는 것을 깨달았다."
[would / the / realized / the / the company / help / agreement / that / CEO]

1. 우리말 뜻을 의미단위로 끊는다. 〈슬래쉬(/) 사용〉
① 그 CEO는 ② 그 합의가 ③ 회사에 ④ 도움이 될 것이라는 것을 ⑤ 깨달았다

2. 우리말 뜻에서 주어/목적어/보어 자리에 '접속사+S+V'를 포함하는 문장이 필요하면,
『명사절 접속사+(S)+V −』의 형태로 주어/목적어/보어를 만든다.

② 그 합의가 ③ 회사에 ④ 도움이 될 것이라는 것을
O

that + **the agreement** + **would help** the company
명사절 접속사   주어(S)   동사(V)
"−라는 것을"   **"그 합의가"**   **"회사에 도움이 될 것이다"**

〈그 합의가 회사에 도움이 될 것이라는 것을〉

3. 나머지 제시어들을 의미단위에 맞게 영어로 결합하고, 문장의 주어와 동사를 파악한다.

① The CEO   ⑤ realized
(S)   (V)

4. 영어의 문장구조(5형식)를 고려하여 주어와 동사로 시작하는 문장을 쓴다.

⇨ The CEO(S) realized(V) **that the agreement would help the company**(O=명사절). 〈3형식 문장〉

예시 문항

■ **주어진 우리말과 같은 뜻이 되도록 괄호 안의 단어를 어형변화 없이 모두 배열하시오.**

[의문사 why + S + V]
한 인류학자는 / 왜 / 분노가 / 정상적인 인간의 충동 / 이라고 고려되는지에 / 의문을 제기했다.
(questioned / anger / considered / an / is / human urge / a / anthropologist / normal / why)

답 : _____

[접속사 whether + S + V]
지구 온난화가 / 지구에 위협인지의 여부가 / 과학자들에 의해 / 논의되고 있다.
(scientists / disputed / the planet / a threat / warming / whether / global / is / to / is / by)

답 : _____

[접속사 that + S + V]
심리학자들은 / 우울증에 빠진 아동이 / 자신의 우울증을 / 가까운 사람들에게 / 숨길 수 있다고 / 생각한다.
(hide / his depression / close / psychologists / that / a / from / people / believe / child / can / depressed)

답 : _____

정답과 해설

[의문사 why + S + V]
An anthropologist / questioned / **why**(의) **anger**(S) **is considered**(V) **a normal human urge.**
　　S　　　　　　　V　　　　　　　　O = 명사절(의문사+S+V)

해설) "왜 분노가 정상적인 인간의 충동이라고 고려되는지에"가 동사(questioned)의 목적어이므로, 목적어 자리에 간접의문문(의문사+S+V)을 써서 명사절을 표현할 수 있다.

[접속사 whether + S + V]
Whether(접) **global warming**(S) **is**(V) **a threat to the planet** / is disputed / by scientists.
　　　　　　　　S = 명사절(접속사+S+V)　　　　　　　　V　　　　M

해설) "지구 온난화가 지구에 위협인지의 여부가"가 문장 전체의 주어이므로 주어 자리에 명사절 (접속사 Whether + S + V)을 쓰고, 이 경우 접속사 if(-인지)는 주어 자리에 쓰일 수 없다.

[접속사 that + S + V]
Psychologists / believe / **that**(접) **a depressed child**(S) **can hide**(V) **his depression**(O) / from close people.
　　S　　　　V　　　　　　　　O = 명사절(접속사+S+V)　　　　　　　　M

해설) 동사(believe)의 목적어는 "우울증에 빠진 아동이 자신의 우울증을 숨길 수 있다고"이므로, 이를 명사절(접속사+S+V)로 표현하면, 'that(접) a depressed child(S) can hide(V) his depression(O)'이다.

〈4〉 부사절 접속사가 필요한 문장의 영작

■ 부사절 접속사의 종류

시간 (when, as, before, after, until, since, while, once, by the time, as soon as)

이유 (because, as, since, now that, in that)

조건 (if, unless, in case, provided/providing that)

대조 (though, although, even if, even though, while, whereas)

결과 (so 형용사/부사 that S V, such 명사 that S V)

목적 (so that S V, in order that S V)

Q. 다음 우리말의 뜻에 맞게 아래에 주어진 단어를 모두 사용하여 영작하시오.

"비록 그가 증거를 보여주었지만, 그들은 그의 주장을 믿지 않았다."

[although / they / his / didn't / he / the evidence / claim / showed / believe]

〈Although로 시작〉

1. 우리말 뜻을 의미단위로 끊는다. 〈슬래쉬(/) 사용〉

① 비록 ② 그가 ③ 증거를 ④ 보여주었지만 ⑤ 그들은 ⑥ 그의 주장을 ⑦ 믿지 않았다

2. 우리말 뜻에서 주어/목적어/보어 이외의 자리에 '접속사+S+V'를 포함하는 문장이 필요하면, 『부사절 접속사+S+V −』의 형태를 만든다.

부사절 : "비록 그가 증거를 보여주었지만"

① **Although**   ② **he**   ③ **showed**   ④ the evidence
  접속사   S   V

3. 나머지 제시어들을 의미단위에 맞게 영어로 결합하고, 문장의 주어와 동사를 파악한다.

they   his claim   didn't believe
(S)   (V)

⑤ 그들은   ⑥ 그의 주장을   ⑦ 믿지 않았다

4. 영어의 문장구조(5형식)를 고려하여 주어와 동사로 시작하는 문장을 쓴다.

⇨ **Although(접) he(S) showed(V) the evidence**, they(S) didn't believe(V) his claim(O). 〈3형식 문장〉
           부사절

■ 주어진 우리말과 같은 뜻이 되도록 괄호 안의 단어를 <u>어형변화 없이 모두 배열하시오.</u>

[시간의 접속사 **while**]
호주 출신의 / 그 남자는 / 일본에 / 머무는 동안 / 많은 / 일본 문화를 / 배웠다. [**The man**으로 시작]

(The man / from / learned / Japanese / while / was / in / Australia / a lot of / culture / he / staying / Japan)

답 : _____

[이유의 접속사 **because**]
다이아몬드는 / 사람에게 알려진 / 가장 단단한 물질 / 이기 때문에 / 중요한 산업용 광물이다. [**Diamonds**로 시작]

(Diamonds / they / the hardest / known / man / to / substance / are / because / are / industrial mineral / an important)

답 : _____

[조건의 접속사 **if**]
범죄를 / 입증할 / 새로운 증거가 / 있다면, 나는 / 그 수사의 / 결과를 / 받아들일 것이다. [**I**로 시작]

(I / the crime / will / the result / if / is / evidence / to / prove / accept / of / the investigation / there / new)

답 : _____

[대조의 접속사 **although**]
회사에서 / 은퇴한 / 그 남자는 / 가난 속에 / 살았지만 / 행복해 보였다. [**The man**으로 시작]

(The man / poverty / lived / although / looked / the company / from / who / in / he / happy / retired)

답 : _____

[시간의 접속사 while]

The man / from Australia / learned / a lot of / Japanese culture / **while**(접) **he**(S) **was**(V) **staying / in Japan.**
   S   M   V   O   부사절

해설) 문장의 주어는 The man이고, 수식어인 현재분사(coming) 이하에서 주어를 꾸미고 있다.
"일본에 머무는 동안"이라는 말은 접속사(while)+S+V로 표현할 수 있고, 주어는 the man을 가리키는 대명사 he를 써서 while he was staying in Japan으로 쓰면 된다.

[이유의 접속사 because]

Diamonds / are / an important industrial mineral / **because**(접) **they**(S) **are**(V) **the hardest substance / known to man.**
   S   V   SC   부사절

해설) "사람들에게 알려진 가장 단단한 물질이기 때문에"는 이유의 접속사(because)+S+V로 표현하여, because(접) they(S) are(V) / the hardest substance / known to man으로 표현할 수 있다. 여기에서 대명사 they는 diamonds를 가리키고, 과거분사 known은 명사(substance)를 수식하고 있다.

[조건의 접속사 if]

I will accept the result of the investigation **if there is**(V) / **new evidence**(S) / **to prove / the crime.**
S   V   O   M   부사절

해설) "범죄를 입증할 새로운 증거가 있다면"은 조건의 접속사가 들어가는 부사절을 활용하면 되므로, 접속사(if)+S+V의 어순을 만든다. 이때 주의할 점은 조건절에서는 미래의 의미이더라도 현재시제(is)를 써야 한다는 점이다. 부사절 내에 있는 주어(new evidence)를 to부정사(to prove the crime)가 수식하고 있다.

[대조의 접속사 though]

The man / who retired / from the company / looked happy / **although**(접) **he**(S) **lived**(V) / **in poverty.**
   S   M   M   V   SC   부사절(M)

해설) 주어(The man)를 관계사절(who retired~)이 수식하고 있는 문장으로, "가난 속에 살지만"이라는 의미는 『대조의 접속사+S+V』로 표현할 수 있으므로, the man을 의미하는 대명사(he)를 사용하여 "although(접) he(S) lived(V) / in poverty"로 쓰면 된다.

2

주요어법별
문장전환편

✱ 문장 전환편 GUIDE

출제비율	상	중	하

난이도	상	중	하

출제비율과 난이도 모두 낮으나, 어법의 이해에 필수적인 파트이고, 출제비율이 높은 '어법 고쳐쓰기'나 '어법을 이용한 문장배열'의 해결을 위해 선행 학습되어야 한다.

문장전환에서 다루는 내용 중에서 다른 서술형 문제와 관련하여 특히 중요한 부분은 **2. to부정사를 포함한 구문전환 3. 분사구문 전환 4. 가정법 전환 6. the 비교급, the 비교급의 전환 7. 도치구문으로의 전환**이다.

다만, 본 단원에서는 4형식에서 3형식으로의 전환(대아고 1–경남, 원주여고 1–강원), 화법 전환(대덕고 2–대전)은 타 학교들에서 출제되지 않는 영역이어서 제외하였다.

(※아래에서 제시되는 출제비율은 [문장전환편]에 있는 단원들만을 비교하여 표시한 것이고, 실제 서술형 문제에서 문장전환은 출제비율이 낮음)

정답과 해설 p.26

1. 수동태 전환

출제비율	상	중	하

▶ 출제 경향
지각동사나 사역동사가 있는 문장의 수동태 전환 시 목적격 보어의 변화에 유의하여 영작하여야 하고, that절을 목적어로 취하는 문장을 수동태로 전환 시 수 일치와 시제에 유의하여 서술하여야 한다.

▶ 출제 학교
● 지각동사/사역동사의 수동태 전환 – 영덕여고(경기) 1학년, 순천 매산고(전남) 2학년
● that절이 목적어인 문장의 수동태 전환 – 순천매산고(전남) 2학년, 완산고(전북) 2학년, 전북외고(전북) 1학년

---

1. 지각동사나 사역동사가 있는 문장의 수동태

(1) 능동태 문장에서 지각동사(see, watch, hear, feel 등)의 **목적격 보어로 쓰인 동사원형은** 수동태 문장에서 **to부정사나 현재분사로 바뀐다.**

I saw my friend repair the computer. (능동태)
→ My friend was seen **to repair[repairing]** the computer (by me).

(2) 능동태 문장에서 사역동사(make)의 **목적격 보어로 쓰인 동사원형은** 수동태 문장에서 **to부정사로 바뀐다.**
My friend made me do his project. (능동태)
→ I was made **to do** his project by my friend.

2. 목적어 자리에 that절이 와서 목적어가 길어진 경우의 수동태

능동태의 목적어가 수동태에서는 주어로 쓰이는데, 만일 능동태의 목적어로 「that+S+V」절이 와서 길어진 경우, 수동태의 주어도 길어지는데, 영어는 기본적으로 주어를 길게 쓰는 것을 피하려 하기 때문에 아래와 같은 문장이 만들어진다.
ex) They say that the music is fantastic. (능동태)
　　 S 　 V 　　　　 O
→ **It is said that the music is fantastic.** (수동태)
　 가주어 it을 문장 앞에 두고, 동사(say)만 수동태(be p.p)로 만들어 준다.

→ **The music is said to be fantastic.** (수동태)
　 능동태의 목적어에 쓰인 that절의 주어(the music)를 수동태의 주어로 하고, 동사(say)를 수동태로 고친 후(is said), that절의 동사를 to부정사(to be)로 고친다.

3. 동사구의 수동태

동사만 'be+p.p'의 형태로 바꾸고, 나머지 부분은 하나의 단어처럼 취급하여 붙여 쓴다.
ex) My friend **took**(v) care of(동사구) his pet.
→ His pet **was taken** care of by my friend.

❖ 자주 쓰이는 동사구
➡ bring up / bring about / carry out / laugh at / look after / look up to / put off / refer to 등
　 (키우다) 　(유발시키다) 　(실행하다) 　(비웃다) 　(돌보다) 　(존경하다) 　(미루다) 　(언급하다)

■ 주어진 영어를 [조건]에 맞게 같은 의미가 되도록 바꿔 쓰시오.

01　Lots of pedestrians saw the thief run away into the building.
【조건: 수동태로 전환할 것, 총 글자 수 14개】

답 : _____

02　My boss made me finish the work as soon as possible. 【조건: 수동태로 전환할 것, 총 글자 수 14개】

답 : _____

03　I heard a lot of children in front of the building laughing loudly.
【조건: 수동태로 전환할 것, 총 글자 수 15개】

답 : _____

04 People reported that their houses were destroyed by a landslide. *landslide 산사태

【조건: 주어를 It으로, 총 글자 수 11개】

답 : _____

05 They thought that the UFO that was found by people came inside the Earth.

【조건: 주어를 The UFO로, 총 글자 수 14개】

답 : _____

06 People say that doing exercises every day makes us healthy and balanced.

【조건: 주어를 Doing으로, 총 글자 수 12개】

답 : _____

07 They believed that the politician committed a crime in the presidential election.

【조건: 주어를 it으로】

답 : _____

08 It was said that the employee who was in charge of the marketing was promoted.

【조건: 주어를 The employee로 수동태 전환】

답 : _____

09 The speeding car ran over the animal crossing the street. 【조건: 수동태 문장으로 전환】

답 : _____

10 Most students in class looked up to the physics teacher. 【조건: 수동태 문장으로 전환】

답 : _____

2. to부정사를 포함한 구문 전환

▶ 출제 경향

to부정사의 의미상의 주어를 잘 확인하여, 접속사(that)가 있는 문장으로 전환 시, 주어를 정확히 표시해야 하고, 시제에 유의하여 동사를 써야 한다. 또한 동사의 목적어가 있다면 반드시 동사 뒤에 표시해야 한다.

ex. The river was too dangerous **for us** to cross.

　　　　　　　　　　　　　to부정사의 의미상 주어

=The river was so dangerous that **we couldn't** cross **it.**

　　　　　　　　　　　　　과거시제　　　　목적어(=the river)

▶ 출제 학교

대아고(경남) 1학년, 전주 한일고(전북) 3학년, 춘천여고(강원) 1학년, 이외에도 숭덕고(광주) 2학년: '의문사+to부정사'의 '의문사 S should R'로의 전환

▶ to부정사 관련 주요 문장전환 ◀

❏ too 형용사/부사 (for 목적격) to R
R 하기에 너무–한 / 너무 –해서 ...할 수 없다 (=so 형용사/부사 that S can't R)

ex) He is **too** weak **to** lift the thing. ⇒ He is **so** weak **that** he **can't** lift the thing.

The quiz is too difficult **for her** to solve. ⇒ The quiz is so difficult that **she** can't solve it.

※ 「to부정사의 의미상 주어」의 위치: to부정사 **바로 앞에 'for 목적격'**으로 표시

❏ 형용사/부사 enough (for 목적격) to R
R 하기에 충분히 –한 (=so 형용사/부사 that S can R)

ex) She is rich **enough to** buy the bag. ⇒ She is **so** rich **that** she **can** buy the bag.

ex) The box is light enough **for him** to carry alone. ⇒ The box is so light that **he** can carry **it** alone.
                                                                    (it = the box)

❖ 「to부정사의 부정」은 to 바로 앞에 **not 또는 never**로 표시
ex) She is smart enough **not to** buy the item ⇒ She is **so** smart **that** she **doesn't** buy the item.

❏ to부정사의 시제
1. 단순 부정사(to R) : 본동사의 시제와 **to부정사**의 시제가 같을 때 쓰임
ex) Jack seems <u>to be</u> rich = It <u>seems</u> that Jack <u>is</u> rich.
              현재시제   현재시제

2. 완료 부정사(to have p.p) : 본동사의 시제보다 **to부정사**의 시제가 앞설 때 쓰임
ex) Jack seems <u>to have been</u> rich = It <u>seems</u> that Jack <u>was</u> rich.
                        현재시제   과거시제

■ 주어진 영어를 [조건]에 맞게 같은 의미가 되도록 바꿔 쓰시오.

01 The soldier was so brave that he could face a lot of enemies by himself.
【조건: enough to R 활용】

답 : _____

02 The street located in the city is too dangerous for you to walk alone at night.
【조건: so – that 활용】

답 : _____

03 The violinist's performance is excellent enough to satisfy the audience.
【조건: so – that 활용】

답 : _____

04 The mountain is so steep that my colleague can't climb it without someone's assistance.
【조건: too – to R 활용】

답 : _____

05 The pizza is so large that both my friend and I can eat it together. **【조건: enough to R 활용】**

답 : _____

06 The man that is in charge of the project seems to be satisfied with the result.
【조건: It으로 시작】

답 : _____

07 The person seems to have thought of his job a lot before the job interview. **【조건: It으로 시작】**

답 : _____

08 She seemed to have waited for the flight for a long time due to bad weather.
【조건: It으로 시작】

답 : _____

09   I am sorry that I made the same mistake at work once a week.

【조건: 단문으로 영작, 완료형 to부정사 활용】

답 : _____

10   It seemed that the candidate had been selected as a mayor in the past.

【조건: 단문으로 영작, 완료형 to부정사 활용】

답 : _____

---

memo

---

3. 분사구문 전환

출제비율 | 상 | 중 | 하

▶ 출제 경향

문장전환과 관련하여 가장 많이 출제되는 파트로, 분사구문에서 쓰이는 분사도 동사적 성격을 띠고 있어서 "완료형(having p.p), 수동형(being p.p), 주어가 있는 분사구문, 분사구문의 부정"이 가능하다는 점이 기출문제에서 중요하게 다뤄지고 있다. 본 단원에서 다루는 '종속절의 분사구문으로의 전환'을 정확히 익혀서, 출제비율이 높은 '분사구문을 활용한 영작'에 적용시킬 수 있어야 한다.

▶ 출제 학교

거제고(경남) 2학년, 금호고(광주) 2학년, 동화고(경기) 2학년, 서대전고(대전) 2학년, 석산고(광주) 2학년, 수성고(경기) 2학년, 순천매산고(전남) 2학년, 원주여고(강원) 1학년, 충주여고(충북) 2학년, 풍산고(경북) 1학년

▶ 분사구문의 전환 관련 주요 내용 ◀

❏ 분사구문이란?

『접속사+S+V』의 종속절을 '분사가 있는 구'로 쓴 구문

❏ 분사구문 만들기

종속절의 접속사 생략(As) → 종속절의 주어와 주절의 주어가 같으면 종속절의 주어 생략(I) → 동사를 v-ing로 만들기(Feeling)
ex) **As I** felt bored, I listened to the music. ⇒ **Feeling** bored, I listened to the music.

❏ 주의할 분사구문(★)

1. 완료형 분사구문(having p.p) – 종속절의 시제가 주절보다 앞서는 경우
 ex) **Having eaten** too much, I am full.
  (= As I **ate** too much)

2. 수동형 분사구문(Being/Having been + p.p) – Being 또는 Having been은 생략가능
 ex) **(Being)** criticized by my teacher, I was depressed.

3. 주어가 있는 분사구문 – 종속절의 주어와 주절의 주어가 다른 경우, 종속절의 주어는 생략 불가
 ex) **It** being sunny outside, I go out with my friends.
  (= As **it** is sunny outside)

4. 접속사를 생략하지 않은 분사구문 – 접속사의 의미를 분명히 하기 위해 접속사를 생략하지 않을 수 있다.
 ex) **Though** being very sick, I could do my homework.

5. 분사구문의 부정 – 분사 바로 앞에 not이나 never를 붙인다.
 ex) **Not** knowing his name, I didn't call him.

■ 주어진 영어를 [조건]에 맞게 같은 의미가 되도록 바꿔 쓰시오.

01 <u>Being very poor in his childhood</u>, he always thought positively.
【조건: 밑줄 친 부분만 종속절로 전환】

답 : _____

02 <u>As she didn't know his e-mail address</u>, she couldn't send the mail to him.
【조건: 밑줄 친 부분의 분사구문 전환】

답 : _____

03 <u>As there was no money in the pocket</u>, he couldn't take a taxi.
【조건: 밑줄 친 부분의 분사구문 전환】

답 : _____

04 <u>It being foggy outside while driving</u>, the cars speed along the street.
【조건: 밑줄 친 부분의 종속절 전환】

답 : _____

05 <u>After having finished the project for myself</u>, I am vacationing at the seaside.
【조건: 밑줄 친 부분의 종속절 전환】

답 : _____

06 <u>As the book was written in Chinese</u>, I couldn't read it without any help.
【조건: 밑줄 친 부분의 분사구문 전환】

답 : _____

07   Our team took various steps to avoid a natural disaster, <u>they making us prevent a terrible damage</u>.
【조건: 밑줄 친 분사구문의 문장 전환】

답 : _____

08   <u>Having been made in Korea in 1998</u>, the car had no problem when I accelerated it.
【조건: 밑줄 친 부분의 종속절 전환】

답 : _____

09   <u>As it is too cold outside</u>, you had better wear thick clothes when you go out.
【조건: 밑줄 친 부분의 분사구문 전환】

답 : _____

10   <u>If there isn't any question to ask about the class</u>, you can go out of here.
【조건: 밑줄 친 부분의 분사구문 전환】

답 : _____

4. 가정법 전환

정답과 해설 p.29

출제비율	상	중	하	– 직설법 전환

출제비율	상	중	하	– 어법활용 서술형

▣ **출제 경향**

가정법의 직설법 전환 시에는 시제의 변화에 주의해야 하고, 내용상 긍정→부정, 부정→긍정으로 전환되므로 알맞게 영작해야 한다. 가정법을 직설법으로 전환하는 문제는 출제비율이 낮으나, 가정법을 활용한 '어법활용 서술형' 문제는 상당히 많이 출제되므로 기본기를 쌓는다는 차원에서 본 단원을 학습하여야 한다.

▣ **출제 학교**

[문장전환] 광주중앙고(경기) 2학년, 순천매산고(전남) 2학년, 완산고(전북) 2학년/ [어법활용 서술형] 강서고(서울) 2학년, 개포고(서울) 2학년, 경기외고(경기) 2학년, 경해여고(경남) 2학년, 공주사대부설고(충남) 2학년, 과천여고(경기), 금호고(광주) 2학년, 대구남산고(대구) 2학년, 대전전민고(대전) 1학년, 대진고(서울) 2학년, 동두천외고(경기) 1학년, 백석고(경기) 2학년, 부산외고(부산) 2학년, 북일고(충남) 2학년, 북일여고(충남) 2학년, 상문고(서울) 2학년, 서초고(서울) 2학년, 서현고(경기) 1학년, 수성고(경기) 2학년, 숙명여고(서울) 2학년, 숭덕고(광주) 2학년, 양서고(경기) 1학년, 영신고(경북) 2학년, 완산고(전북) 2학년, 유신고(경기) 2학년, 의정부고(경기) 2학년, 이화여고(서울) 2학년, 잠실여고(서울) 2학년, 전주한일고(전북) 3학년, 제주사대부고(제주) 1학년, 중동고(서울) 1학년, 진성고(경기) 1학년, 창신고(경남) 1학년, 천안중앙고(충남) 2학년, 풍산고(경북) 1학년, 한국삼육고(서울) 1학년, 한영외고(서울) 2학년, 호원고(경기) 2학년

▶ 가정법 전환 관련 주요 내용 ◀

□ **가정법의 직설법 전환**

● **If 가정법** – If절을 『접속사(As)+S+V』로 전환하고, 시제와 인칭에 유의
  가정법 과거 – If S v-ed, S 조동사의 과거형+R
  가정법 과거완료 – If S had p.p, S 조동사의 과거형 have p.p

ex) If I knew your address, I could send you a gift. (가정법 과거 : '현재'의 의미)
= As I don't know your address, I can't send you a gift. (직설법)

ex) If the plane had arrived on time, she wouldn't have been late for the meeting.
  (가정법 과거완료 : '과거'의 의미)
= As the plane didn't arrive on time, she was late for the meeting. (직설법)

● **I wish 가정법**
  I wish+가정법 과거(S+동사의 과거형) : "–라면 좋을 텐데"(현재의 일에 대한 유감 표현)
  I wish+가정법 과거완료(S had p.p) : "–했더라면 좋을 텐데"(과거의 일에 대한 유감 표현)

ex) I wish my father were generous. (가정법 과거 : '현재'의 의미)
= I'm sorry my father is not generous. (직설법)

ex) I wish my computer had been fixed. (가정법 과거완료 : '과거'의 의미)
= I'm sorry my computer was not fixed. (직설법)

● **as if 가정법**

　as if + 가정법 과거(S+동사의 과거형) : "마치 –인 것처럼"(현재사실과 반대되는 내용을 가정)

　as if + 가정법 과거완료(S+had p.p) : "마치 –였던 것처럼"(과거사실과 반대되는 내용을 가정)

ex) My friend acts as if he were a winner. (가정법 과거 : '현재'의 의미)
= In fact, my friend is not a winner. (직설법)

ex) My wife talks as if she had lived in Seoul. (가정법 과거완료 : '과거'의 의미)
= In fact, My wife didn't live in Seoul. (직설법)

❑ **Without 가정법의 전환**

　『Without + 명사』는 "이 없다면, –이 없었다면"의 의미로, 가정법의 if절을 대신하여 사용 가능

● 가정법 과거 ("–이 없다면")

　Without +명사 = If it were not for+명사 = Were it not for+명사 = But for+명사

ex) **Without** my friends, I would be very tired. (나의 친구들이 없다면, 매우 지루할 텐데)
　　= If it were not for
　　= Were it not for
　　= But for

● 가정법 과거완료 ("–이 없었다면")

　Without+명사 = If it had not been for+명사 = Had it not been for+명사 = But for+명사

ex) **Without** his help, I would have been hurt yesterday. (그의 도움이 없었다면, 나는 어제 다쳤을 텐데)
　　= If it had not been for
　　= Had it not been for
　　= But for

❑ **접속사 if를 생략한 가정법 문장**

가정법에서 if절에 동사가 'were'나 'had'인 경우, **if가 생략되면** 동사가 문장 앞에 위치하여 **주어와 [조]동사가 도치**된다.

ex) If he were a president, he would be satisfied with his job.
→ Were he a president, he would be satisfied with his job.
　　V　　S

ex) If he had seen the scene, he would have been disappointed.
→ Had he seen the scene, he would have been disappointed.
　　V　　S

■ 주어진 영어를 [조건]에 맞게 같은 의미가 되도록 바꿔 쓰시오.

01   If the pilot had taken off the plane in the foggy day, he would have had the accident.
【조건: 같은 의미가 되도록 As로 시작】

답 : _____

02   I wish I were a cook making various food in the restaurant.
【조건: 같은 의미가 되도록 I'm sorry로 시작】

답 : _____

03   She smiles as if she had known the man giving a presentation.
【조건: 같은 의미가 되도록 In fact로 시작】

답 : _____

04   Without the smartphone in a daily life, our life would be much more inconvenient.
【조건: 밑줄 친 부분과 같은 의미가 되도록 칸 수에 맞게 영작】

답 : _____ _____ _____ _____ _____

05   If you had met him in person, you would have been irritated at his behavior.
【조건: 밑줄 친 부분과 같은 의미가 되도록 칸 수에 맞게 영작】

답 : _____ _____ _____ _____ _____ _____

06   I wish I had seen her once more in the same place. 【조건: 직설법으로 전환】

답 : _____

07 <u>Without his good idea</u>, we wouldn't have come up with the solution.
【조건: 밑줄 친 부분과 같은 의미가 되도록 칸 수에 맞게 영작】

답 : _____ _____ _____ _____ _____ _____ _____

08 My colleague acts as if he were the CEO of the company. 【조건: 직설법으로 전환】

답 : _____

09 <u>If he were an engineer</u>, he could repair his broken refrigerator.
【조건: 밑줄 친 부분과 같은 의미가 되도록 칸 수에 맞게 영작】

답 : _____ _____ _____ _____

10 <u>If the teacher had noticed the student's error on the test</u>, the decline in test scores would have been obvious. 【조건: 밑줄 친 부분과 같은 의미가 되도록 칸 수에 맞게 영작】

답 : _____ _____ _____ _____ _____ _____ _____ _____ _____ _____

5. 원급/비교급을 활용한 최상급 표현 전환

출제비율	상	중	하

▶ **출제 경향**
문장전환과 관련해서는 출제비율이 높지 않으나, '어법을 활용한 서술형' 문제에 활용이 되고 있다.
'비교급+than any other 단수명사'표현에서는 단수명사를 써야 한다는 점에 주의해야 한다.

▶ **출제 학교**
서대전고(대전) 2학년, 천안고(충남) 1학년

▶ 최상급을 대신하는 표현 ◀	
the 최상급	KTX in Korea is the fastest train.
=비교급 + than any other 단수명사	KTX in Korea is faster than any other train.
=비교급 + than anything/anybody else	KTX in Korea is faster than anything else.
=부정주어 – 비교급 + than	No train is faster than KTX in Korea.
=부정주어 – as[so] + 원급 + as	No train is as fast as KTX in Korea.

■ 주어진 영어를 [조건]에 맞게 같은 의미가 되도록 바꿔 쓰시오.

01 It is the highest building that I've ever seen in Japan.
【조건: as – as를 활용하여 같은 의미가 되도록 전환】

답 : _____

02 Your family is the most important thing in the world.
【조건: 주어를 Your family로 시작하여 같은 의미가 되도록 전환】

답 : _____

03 Nobody was more disappointed than my coworker who was dedicated to the project.
【조건: Nobody를 주어로 같은 의미가 되도록 전환】

답 : _____

04 I have more acquaintances than any other person in the hometown. 【조건: 최상급으로 쓸 것】

답 : _____

05 Human relations are more precious than anything else.
【조건: Nothing을 주어로, as 활용】

답 : _____

6. the 비교급, the 비교급의 전환

출제비율	상	중	하	– 문장 전환

출제비율	상	중	하	– 어법활용 서술형

▶ **출제 경향**

'문장 전환'에서는 거의 출제되지 않고, '어법을 활용한 서술형'과 관련하여 많이 출제되고 있다.

▶ **출제 학교(어법활용 영작 출제)**

동신여고(광주) 1학년, 세화고(서울) 2학년, 수내고(경기) 1학년, 신성고(경기) 2학년, 신성여고(제주) 1학년, 연수고(인천) 1학년, 영동일고(서울) 2학년, 은광여고(서울) 1학년, 일산대진고(경기) 1학년, 정화여고(대구) 2학년, 창평고(전남) 1학년, 청담고(서울) 2학년, 현대고(서울) 2학년

▶ the 비교급 (S+V), the 비교급 (S+V)의 전환 ◀

'the 비교급 (S+V), the 비교급 (S+V)'은 "–하면 할수록, 그만큼 더...하다"의 의미로, 'As+S+V+비교급, S+V+비교급'으로 전환할 수 있고, the 비교급 뒤에 나오는 주어와 동사는 생략 가능하다.

ex) The more enthusiastic her dance was, the more pleasant the spectators were.
(그녀의 춤이 더 열정적일수록, 관객들은 더 즐거워했다)

⇒ As her dance was more enthusiastic, the spectators were more pleasant.

■ 주어진 영어를 [조건]에 맞게 같은 의미가 되도록 바꿔 쓰시오.

01 The closer he gets to her, the more likely she is to go away from him.
【조건: As로 시작하여 같은 의미가 되도록 전환】

답 : _____

02 The more money people make, the greater greed they tend to have.
【조건: As로 시작하여 같은 의미가 되도록 전환】

답 : _____

03 The less concerned you are about your future, the more satisfied you are with your day.

【조건: **As**로 시작하여 같은 의미가 되도록 전환】

답 : _____

04 As you have more knowledge and experience, you become wiser in dealing with the problem.

【조건: **The**로 시작하여 같은 의미가 되도록 전환】

답 : _____

05 As we are more exposed to ultraviolet rays, our health is more threatened by them.

【조건: **The**로 시작하여 같은 의미가 되도록 전환】

답 : _____

memo

7. 도치구문으로의 전환

| 출제비율 | 상 | 중 | 하 |

▶ 출제 경향
문장 전환보다는 '어법을 활용한 서술형'과 객관식 어법에서 0순위로 출제되고 있다. 특히 부정어의 강조를 위해 부정어를 문장 앞에 위치시킨 경우의 도치가 출제 비율이 가장 높다.

▶ 출제 학교(어법활용 서술형 출제)
거창고(경남) 2학년, 경해여고(경남) 2학년, 과천외고(경기) 2학년, 광남고(서울) 2학년, 논산대건고(충남) 3학년, 대전전민고(대전) 1학년, 동덕여고(서울) 1학년, 동신여고(광주) 2학년, 백석고(경기) 2학년, 부산국제외고(부산) 1학년, 부산외고(부산) 2학년, 북일여고(충남) 2학년, 분당대진고(경기) 1학년, 상산고(전북) 1학년, 서대전고(대전) 2학년, 순천효천고(전남) 1학년, 영남고(대구) 1학년, 영덕여고(경기) 1학년, 영신여고(서울) 2학년, 원주여고(강원) 1학년, 유성고(대전) 2학년, 의정부고(경기) 2학년, 중산고(서울) 1학년, 천안고(충남) 1학년, 평택고(경기) 2학년, 한국삼육고(서울) 1학년, 한영외고(서울) 2학년, 현대청운고(울산) 1학년, 효원고(경기) 2학년

▶ 주요 도치구문 ◀

➡ 동사에 따른 도치문의 형태

Be동사	am/are/is + S	My pet is in the room. → In the room is my pet.
조동사	will/can/may + S + R	I can never see such a horrible scene. → Never can I see such a horrible scene.
일반동사	do/does/did + S + R	He rarely dreamed of meeting her. → Rarely did he dream of meeting her.

□ **강조를 위한 도치** : 강조를 위해 특정 어구를 문장 앞에 위치시키면, 주어와 [조]동사가 도치된다.

1. **부사(구)의 강조** – 동작의 방향이나 장소의 부사구 또는 전치사구를 강조하기 위해 문장 앞에 두면 주어와 동사가 도치된다.

ex) I found the gold ring **in the playground**(강조).
⇒ In the playground **did**(V) **I**(S) find the gold ring.

ex) People admitted he was the best writer **only after his death**(강조).
⇒ Only after his death **did**(V) **people**(S) admit he was the best writer.
(※일반동사 앞에 도치된 do / does / did는 조동사이다)

2. **보어의 강조** – 'S+V+C'의 2형식 문장에서 보어인 형용사나 분사를 강조하기 위해 문장 앞에 위치시키면 주어와 동사가 도치된다.

ex) My father was **so tired**(강조) that he couldn't help my mother's work.
⇒ So tired **was**(V) **my father**(S) that he couldn't help my mother's work.

3. **부정어의 강조** – 부정어(never / little / hardly / rarely / scarcely / seldom / not only / not until / no sooner)를 강조하기 위해 문장 앞에 쓰면, 주어와 동사가 도치된다.

ex) My sister **seldom**(강조) took care of my pet dog.
⇒ Seldom **did**(V) **my sister**(S) take care of my pet dog.

■ 주어진 영어를 [조건]에 맞게 같은 의미가 되도록 바꿔 쓰시오.

01 The appearance of the actor in the first scene of the movie was <u>so surprising</u>.
【조건: 밑줄 친 부분을 강조하는 문장으로 전환】

답 : _____

02 We can look up to others <u>only when we respect ourselves</u>.
【조건: 밑줄 친 부분을 강조하는 문장으로 전환】

답 : _____

03 The student made a presentation <u>so well</u> that all student started to applaud.
【조건: 밑줄 친 부분을 강조하는 문장으로 전환】

답 : _____

04   She <u>not only</u> speaks Chinese well, but she speaks Japanese.
【조건: 밑줄 친 부분을 강조하는 문장으로 전환】

답 : _____

05   We do<u>n't</u> know the value of peace <u>until</u> we lose it in a war. 【조건: **Not until**로 시작】

답 : _____

06   He had <u>no sooner</u> come up with an idea than he hit upon another idea.
【조건: 밑줄 친 부분을 강조하는 문장으로 전환】

답 : _____

07   The man dreamed <u>little</u> that he ended up succeeding in making the book.
【조건: **little**로 시작】

답 : _____

08   My father and I agreed to go on a vacation, and <u>나의 엄마도 그랬다</u>.
【조건: 밑줄 친 우리말을 영작, 총 **4개의 단어**】

답: _____   _____   _____   _____

09   <u>If I were a movie director</u>, I could meet a lot of stars in a daily life.
【조건: 밑줄 친 부분과 같은 의미가 되도록 전환, 칸 수에 맞게 영작】

답: _____   _____   _____   _____   _____

10   <u>If the manager had attended the meeting</u>, he would have objected to the suggestion.
【조건: 밑줄 친 부분과 같은 의미가 되도록 전환, 칸 수에 맞게 영작】

답: _____   _____   _____   _____   _____   _____

3

고등어법
총정리와
활용 영작편

1. 문장의 구조

▶ **출제의 포인트**
문장의 구조는 영작을 함에 있어서 기본적으로 학습하고 있어야 할 내용으로, 특히 많이 출제되는 부분은 4형식에서 직접목적어가 길어지는 경우(명사구/명사절)와 5형식에서 '사역동사/지각동사/목적격 보어로 to부정사를 취하는 동사'가 쓰이는 문장을 영작하는 경우이다. 목적격 보어로 과거분사가 쓰이는 문장의 영작도 중요하게 다뤄진다. 이외에 빈출되고 있는 가주어(it), 가목적어(it), 간접의문문은 이어지는 별도의 단원에서 다룬다.

■ **4형식에서 직접목적어가 길어지는 경우 [S + V + I.O + D.O]**

S	V	I.O(간접목적어)	D.O(직접목적어)
	ask, assure, convince, inform, persuade, remind, tell, warn 등	주로 사람	의문사 + to부정사 의문사 + S + V(간접의문문) 관계대명사 what절 (that) + S + V if/whether + S + V

- I would like to ask you **if I can have my own secretary**.
- We are pleased to inform you **that your order has now been accepted**.
- The newspaper reminded us **that air quality was a big issue**.

■ **5형식에서 목적격 보어의 다양한 형태 [S + V + O + O.C]**

S	V	O	O.C(목적격 보어)	
	사역동사 (have, let, make)		동사원형	〈O와 O·C의 관계가 수동〉 → **과거분사(p.p)** Have the wall **painted** now. I saw my car **towed** away. (let은 be p.p)
	지각동사 (feel, hear, listen to, notice, see, watch)		동사원형/ 현재분사 (진행강조)	
	consider, find, keep, leave, make		형용사 /명사/ 부사(x)	
	미래지향동사 (allow, ask, cause, encourage, expect, get, lead, require, tell, want 등)		to 부정사 〈O와 O · C의 관계가 수동: to be p.p〉 We expect the building **to be rebuilt**.	
	help		동사원형 또는 to 부정사 The software helped us **(to)control the system**.	

▶ **학교별 기출내용**
－**동사:** 거제고(경남) 2학년, 대구남산고(대구) 2학년, 대륜고(대구) 1학년, 마산제일고(경남) 2학년, 보성고(서울) 2학년, 서라벌고(서울) 1학년, 양재고(서울) 1학년, 여의도여고(서울) 2학년, 인천외고(인천) 2학년, 진성고(경기) 1학년, 창신고(경남) 1학년, 혜성여고(서울) 2학년, 호원고(경기) 2학년 －**지각동사:** 경남외고(경남) 2학년, 대륜고(대구) 1학년, 창신고(경남) 1학년
－**4형식 문장배열:** 경기여고(서울) 2학년, 대진여고(서울) 2학년, 백영고(경기) 2학년, 불암고(서울) 2학년, 호원고(경기) 2학년 －**목적격 보어가 to부정사인 동사:** 경남외고(경남) 2학년, 경신고(대구) 2학년, 경안고(경기) 2학년, 경해여고(경남) 2학년, 동산고(경기) 1학년, 서라벌고(서울) 1학년, 서울외고(서울) 2학년, 압구정고(서울) 2학년, 여의도여고(서울) 2학년, 원주고(강원) 2학년, 이매고(경기) 3학년, 전북대사범대부설고(전북) 1학년 －**목적격 보어가 과거분사인 문장:** 동덕여고(서울) 1학년, 서현고(경기) 1학년, 용산고(서울) 2학년, 원주고(강원) 2학년, 진성고(경기) 1학년, 한가람고(서울) 2학년 －**5형식 동사 help의 쓰임:** 거창대성고(경남) 1학년, 부천고(경기) 1학년(3형식으로 출제), 북일여고(충남) 2학년, 의정부여고(경기) 2학년, 인성고(광주) 2학년, 일산대진고(경기) 2학년 －**목적격 보어로 형용사를 쓰는 동사:** 신성여고(제주) 1학년, 오현고(제주) 1학년, 유성고(대전) 2학년, 효원고(경기) 2학년 이외에 There be 활용(늘푸른고 1학년-경기), 동격의 that활용(동산고 1학년-경기), 부가의문문 활용(김포외고 2학년-경기), be as 형용사 as(명신여고 2학년-인천), sit과 seat의 구별(인천국제고 2학년-인천)

🎓 【STEP 1】 단순배열 영작

■ 주어진 우리말과 같도록 괄호 안의 단어를 어형 변화 없이 모두 배열하시오.
【단어 중복사용 불가, 대/소문자 구별할 것, 문장부호 유의】

01   Ethan은 코치에게 풋볼팀에 들어갈 수 있는지 물어보았다.
(the football team / he / Ethan / join / asked / could / if / the coach)

답 : _____

02   Franklin은 그 남자에게 그(Franklin)에게 친절을 베풀 기회를 주었다.
(the man / him / Franklin / a kindness / to / gave / do / a chance)

답 : _____

03   Maria는 그녀의 친구들 중 몇 명이 장난감을 가지고 노는 것을 보았다.
(with toys / some of / Maria / play / her friends / saw)

답 : _____

04   그는 창을 통해 배가 다가오는 것을 보았다.
(the window / he / approaching / saw through / a boat)

답 : _____

05   나는 검은 그림자가 점점 더 가까이 오고 있는 것을 느꼈다.
(the black / closer / I / shadow / felt / and closer / coming)

답 : _____

06 파도는 그 배가 앞뒤로 떠다니게 했다.
(made / float / forth / the boat / back and / the waves)

답 : _____

07 나에게 당신의 친구를 보여줘라. 그러면 당신이 어떤 사람인지 말할 것이다.
(friends / and / you / tell / me / who / are / I'll / you / show / your)

답 : _____

08 암초는 많은 배들이 바위에 충돌하게 만든다.
(crash onto / a reef / the rock / many boats / to / causes)

답 : _____

09 나는 목소리를 차분하고 정중하게 했다.
(calm / made / polite / my / I / and / voice)

답 : _____

10 구불구불한 골목길이 내 지도를 거의 쓸모없게 만들었다.
(my map / the winding / almost / made / useless / alleys)

답 : _____

🎓【STEP 2 G⁺】어법응용 영작편

■ 주어진 우리말과 같도록 괄호 안의 단어를 <u>조건에 맞게</u> 배열하시오.

11   십 대 한 명이 나에게 하나의 제안을 해줄 수 있는지 물어봤다. **[1개의 단어추가]**

(me / a single / a teenager / could make / asked / suggestion / I)

답 : _____

12   나는 그것이 식물성 기름으로 달릴 수 있도록 개조했습니다. **[필요시 어형변화]**

(run / convert / on vegetable oil / I / to / had it)

답 : _____

13   대부분의 사람들은 사랑니를 뽑아버린다. **[필요시 어형변화]**

(their wisdom teeth / get / remove / most people)

답 : _____

14   그는 항상 우리에게 모두가 중요하다는 것을 상기시킨다. **[1개의 단어추가]**

(everyone / always reminds / is / he / important / us)

답 : _____

15   그는 그의 신하들에게 사관들이 그 사건에 대해 알지 못하도록 명령했다.
[필요시 어형변화, 1개의 단어추가]

(about / sagwans / his / accident / he / the / let / men / ordered / not / the / knew)

답 : _____

*sagwan : 사관(역사의 편찬을 맡아 초고를 쓰는 일을 맡아보던 벼슬)

16 그는 그 남자에게 매우 희귀하고 가치 있는 책을 빌려 달라고 요청했다. **[1개의 단어추가]**

(book / asked / him / and / a / lend / man / valuable / very / he / the / rare)

답 : _____

17 그 선생님은 어린 학생들로 하여금 새로운 생각을 갖도록 격려하신다. **[1개의 단어추가]**

(encourages / a new idea / young students / explore / the teacher)

답 : _____

18 목표는 당신의 머리와 목이 지탱되게 하는 것이다. **[필요시 어형변화]**

(head and neck / is / support / to / your / the goal / keep)

답 : _____

19 나는 당신이 작년에 만들어진 당신의 원래 계획을 따를 것을 촉구한다. **[1개의 단어추가]**

(follow / made / you / last year / original plan / urge / I / your)

답 : _____

20 당신의 가치관은 어떤 직업들은 당신에게 잘 맞지만, 다른 직업들은 맞지 않게 할 것이다. **[필요시 어형변화]**

(will make / more suitably / your values / and others / for you / some careers / less appropriately)

답 : _____

2. 동명사

| 출제비율 | 상 | 중 | 하 |

▶ 출제의 포인트

동명사를 주어로 하는 영작하기와 전치사의 목적어로 쓰이는 동명사가 출제비율이 높다. 특히 전치사 to 뒤에 동명사를 써야 하는 경우에 유의해야 하고, 동명사가 포함된 자주 쓰이는 표현도 익혀두어야 한다. 동명사의 시제와 관련하여 완료형 동명사(having p.p)를 숙지하고 있어야 하고, 동명사만을 목적어로 취하는 동사의 종류도 알고 있어야 한다. 동명사의 부정표현과 동명사의 의미상의 주어를 활용한 서술형 문제도 출제된다.

동명사 주어	단수 취급	**Getting** along with the coworkers **is** always exciting. S　　　　　　　　　　　　　　　　　　　V
동명사를 목적어로 취하는 동사	S+V+O(동명사)	stop / finish / enjoy / give up / abandon / quit / mind / avoid / suggest / consider / admit 등 *forget[remember]+v-ing : ~한 것을 잊다[기억하다] cf) forget[remember] +to R : ~할 것을 잊다[기억하다]
동명사의 부정 동명사 바로 앞에 부정어가 위치	not[never] v-ing	**Not** meeting the person such as your boss is better.
동명사의 의미상 주어 동명사 바로 앞에 소유격 or 목적격으로	소유격[목적격] +v-ing	The man is surprised at **my[me]** repairing the bicycle.
완료형 동명사 동명사의 시제가 본동사보다 앞설 때	having + p.p	I am sorry for **having lost** your cellphone. = I **am** sorry that I **lost** your cellphone.
동명사의 수동	being + p.p	I hate **being treated** like a child by my parents.

＊ 동명사가 포함된 자주 쓰이는 표현

(특히, 전치사 to인지, to부정사인지를 구별 → 아래는 모두 전치사 to이므로 동명사를 목적어로 취함)

be[get] used to v-ing: v하는 데 익숙하다
be accustomed to v-ing: v하는 데 익숙하다
feel like v-ing: v하고 싶다
be busy v-ing: v하느라 바쁘다
be worth v-ing: v할 가치가 있다
end up v-ing: 결국 v하게 되다
be devoted[dedicated] to+[동]명사: v에 전념하다
There is no v-ing: v하는 것은 불가능하다
have difficulty[trouble] (in) v-ing: v하는 데 어려움이 있다
prevent[keep/stop/prohibit] 목적어 from v-ing: (목적어)가 v하지 못하게 하다

look forward to v-ing: v하는 것을 몹시 기다리다
the key to+[동]명사: v하는 것의 비결
on[upon] v-ing: v하자마자
cannot help v-ing: v하지 않을 수 없다
spend 시간[돈] (on) v-ing: v하는 데 시간[돈]을 쓰다
when it comes to+[동]명사: v에 관해 말하면
It is no use v-ing: v하는 것은 소용없다
keep (on) v-ing: 계속해서 v하다

▶ 학교별 기출내용

-주어로 쓰인 동명사: 거창대성고(경남) 1학년, 경안고(경기) 2학년, 경원고(대구) 1학년, 반포고(서울) 1학년, 언남고(서울) 1학년, 중산고(서울) 1학년 **-전치사의 목적어로 쓰인 동명사:** 경남외고(경남) 2학년, 광남고(서울) 2학년, 마산제일고(경남) 2학년, 반포고(서울) 1학년, 부산외고(부산) 2학년, 북일고(충남) 2학년, 불암고(서울) 2학년, 상문고(서울) 2학년, 석산고(광주) 2학년, 영신여고(서울) 2학년, 진선여고(서울) 2학년, 창원남고(경남) 2학년 **-문장의 목적어로 쓰인 동명사:** 노은고(대전) 2학년, 대구남산고(대구) 2학년, 분당대진고(경기) 1학년, 영신고(경북) 2학년, 유성고(대전) 2학년, 인천국제고(인천) 2학년, 전주한일고(전북) 3학년, 춘천고(강원) 1학년 **-동명사의 관용표현:** 개포고(서울) 2학년, 김포외고(경기) 1학년, 대륜고(대구) 1학년, 동덕여고(서울) 1학년, 서라벌고(서울) 1학년, 서현고(경기) 1학년, 신성여고(제주) 1학년, 영덕여고(경기) 2학년, 장성고(전남) 2학년, 혜성여고(서울) 2학년, 전북대사범대 부설고(전북) 1학년, 이외에 **동명사의 부정**과 관련하여 경해여고(경남) 2학년, 대륜고(대구) 1학년에서 출제되었고, **동명사의 의미상 주어**와 관련해서 청평고(전남) 1학년에서 출제되었다. **동명사의 시제**는 동덕여고(서울) 1학년에서 출제

🎓 【STEP 1】 단순배열 영작

■ 주어진 우리말과 같도록 괄호 안의 단어를 <u>어형 변화 없이</u> 모두 배열하시오.
  【단어 중복사용 불가, 대/소문자 구별할 것, 문장부호 유의】

01   당신의 꿈을 기록하는 것으로는 충분하지 않다.
(is / your / enough / recording / not / dreams)

답 : _____

02   작년에 내가 워크숍을 운영했던 것을 기억한다. [I로 시작]
(running / a / year / I / remember / last / workshop)

답 : _____

03   그는 여자 친구에게 사실을 말하지 않았던 것을 후회한다.
(telling / not / regrets / he / his girlfriend / to / the truth)

답 : _____

04   내가 당신의 책을 잃어버린 것은 유감입니다.
(sorry / books / lost / for / am / I / your / having)

답 : _____

05   제가 당신의 차를 빌리는 것을 꺼리십니까?
(your / my / do / mind / borrowing / car / you)

답 : _____

06 나는 어제 그 결승전을 봤던 것을 결코 잊지 못할 것이다.

(game / the / watching / never / yesterday / final / I'll / forget)

답 : _____

07 우리 주변 사람들의 기운을 북돋워 주는 것은 또한 큰 가치가 있다.

(also of / around us / is / lifting up / great worth / those)

답 : _____

08 그 사람에게 선을 행하는 것이 가장 중요한 일이다.

(important / good / most / person / thing / doing / is / the / that)

답 : _____

*do 사람 good : (사람)에게 선을 행하다

09 눈물을 참으려고 애쓰는 것은 소용없었다.

(hold back / use / it / the tears / to / no / was / trying)

답 : _____

10 충분히 용감하지 않은 것에 대해 걱정하지 마라.

(about / brave / don't / not / enough / worry / being)

답 : _____

■ 주어진 우리말과 같도록 괄호 안의 단어를 <u>조건에 맞게</u> 배열하시오.

11 설탕을 추가로 먹는 것은 불필요한 칼로리를 더하는 것을 의미한다. **[필요시 어형변화]**

(extra sugar / add / calories / mean / have / unnecessary)

답 : _____

12 여러분의 어머니께서 여러분을 병원에 데려가셨던 것을 기억하는가? **[필요시 어형변화]**

(you / office / remember / to / take / your mom / do / a doctor's / you)

답 : _____

13 다른 누군가인 척하는 것은 너에게 도움이 되지 않는다. **[필요시 어형변화]**

(do / no good / someone else / pretend / be / you / to)

답 : _____

*do 사람 no good : ―에게 도움이 되지 않다

14 많은 친구가 없다는 것은 어떤 일이 잘못되어 있다는 것을 의미하지는 않는다. **[필요시 어형변화]**

(don't / wrong / not / many / anything / mean / friends / have / is)

답 : _____

15 우리는 버스정류장에서 줄을 서는 것부터 지식을 공유하는 것에 이르기까지 협력을 한다.

[필요시 어형변화]

(line up / knowledge / cooperate / from / bus stop / share / at a / we / to)

답 : _____

🎓 【STEP 3 G+G】 어법 누적편

■ 전 단원과 본 단원에서 학습한 어법사항을 고려하여 괄호 안의 단어를 <u>조건에 맞게</u> 배열하시오.

16 아침에 일찍 일어나는 것은 나를 부지런한 사람으로 만든다. **[필요시 어형변화]**

(early / make / diligent / in the / man / get / morning / a / me / up)

답 : _____

17 다음 주에 학교가 휴교하는지 선생님에게 물어볼 것을 잊지 마라. **[2개의 단어추가]**

(the school / forget / closed / next / your / don't / will be / week / teacher / ask)

답 : _____

18 당신은 직원이 인터넷 서핑을 하는 데 시간을 쓰도록 허락해서는 안 된다. **[필요시 어형변화]**

(the employee / the internet / shouldn't / his time / let / surf / you / spend)

답 : _____

19 나의 아이가 친구들과 놀고 있는 것을 보는 것은 나를 행복하게 한다. **[필요시 어형변화]**

(playing / happily / child / make / friends / my / his / see / me / with)

답 : _____

20 나의 동료는 집중함으로써 일이 완수되게 했다. **[필요시 어형변화]**

(to / the task / pay / it / colleague / by / complete / got / attention / my)

답 : _____

3. 가주어 It

▶ 출제의 포인트

to부정사나 명사절이 주어로 쓰여 주어가 길어지는 경우, 긴 주어를 쓰는 것을 피하기 위해 원래 주어 자리에 가주어(it)를 쓰고 진주어는 문미에 쓰게 된다. 가주어–진주어와 관련하여 진주어의 여러 가지 형태를 숙지하고, 특히 진주어(to R)의 의미상의 주어가 필요한 경우, to부정사 바로 앞에 'to부정사의 의미상의 주어'(for+목적격 또는 of+목적격)를 표시해야 한다. ('of+목적격'은 사용되는 형용사가 사람에 대한 주관적인 평가를 나타낼 때 사용됨 – stupid, careful, nice, silly, wise 등)

가주어 it	V	for 목적격 또는 of 목적격	진주어
			to 부정사
			that S + V
			whether S + V
			의문사 S + V

It is possible **for me** <u>to finish</u>(진주어) the work.
It is stupid **of you** <u>to meet</u>(진주어) the man.

▶ 출제 학교

광덕고(광주) 1학년, 광양제철고(전남) 2학년, 마산제일고(경남) 2학년, 문성고(광주) 1학년, 병점고(경기) 1학년, 순천효천고(전남) 1학년, 원주여고(강원) 1학년, 잠실여고(서울) 2학년, 천안중앙고(충남) 2학년, 청담고(서울) 2학년, 춘천고(강원) 1학년, 춘천여고(강원) 1학년, 충남고(충남) 2학년

🎓 【STEP 1】 단순배열 영작

■ 주어진 우리말과 같도록 괄호 안의 단어를 <u>어형 변화 없이</u> 모두 배열하시오.
【단어 중복사용 불가, 대/소문자 구별할 것, 문장부호 유의】

01   그 사장님이 매우 정직하다는 것은 모든 직원들에게 잘 알려져 있다.
(the boss / is / all employees / it / well-known to / very honest / is / that)

답 : _____

02   왕이 내린 선물을 잘못 다루는 것은 심각한 범죄였다.
(from / mistreat / it / to / a present / was / crime / the king / a serious)

답 : _____

03   지나가는 단계로 그것을 치부해버리기가 쉽다.
(dismiss / to / passing phase / it's / a / it / as / easy)

답 : _____

*dismiss : 치부하다, 묵살하다

04 단기간에 많은 체중을 빼는 것은 위험할 수 있다.

(dangerous / lose / a lot of / in a short time / it / to / can be / weight)

답 : _____

05 그는 걷고, 뛰고, 움직이는 것이 어렵다.

(walk / difficult / or move around / to / it / him / run / is / for)

답 : _____

06 당신이 그 중요한 문서를 잃어버리다니 부주의하다.

(careless / is / it / to / you / of / important / the / miss / document)

답 : _____

07 노동자들이 딱 맞는 음식을 찾는 것은 쉽지 않다.

(find / workers / easy / it / food / to / for / not / the right / is)

답 : _____

08 그가 뇌질환인 알츠하이머를 앓고 있다는 것이 밝혀졌다.

(Alzheimer's, / he / turned out / had / it / that / a brain disease)

답 : _____

09 그들이 살아남는지 아닌지는 상황에 달려 있다.

(the situation / survive / depends / they / or not / it / on / whether)

답 : _____

10 우리가 잃어버린 것에 관해 슬퍼하는 것은 당연하다.

(us / we lost / it's / grieve over / natural / to / things / for)

답 : _____

*grieve : 슬퍼하다

🎓 【STEP 2 G⁺】 어법응용 영작편

■ 주어진 우리말과 같도록 괄호 안의 단어를 <u>조건에 맞게</u> 배열하시오.

11 들어오는 개미들이 방향을 바꾸는 것은 더 어렵다. **[1개의 단어추가]**

(more difficult / it / inbound / change / is / direction / ants / to)

답 : _____

*inbound : (어떤 장소로) 오는

12 그녀가 그런 남자들과 사귀다니 어리석다. **[1개의 단어추가]**

(stupid / is / go out / her / such guys / to / with / it)

답 : _____

13 내가 햇빛으로부터 전기를 얻는 것은 쉽지 않았다. **[2개의 단어추가]**

(sunlight / electricity / me / easy / it / not / from / get / was)

답 : _____

14 그가 부유한지 아닌지는 나에게 중요하지 않다. **[2개의 단어추가]**

(he / or not / doesn't / rich / matter to me / is)

답 : _____

15 보트를 타고 물살을 가로질러 여행하는 것은 상쾌했다. **[2개의 단어추가]**

(the water / refreshing / boat / across / was / travel / by)

답 : _____

☞ 【STEP 3 G+G】 어법 누적편

■ 전 단원과 본 단원에서 학습한 어법사항을 고려하여 괄호 안의 단어를 <u>조건에 맞게</u> 배열하시오.

16 잠자리에 들기 전에 운동하는 것을 피하는 것이 최선이다. **[필요시 어형변화]**
(do / bedtime / avoid / before / best / it's / to / exercise)

답 : _____

17 당국으로 하여금 바이러스가 퍼지지 않도록 하는 것이 필수적이다.
[필요시 어형변화, 1개의 단어추가]
(the authority / from / it / prevent / the virus / essential / is / to / spread)

답 : _____

18 작업자들에게 제품의 질을 개선하도록 촉구하는 것은 쉽지 않다. **[2개의 단어추가]**
(the product / urge / of / easy / is / the quality / not / the workers / improve / it)

답 : _____

19 당신이 기계를 다루는 것에 익숙한지 아닌지는 중요하지 않다. **[필요시 어형변화, 1개의 단어추가]**
(a machine / used / doesn't / handle / it / you / matter / to / get)

답 : _____

20 집에서 파티를 여는 것이 나의 배우자를 짜증 나게 한다는 것은 확실하다. **[필요시 어형변화]**
(that / annoyed / a party / certain / it / throw / spouse / home / make / my / at / is)

답 : _____

4. to 부정사

▶ 출제의 포인트 『**PART 2. to부정사를 포함한 구문전환 참고**』

to부정사가 문장 내에서 주어, 목적어, 보어 역할을 한다는 점을 활용하여 영어문장 구성 시 올바르게 영작하여야 하고, 기출문제와 관련해서는 to부정사의 의미상의 주어를 제대로 사용하는지와 to부정사가 들어간 구문(too – to R, enough to R, seem to R), 의문사+to부정사를 활용한 영작, to부정사의 부정, to부정사의 시제(to have p.p) 등이 중요하게 다루어진다.

to 부정사의 의미상 주어	**for[of] 목적격 + to R** (사람에 대한 주관적 판단의 형용사 : of+목적격)	It is possible **for your team** to complete it.
too – to R "...하기에 너무 –한"	**too + 형용사/부사 + to R** =so+형용사/부사+that S can't	The bible is **too** thick **to read** in a day. =The bible is **so** thick **that** you **can't** read it in a day.
enough to R "...하기에 충분히"	**형용사/부사 + enough to R** =so+형용사/부사+that S can	She is competent **enough to** deal with it. = She is **so** competent **that** she **can** deal with it.
seem to R "–인 것 같다"	**S seem to R** (=It seems that S V)	The coffee **seems to** taste bitter. = **It seems that** the coffee tastes bitter.
의문사 + to R S, O, C로 사용	**의문사 + to R** (=의문사 S should R)	I learned **how to** cook Korean food. = I learned **how I should** cook Korean food.
to 부정사의 부정 to 바로 앞에 표시	**not[never] + to R**	**Not to tell** lies between friends is important.
완료형 to부정사 본동사보다 더 이전 일 표현	**to have p.p**	He seems **to have graduated** from the college. = It **seems** that he **graduated** from the college. (현재) (과거)
to부정사의 수동태 주어가 동작을 당하는 경우	**to be p.p**	The staff wanted **to be paid** a higher salary.
It takes + (행위자) + 시간/돈/노력 + to R (행위자)가 –하는 데 '시간/돈/노력'이 들다		**It takes her 2 hours to walk** to her house.

▶ 출제 학교

–to부정사의 의미상 주어: 과천여고(경기) 1학년, 대구남산고(대구) 2학년, 압구정고(서울) 2학년, 연수여고(인천) 2학년, 원주여고(강원) 1학년, 천안중앙고(충남) 2학년 **–to부정사가 들어간 구문:** 개포고(서울) 2학년, 김포외고(경기) 2학년, 대아고(경남) 1학년, 대진여고(서울) 2학년, 명신여고(인천) 2학년, 수내고(경기) 1학년, 압구정고(서울) 2학년, 양서고(경기) 1학년, 연수고(인천) 1학년, 춘천여고(강원) 1학년, 한국디지털미디어고(경기) 2학년, 현대고(서울) 2학년 **–to부정사의 명사수식(형용사적 용법):** 광남고(서울) 2학년, 반포고(서울) 1학년, 압구정고(서울) 2학년, 일산대진고(경기) 1학년 **–의문사+to부정사:** 경남외고(경남) 2학년, 백영고(경기) 2학년, 복자여고(충남) 1학년, 숭덕고(광주) 2학년 **–to부정사의 부정:** 거창대성고(경남) 1학년, 금호고(광주) 2학년, 평택고(경기) 2학년, 이외에 **to부정사의 시제(to have p.p)**– 춘천여고(강원) 1학년, **to부정사의 수동형(to be p.p)**–경남외고(경남) 2학년, **only to R**–금호고(광주) 2학년

🎓 【STEP 1】 단순배열 영작

■ 주어진 우리말과 같도록 괄호 안의 단어를 <u>어형 변화 없이</u> 모두 배열하시오.
【단어 중복사용 불가, 대/소문자 구별할 것, 문장부호 유의】

01 그는 파티에 초대받지 않아서 매우 실망했다.

(the party / to / be / disappointed / not / was / invited / to / very / he)

답 : _____

02 그 여자는 과거에 모델이었던 것처럼 보인다.

(in / model / a / have / to / the / seems / woman / the past / been)

답 : _____

03 나의 상관은 그 프로젝트를 언제 시작할지 나에게 말해 주었다.

(start / to / me / when / told / project / the / boss / my)

답 : _____

04 그 퀴즈는 내가 풀기에는 너무 어렵다.

(difficult / me / solve / to / for / too / quiz / is / the)

답 : _____

05 "지갑"이라고 불리는 이 갑옷은 화살을 막을 만큼 충분히 단단했다.

(was / arrows / enough / called / tough / jigap / stop / armor / to / this)

답 : _____

06

날씨가 아이들이 공원에서 놀기에 충분히 좋다.

(for / play / the park / is / enough / to / good / in / children / the weather)

답 : _____

07

다이어트를 하는 사람들은 흔히 식사를 거르지 말라고 권해진다.

(not / often / are / skip / encouraged / meals / to / dieters)

답 : _____

08

거의 어떤 나라도 위대한 건축가를 배출했다고 주장할 수 없다.

(produced / architect / countries / can / have / to / great / claim / few / a)

답 : _____

09

그는 단단한 모자, 즉 가벼운 헬멧을 발명했다고 믿어진다.

(believed / have / the hard / he / invented / a light / to / hat, / is / helmet)

답 : _____

10

인간이 그 과업을 수행하는 데는 10초도 채 걸리지 않는다.

(than / task / human / it / perform / 10 seconds / takes / less / the / a / to)

답 : _____

【STEP 2 G⁺】어법응용 영작편

■ 주어진 우리말과 같도록 괄호 안의 단어를 <u>조건에 맞게</u> 배열하시오.

11   Roberts가 직장을 구하기에는 너무나 장애가 있었다. **[2개의 단어추가]**
(ever get / job / disabled / Roberts / a / was)

답 : _____

12   이 건물들은 "헨젤과 그레텔"에서 바로 꺼내 온 것처럼 보인다. **[필요시 어형변화]**
(seem / directly from / buildings / take / "Hansel and Gretel" / to / these / be)

답 : _____

*Hansel and Gretel : 독일의 언어학자이자 작가인 그림형제(Brüder Grimm)가 쓴 동화

13   나는 영국에서 온 내 또래 단체 관광객을 만날 만큼 충분히 운이 좋았다. **[2개의 단어추가]**
(meet / tourists my / lucky / I / a group of / from / was / Britain / age)

답 : _____

14   한국의 창조산업들은 국제적으로 성공적이었다고 보고된다. **[필요시 어형변화, 1개의 단어추가]**
(be / industries / to / Korea's / internationally successful / reported / are / creative)

답 : _____

15   센서는 발꿈치에 닿아도 편안할 만큼 충분히 얇아야만 했다. **[2개의 단어추가]**
(be comfortable / the bottom / the sensors / be thin / of / a foot / on / had to)

답 : _____

☜ 【STEP 3 G+G】 어법 누적편

■ 전 단원과 본 단원에서 학습한 어법사항을 고려하여 괄호 안의 단어를 <u>조건에 맞게</u> 배열하시오.

16 삶은 모든 것을 배우기에는 너무 짧다. [필요시 어형변화, 2개의 단어추가]
(get / short / is / everything / life / learn)

답 : _____

17 당신이 나의 생일을 기억하지 않다니 사려 깊지 못하다. [3개의 단어추가]
(remember / inconsiderate / not / birthday / you / is / my)

답 : _____

18 나는 하늘에서 유성이 떨어지는 것을 볼 수 있을 만큼 충분히 운이 좋았다.
[필요시 어형변화, 2개의 단어추가]
(lucky / fell / sky / shooting / I / the / see / star / was / in / the)

답 : _____

19 새로운 기계들을 작동시키는 방법을 배우는 것은 흥미롭다. [필요시 어형변화, 1개의 단어추가]
(operate / interesting / machines / learn / be / to / new)

답 : _____

20 그 학자는 논문을 제출할 것을 잊었던 것처럼 보인다. [필요시 어형변화, 2개의 단어추가]
(submit / scholar / forget / the / his / seems / paper / to)

답 : _____

5. 간접의문문

출제비율	상	중	하

▶ 출제의 포인트

간접의문문(의문사+S+V)은 문장 내에서 주어, 목적어, 보어로 쓰이고, 서술형에서 자주 활용되는 어법사항이다. 주의할 점은 간접의문문을 사용하여 영작 시, 주절에 'guess, suppose, think, believe, imagine'의 동사가 있으면, 의문사가 문장 맨 앞에 위치한다는 점이다. 또한 의문사가 how일 경우, how의 수식을 받는 형용사나 부사를 how와 연결하여 써야 한다는 점도 유의해야 한다.

역할	S, O, C	**How the athlete exercises** is a mystery. (S) →단수 취급 I don't know **when he will arrive at the airport**. (O) My wonder is **where the miner found the diamond**. (C)
주의 사항	주절의 동사가 생각 관련 동사인 경우, 의문사가 문장 앞에 위치 (**guess, suppose, think, believe, imagine**)	**When** (do you **think**) **he will deal** with the project? 의문사　　　　　　　　　S　　V
	의문사가 없는 경우, 접속사 if 또는 whether 사용	I'm not sure **if[whether] my brother is** in the dormitory. 접속사　　　S　　V
	의문사가 주어인 경우, 의문사+V의 어순	Please tell me **who broke** the window yesterday. 의문사(S) V
	how + 형용사/부사 + S + V → how의 수식을 받는 형용사 또는 부사는 **how**와 결합됨	I don't know exactly **how fast** the car **runs**. 의문사 부사　S　　V

▶ 출제 학교

경원고(대구) 1학년, 과천고(경기) 1학년, 대전둔산여고(대전) 2학년, 마산제일고(경남) 2학년, 문성고(광주) 1학년, 반포고(서울) 1학년, 보정고(경기) 2학년, 분당대진고(경기) 1학년, 서초고(서울) 2학년, 순천매산고(전남) 2학년, 신목고(서울) 2학년, 안동고(경북) 3학년, 오현고(제주) 1학년, 원주여고(강원) 1학년, 유성고(대전) 2학년, 유신고(경기) 2학년, 잠실여고(서울) 2학년, 진성고(경기) 1학년, 충남고(충남) 2학년, 충주여고(충북) 1학년, 호원고(경기) 2학년, 효원고(경기) 2학년

🎓 【STEP 1】 단순배열 영작

■ 주어진 우리말과 같도록 괄호 안의 단어를 어형 변화 없이 모두 배열하시오.
【단어 중복사용 불가, 대/소문자 구별할 것, 문장부호 유의】

01　나는 그녀의 이메일 주소가 무엇인지 모른다.

(is / email / what / don't / address / her / know / I)

답 : _____

02　당신이 생각하기에 누가 다음 대통령이 될 것 같나요?

(be / who / you / do / president / the / will / think / next)

답 : _____

03 할머니는 어느 해에 출생하셨는지 모르신다.

(which year / not / she / born / grandma / know / does / in / was)

답 : _____

04 당신은 왜 그가 그 중고품을 샀다고 생각하나요?

(goods / the / he / you / why / second-hand / bought / think / do)

답 : _____

05 당신은 그 광고가 얼마나 효과가 있는지를 알고 싶어 한다.

(is / the / how / to / you / advertising / effective / know / want)

답 : _____

06 당신은 얼마나 자주 또는 얼마나 많이 운동하는지를 통제할 수 있다.

(can / how / or / often / work / out / you / much / how / control / you)

답 : _____

07 당신은 누가 더 포크를 사용할 가능성이 있다고 생각하나요?

(is / likely / use / fork / a / to / you / suppose / do / who)

답 : _____

08 당신은 누구의 진술이 더 믿을 만하다고 생각하나요?

(statement / think / credible / whose / more / do / is / you)

답 : _____

09 그는 그 소음이 무엇인지 알아보기 위해 문 쪽으로 갔다.

(to / noise / all about / the door / what / he / to / the / see / was / went)

답 : _____

10 나는 미래에 무엇을 하기를 원하는 지 잘 모른다.

(want / the future / what / have / do / little / I / to / idea / in / I)

답 : _____

memo

■ 주어진 우리말과 같도록 괄호 안의 단어를 <u>조건에 맞게</u> 배열하시오.

11   우리는 고등학교에서의 생활이 어떨지에 대해 이야기했다. [1개의 단어추가]
(in / would / high / about / we / like / life / talked / be / school)

답 : _____

12   이 이야기의 교훈은 무엇이라고 생각합니까? [1개의 단어삭제]
(is / story / think / moral / what / of / do / the / this / you / does)

답 : _____

13   우리는 잉카인들이 어떻게 그토록 큰 도시를 건설했는지 상상할 수 없었다.
[1개의 단어삭제]
(how / the Inca / imagine / such / to / built / could / city / could / large / have / we / a / not)

답 : _____

14   여러분은 왜 바오바브나무가 그렇게 거대한 몸통을 가졌다고 생각합니까? [2개의 단어삭제]
(the baobab / does / trunk / think / why / such / do / enormous / should / an / has / you)

답 : _____

15   그는 언제 그리고 어떻게 거기에 도착했는지 기억하지 못했다. [2개의 단어삭제]
(when / gotten / he / did / there / not / and how / did / to / he / remember / had)

답 : _____

☖ 【STEP 3 G+G】 어법 누적편

■ 전 단원과 본 단원에서 학습한 어법사항을 고려하여 괄호 안의 단어를 <u>조건에 맞게</u> 배열하시오.

16 왜 공룡이 멸종했는지는 여전히 신비로운 일이다. [1개의 단어삭제, 1개의 단어추가]
(extinct / the dinosaur / is still / a / went / did / why / mystery)

답 : _____

17 지구의 역사는 정확히 언제 시작했는지 알기에는 너무 길다. [2개의 단어추가]
(the Earth / exactly when / of / long / it / know / began / is / the history)

답 : _____

18 우리가 어떻게 갈등이 해결되도록 할 수 있다고 생각하나요? [필요시 어형변화]
(think / conflict / can / you / how / the / resolve / we / do / make)

답 : _____

19 그는 구름들 위로 날아오르는 일이 얼마나 신나는 것인지 알고 있다. [필요시 어형변화]
(wonderful / clouds / knows / really feel / the / how / he / above / soar)

답 : _____

20 우리는 다음 월드컵이 어디에서 열릴지에 대한 합의에 도달하는 데 어려움이 있다.
[필요시 어형변화]

(an agreement / will be / difficulty / held / where / we / the next / reach / world-cup / of / have)

답 : _____

6. 가목적어 it

출제비율	상	중	하

➡ **출제의 포인트**

가목적어(it)는 to부정사나 명사절이 목적어로 쓰여 목적어가 길어지는 경우, 긴 목적어를 쓰는 것을 피하기 위해 원래 목적어 자리에 가목적어(it)를 쓰고 진목적어는 문미에 쓰게 된다. 문장 내에서 가목적어(it)는 뜻은 없으나, 어법상 반드시 있어야 하므로 표시해 주어야 하고, 바로 뒤에 이어지는 목적격 보어(형용사 또는 명사) 자리에는 부사를 쓸 수 없다는 점에 유의해야 한다. 또한, 진목적어의 여러 가지 형태를 숙지하여 어법에 맞게 표현해야 한다.

S	believe consider find keep leave make think	가목적어 it	목적격 보어 ▶ 형용사(O) ▶ 명사(O) ▶ 부사(X)	진목적어
				to 부정사
				that S + V
				whether S + V
				의문사 + S + V
				▶ 가목적어 it이 들어간 표현들 ◀ make it a rule to R : ―하는 것을 규칙으로 하다 take it for granted that S+V : ―을 당연하게 여기다 has it that S+V : ―라고 말하다, 주장하다 see to it that S+V : ―을 확실하게 해두다

- The CEO thinks **it** dangerous **to enter the global market** now.
- A lot of scientists find **it** possible **that various organisms exist** in the space.

➡ **출제 학교**

거창대성고(경남) 1학년, 과천여고(경기) 1학년, 논산대건고(충남) 3학년, 대구남산고(대구) 2학년, 불암고(서울) 2학년, 수원외고(경기) 2학년, 신성고(경기) 1학년, 신성여고(제주) 1학년, 안동여고(경북) 2학년, 양재고(서울) 1학년, 원광여고(전북) 2학년, 일산대진고(경기) 2학년, 잠신고(서울) 2학년, 전주기전여고(전북) 2학년, 진성고(경기) 1학년, 청담고(서울) 2학년, 혜성여고(서울) 2학년

🎓 【STEP 1】 단순배열 영작

- 주어진 우리말과 같도록 괄호 안의 단어를 <u>어형변화 없이</u> 모두 배열하시오.
  【단어 중복사용 불가, 대/소문자 구별할 것, 문장부호 유의】

01 나는 애완동물을 키우는 것이 재미있다는 것을 알았다.

(pet / to / it / I / a / keep / interesting / found)

답 : _____

02 이 자세는 숨 쉬는 것을 어렵게 만든다.

(breathe / it / position / to / makes / difficult / this)

답 : _____

03 Jack은 그 문제를 해결하는 것을 가능하게 했다.

(it / solve / the / made / Jack / to / problem / possible)

답 : _____

04 불빛은 밤에 보는 것을 더 쉽게 만든다.

(easier / makes / see / the glow / at night / it / to)

답 : _____

05 나는 사람들이 여전히 단순한 것들을 바란다는 것이 흥미로웠다.

(simple things / it / that / still wish / I / interesting / found / people / for)

답 : _____

06 그녀는 아침 일찍 일어나는 것을 규칙으로 삼는다.

(in / early / get up / to / makes / a rule / the morning / it / she)

답 : _____

07 엄마는 내가 설거지하는 것을 당연시하신다.

(do / I / that / the dishes / for / takes / mother / granted / my / it)

답 : _____

08 동아리 활동은 그들과 친구가 되는 것을 더 쉽게 만든다.

(with / make / it / to / friends / club activities / become / them / easier)

답 : _____

09 그 남자는 그 계획에 반대한다는 것을 분명히 했다.

(clear / the plan / he / that / it / the man / to / made / objected)

답 : _____

10 사장은 그 직원이 프로젝트를 끝내는 것이 쉽다고 생각한다.

(easy / to / it / the boss / for / thinks / the project / finish / the employee)

답 : _____

memo

🎓 【STEP 2 G⁺】 어법응용 영작편

■ 주어진 우리말과 같도록 괄호 안의 단어를 <u>조건에 맞게</u> 배열하시오.

11
당신은 새 학년을 맞이하는 것에 어려움을 느끼는가? **[1개의 단어추가]**

(school year / to / you / face / do / difficult / the new / find)

답 : _____

12
가독성은 사람들이 정보를 기억하는 것을 쉽게 만든다. **[2개의 단어추가]**

(remember / people / for / easier / makes / information / legibility)

답 : _____

*legibility : 가독성

13
현지 농부들은 농작물을 키우는 것이 어렵다는 것을 알았다. **[1개의 단어추가]**

(farmers / the local / found / difficult / they / grow / the crop / it / would)

답 : _____

14
나는 우리 사이의 간격을 좁히는 것이 어렵다는 것을 알았다. **[2개의 단어추가, 가목적어를 활용할 것]**

(the gap / hard / found / us / narrow / I / between)

답 : _____

15
그들 사이의 갈등은 우리가 문제를 해결하는 것을 극도로 어렵게 한다. **[3개의 단어추가]**

(extremely difficult / us / the conflicts / solve / between / make / the problem / them)

답 : _____

🎓 【STEP 3 G+G】 어법 누적편

■ 전 단원과 본 단원에서 학습한 어법사항을 고려하여 괄호 안의 단어를 <u>조건에 맞게</u> 배열하시오.

16   나는 그 후보자가 시장으로 선출되는 것이 어렵다고 생각한다.
[필요시 어형변화, 2개의 단어추가, 가목적어를 활용할 것]
(candidate / hard / think / as / elect / to / I / mayor / the / be / a)

답 : _____

17   그 관리자는 일주일 안에 프로젝트를 끝내는 것을 규칙으로 삼는다. **[필요시 어형변화, 1개의 단어추가]**
(the project / get / the / week / rule / manager / a / in / to / do / a / makes)

답 : _____

18   외국어를 배우는 것은 더 많은 직업의 기회를 얻는 것을 가능하게 한다. **[필요시 어형변화, 1개의 단어추가]**
(get / opportunities / languages / to / more / learn / possible / foreign / job / make)

답 : _____

19   한국인들은 지진이 어디서 일어날지를 예측하는 것이 어렵다는 것을 안다.
[2개의 단어추가, 가목적어를 활용할 것]
(where / predict / Koreans / difficult / occur / the earthquake / will / find)

답 : _____

20   그 CEO는 직원에게 더 많은 자유시간을 갖도록 장려하는 것이 효과적이라고 믿는다.
[3개의 단어추가, 가목적어를 활용할 것]
(encourage / more / effective / CEO / time / the employee / believes / free / the / have)

답 : _____

7. 수동태

출제비율	상	중	하

> ▶ **출제의 포인트**　　　『PART 2. 수동태 전환 참고』
>
> 영어문장을 서술함에 있어서, 기본적으로 수동태가 많이 활용 되는데, 특히 지각동사와 사역동사의 수동태 표현에서 목적격 보어의
> 형태가 중요하고, 수동태의 다양한 표현들을 활용하여 영작하는 문제가 출제된다.

□ **지각동사와 사역동사의 수동태는 능동태에서 O.C로 쓰인 동사원형이 to부정사로 바뀐다.**

- She made[saw] her son do(O.C) his homework. (능동태)
→ Her son was made[seen] to do his homework by her. (수동태)

지각동사의 수동태	be v-ed + to R[v-ing]	The train was seen **to pass** the station (by me). (현재분사 passing도 가능)
사역동사의 수동태	be made + to R	My sister was made **to do** the dishes by my mother.

▶ 수동태의 다양한 표현 ◀

미래형	will be+p.p	The car **will be fixed** by six today.
진행형	be동사+being+p.p	The project **is being discussed** by the members.
완료형	have[had] been+p.p	My vacation **has been cancelled** by heavy rain.
조동사가 있는 수동태	조동사+be+p.p	The road **may be repaired** by the worker now.
to부정사의 수동태	to be+p.p	The student expects **to be given** the award by the principal.
동명사의 수동태	being+p.p	My nephew dislikes **being treated** like a child.

> ▶ **출제 학교**
>
> 거창대성고(경남) 1학년, 경기여고(서울) 2학년, 경원고(대구) 1학년, 과천여고(경기) 2학년, 김포고(경기) 1학년, 대원외고(서울) 2학년,
> 동덕여고(서울) 1학년, 백영고(경기) 2학년, 부산외고(부산) 2학년, 분당대진고(경기) 1학년, 서라벌고(서울) 1학년, 석산고(광주) 2학년,
> 수원외고(경기) 2학년, 신성고(경기) 2학년, 신성여고(제주) 1학년, 안법고(경기) 1학년, 양서고(경기) 1학년, 연수여고(인천) 2학년, 의정부여고(경기)
> 2학년, 인천국제고(인천) 2학년, 잠실여고(서울) 2학년, 전북대사범대부설고(전북) 1학년, 진성고(경기) 1학년, 진흥고(광주) 2학년, 창덕여고(서울)
> 2학년, 창평고(전남) 1학년, 춘천고(강원) 1학년, 충주여고(충북) 2학년, 포항여고(경북) 2학년, 한국삼육고(서울) 1학년, 현대고(서울) 2학년,
> 호원고(경기) 2학년

🎓 【STEP 1】 단순배열 영작

■ 주어진 우리말과 같도록 괄호 안의 단어를 <u>어형변화 없이</u> 모두 배열하시오.
　【단어 중복사용 불가, 대/소문자 구별할 것, 문장부호 유의】

01 　 영화티켓은 미리 구매될 수 있다.
(in / be / for the movie / advance / bought / can / the ticket)

답 : _____

02 　 그 축제는 2000년 이후로 거행되어 오고 있다.
(has / festival / the / since / celebrated / been / 2000)

답 : _____

03 　 그 문제는 직원들에 의해 토론되는 중이다.
(the / is / discussed / staff / being / the / by / problem)

답 : _____

04 　 다리의 두 개의 탑을 위한 기반이 지어지는 중이었다.
(towers / built / foundations / the / were / for / two / being / the / bridge's)

답 : _____

05 　 우리는 비행기가 하늘에서 지나가는 것을 보았다.
[단, 주어진 단어 The airplane을 주어로 하여 같은 의미가 되도록 수동태로 쓸 것]
(The airplane / us / to / the / by / sky / was / seen / in / pass)

답 : _____

06 도시에서는 질병에 노출될 가능성이 더 높다. [주어진 단어 중 There로 시작]

(There / of / a higher / is / in / chance / being / to / the city / disease / exposed)

답 : _____

07 어떤 불행한 얼굴도 보이지 않았다.

(be / face / an / there / seen / wasn't / to / unhappy)

답 : _____

08 여러분이 선물을 받았다는 것을 기억하세요.

(that / gift / been / remember / given / you / a / have)

답 : _____

09 Richard의 사자 등불은 현재 케냐 전역에서 사용되는 중이다.

(being / Lion Lights / all over / are now / Kenya / Richard's / used)

답 : _____

10 내 동료는 사직서를 제출하도록 강요당했다.

(was / hand / his / colleague / to / made / in / my / resignation)

답 : _____

🎓【STEP 2 G⁺】어법응용 영작편

■ 주어진 우리말과 같도록 괄호 안의 단어를 <u>조건에 맞게</u> 배열하시오.

11   이 자연적인 디자인의 효율성은 지금 테스트되는 중이다. [필요시 어형변화]
(design / test / efficiency / now be / of / natural / the / this / is)

답 : _____

12   당신의 꿈은 마음속에 갇혀 있어야 하는 것이 아니다. [필요시 어형변화, 1개의 단어추가]
(are / to / mind / your / something / dreams / in / your / not / cage)

답 : _____

13   우리는 그룹으로 그 프로젝트에 대해 작업하도록 지시받았다. [필요시 어형변화, 1개의 단어추가]
(the / work on / make / project / we / group / a / as / were)

답 : _____

14   예전의 민화는 오늘날의 한국문화를 대표하여 다시 태어나고 있다. [2개의 단어추가]
(the Korean / Minhwa / to / of / today / reborn / yesterday / culture / of / represent)

답 : _____

15   숫자 8은 오랫동안 중국문화에서 가장 행운이 있는 수로 간주되어왔다. [필요시 어형변화]
(number / regard / luckiest / Chinese / have long / in / the number 8 / culture / as / the / be)

답 : _____

☞ 【STEP 3 G+G】 어법 누적편

■ 전 단원과 본 단원에서 학습한 어법사항을 고려하여 괄호 안의 단어를 조건에 맞게 배열하시오.

16 결정적 증거가 어떻게 발견되었는지 논의되는 중이었다. [필요시 어형변화]

(the / be / was / decisive / how / discuss / found / evidence / be)

답 : _____

17 성당이 2026년에 완공될 거라고 예상된다. [필요시 어형변화, 2개의 단어추가]

(is / complete / it / 2026 / expect / will / the church / in)

답 : _____

18 몇몇 사람들은 역사가 왜곡되는 것이 가능하다고 생각한다.
[필요시 어형변화, 2개의 단어추가, 가목적어를 활용할 것]

(a / think / history / be / few / distort / people / the / to / possible)

답 : _____

19 정부관리들은 홍수피해가 곧 회복될 거라고 예측한다.
[필요시 어형변화, 2개의 단어추가, 5형식 문장으로 쓸 것]

(the flood / recover / government / expect / soon / damage / officials)

답 : _____

20 그때 이후로 지진을 견딜 만큼 충분히 강한 아파트가 세워지고 있다.
[필요시 어형변화, 2개의 단어추가]
(withstand / then / have / strong / build / apartment / an earthquake / the / since / enough)

답 : _____

8. 분사

▶ 출제의 포인트

어법서술형에서 출제가 많이 되는 파트로, 능동의 현재분사와 수동의 과거분사를 활용한 영작, 특히 '감정동사'의 분사형에서의 의미상 차이를 분명히 구별할 수 있어야 한다.

현재분사 vs. 과거분사	현재분사 (능동 : -하는)	The manager **accepting** my suggestion is open-minded. (수락하는 : 능동)
	과거분사 (수동 : -되는)	The book **written** in Chinese is hard to read. (쓰인 : 수동) = It is hard to read the book **written** in Chinese.

❖ 감정동사의 현재분사(감정을 느끼게 하는)와 과거분사(감정을 느끼는)의 의미상 차이

	excite	bore	satisfy	shock	disappoint
현재분사(v-ing)	흥분하게 하는	지루하게 하는	만족스러운	충격적인	실망스럽게 하는
과거분사(v-ed)	흥분한	지루해하는	만족해하는	충격을 받은	실망한

☐ 이외의 감정동사 → amaze, amuse, annoy, astonish, confuse, embarrass, exhaust, frighten, interest, irritate, please, surprise, tire 등

- The movie which I watched with my friend was **satisfying**.
- The student who was studying physics was **satisfied** with the professor's class.

▶ 출제 학교

현재분사와 과거분사의 구별 : 거제고(경남) 2학년, 거창고(경남) 2학년, 경주여고(경북) 1학년, 고려고(광주) 2학년, 공주사대부설고(충남) 2학년, 광명북고(경기) 2학년, 남녕고(제주) 1학년, 노은고(대전) 2학년, 논산대건고(충남) 2학년, 대전둔산여고(대전) 2학년, 동덕여고(서울) 1학년, 목동고(서울) 2학년, 복자여고(충남) 1학년, 서령고(충남) 2학년, 숙명여고(서울) 2학년, 순천효천고(전남) 1학년, 언남고(서울) 1학년, 원광여고(전북) 2학년, 천안고(충남) 1학년, 포항여고(경북) 2학년, 한국삼육고(서울) 1학년

☖ 【STEP 1】 단순배열 영작

■ 주어진 우리말과 같도록 괄호 안의 단어를 <u>어형변화 없이</u> 모두 배열하시오.
【단어 중복사용 불가, 대/소문자 구별할 것, 문장부호 유의】

01 아직 발견해야 할 남아 있는 많은 것이 있다.
(left / is still / discover / there / to / much)

답 : _____

02 커피에 관해 실시된 유명한 연구가 있다.
(on / study / a / there / is / well-known / conducted / coffee)

답 : _____

03 그는 지친 물고기를 물에서 들어 올렸다.
(fish / he / lifted / water / the exhausted / from)

답 : _____

04 그 농부는 그 남자의 일에 만족스러워했다.
(work / the / man's / farmer / the / felt / with / satisfied)

답 : _____

05 우리는 버려지는 쓰레기의 양을 줄일 수 있다.
(the amount / away / of / can / thrown / reduce / we / trash)

답 : _____

06 주변의 산은 눈으로 덮여 있다.

(covered / mountains / snow / the surrounding / with / are)

답 : _____

07 비밀은 한지의 놀라운 물리적 특성에 있다.

(hanji's / properties / the secret / in / physical / lies / amazing)

답 : _____

08 인터넷의 팝업 홍보는 짜증 날 수 있다.

(the Internet / can / pop-up / be / on / annoying / promotions)

답 : _____

09 학생들은 종이로 만들어진 꽃을 들고 교실로 들어왔다.

(carrying / paper / out of / made / the classroom / entered / students / a flower)

답 : _____

10 십 대들의 뇌는 여전히 자라는 중이고 완전히 발달되지 않았다.

(are still / and not / brains / completely developed / teens'/ maturing)

답 : _____

■ 주어진 우리말과 같도록 괄호 안의 단어를 <u>조건에 맞게</u> 배열하시오.

11 그는 오래된 휴대폰을 사용하여 작은 도청기를 개발했다. **[필요시 어형변화]**
(cell phone / use / listening / a / small / he / old / an / developed / device)

답 : _____

12 그는 몽상으로 가득 찬 지루한 삶을 보낸다. **[필요시 어형변화]**
(fill / a / he / daydreams / life / with / bore / leads)

답 : _____

13 두 개의 끓는 국그릇이 우리 테이블 위에 놓여졌다. **[필요시 어형변화]**
(were / table / bowls / our / boil / place / two / on)

답 : _____

14 K-pop은 진보된 기술들을 사용하여 큰 수익을 얻고 있다. **[필요시 어형변화]**
(large / gain / use / technologies / K-pop / advance / is / profits)

답 : _____

15 메인 바닷가재 축제는 메인주의 연안에서 잡힌 신선한 바닷가재로 만든 요리에 대한 기념행사이다.
[필요시 어형변화]
(a celebration / fresh lobsters / the coast of / the Maine Lobster Festival / of dishes / catch off / is / Maine / make from)

답 : _____

🎓 【STEP 3 G+G】 어법 누적편

■ 전 단원과 본 단원에서 학습한 어법사항을 고려하여 괄호 안의 단어를 <u>조건에 맞게</u> 배열하시오.

16 그는 다른 이들이 자신의 놀라운 능력을 칭찬해 줄 것을 기대한다. **[필요시 어형변화, 1개의 단어추가]**

(others / ability / his / the / expects / praise / he / amaze)

답 : _____

17 그 선생님은 지루해하는 학생들이 수업에 집중하도록 하는 것이 어렵다는 것을 알았다.
[필요시 어형변화, 1개의 단어추가]

(the class / students / make / found / the / bore / hard / on / it / instructor / focus)

답 : _____

18 다른 나라들에서 개발된 그 새로운 치료법은 혁신적인 것으로 고려되고 있다. **[필요시 어형변화]**

(develop / new / countries / innovative / be / in / treatment / other / the / is / consider)

답 : _____

19 새로 나온 그 영화를 보는 것은 흥미롭고 충격적이었다. **[필요시 어형변화, 1개의 단어추가]**

(excite / the newly / was / film / it / watch / release / and shock)

답 : _____

20 연기된 계획은 우리 회사가 주도권을 잡는 것을 막았다. **[필요시 어형변화]**

(company / initiative / the / from / take / stopped / our / plan / the / postpone)

답 : _____

9. 분사구문

출제비율	상	중	하

▶ 출제의 포인트　　　「PART 2. 분사구문의 전환 참고」

	능동의 분사구문 ▶ 분사구문 만드는 방법 ◀ 1) 종속절의 접속사와 **주어 생략** (주절의 주어와 같은 경우) 2) 동사원형 +―ing	→ **Acquiring** the knowledge used in a modern society, the tribe started to be civilized. (~~As it~~ <u>acquired</u> the knowledge used in a modern society) 　　→ acquiring "―을 습득한"→ '능동'의 의미이므로 현재분사로 시작하는 분사구문
분 사 구 문	수동의 분사구문 → (being) + p.p	→ **Made** in Joseon dynasty in 1443, Han―geul contributed to people's literacy. (~~After it~~ <u>was made</u> in Joseon dynasty in 1443) → (being) made : "만들어진"의 '수동'의 의미이므로 과거분사로 시작
	분사구문의 부정 → 분사 바로 앞에 not 또는 never를 쓴다	→ **Not knowing** how to cook, she referred to the cookbook. (=As she didn't know)
	완료형 분사구문 (Having p.p) → 주절의 시제보다 종속절의 시제가 앞선 경우	→ **Having arrived** at the hotel, I confirmed my room reservation. (=After I had arrived)
	주어가 있는 분사구문 → 분사구문의 주어 ≠ 주절의 주어	→**There** being no customers in the shop, I took a break. (=As **there** were no customers in the shop, **I** took a break) 　*there ≠ I
	접속사를 생략하지 않은 분사구문 → 의미를 분명히 하기 위해	→**Though** left alone in the room, the girl didn't cry. (=Though she was left alone)
with + O + 분사	"O가 ―하면서/―인 채로" → '능동'이면 현재분사 → '수동'이면 과거분사	The woman keeps going with her dog **following** her. (목적어 'her dog'이 동작을 하는 경우) The interviewer sat in the office with her legs **crossed**. (목적어 'her leg'이 동작을 당하는 경우)

▶ 출제 학교

분사구문 활용 : 거창대성고(경남) 1학년, 경기외고(경기) 2학년, 광덕고(광주) 1학년, 대덕고(대전) 2학년, 대전외고(대전) 1학년, 동덕여고(서울) 1학년―having p.p 출제, 목포홍일고(전남) 2학년, 병점고(경기) 1학년, 보성고(서울) 2학년, 부산외고(부산) 2학년, 숭덕고(광주) 2학년, 영덕여고(경기) 1학년, 원광여고(전북) 2학년, 원주여고(강원) 1학년, 은광여고(서울) 1학년, 의정부여고(경기) 2학년, 이리고(전북) 2학년, 인천국제고(인천) 2학년, 전주기전여고(전북) 2학년, 진선여고(서울) 2학년, 창평고(전남) 1학년, 창현고(경기) 2학년, 청담고(서울) 2학년, 효원고(경기) 1학년/ **with 분사구문** : 과천여고(경기) 2학년, 대륜고(대구) 1학년, 대전전민고(대전) 1학년, 서현고(경기) 1학년, 정화여고(대구) 2학년, 창현고(경기) 2학년

☱ 【STEP 1】 단순배열 영작

■ 주어진 우리말과 같도록 괄호 안의 단어를 어형변화 없이 모두 배열하시오.
  【단어 중복사용 불가, 대/소문자 구별할 것, 문장부호 유의】

01　그의 제안을 고려해 본 후, 나는 그것을 거절하기로 결심했다.

(down / I / to / it / turn / his / after / decided / considering / offer.)

답 : _____

02　그녀의 집의 위치를 몰랐기 때문에, 나는 거리에서 그녀를 기다렸다.

(of / I / street / her / in / for / house, / waited / location / her / the / knowing / not / the)

답 : _____

03　밤늦게까지 일했기 때문에, 나는 지금 피곤하다.

(tired / I / now / night, / late / at / worked / having / am)

답 : _____

04　그녀의 대답에 당황스러웠지만, 그는 그녀를 고용했다.

(hired / answer, / by / although / her / he / her / puzzled)

답 : _____

05　크게 기뻐하며 그 황제는 그에게 많은 금을 주었다.

(of / him / emperor / the / gold / lot / overjoyed, / a / gave)

답 : _____

06   나의 아들은 아버지의 잠자는 자세를 흉내 내면서, 그의 옆에 누웠다.
(My / sleeping / his / side, / on / son / lay / his / imitating / father's / position)

답 : _____

07   그의 적들에 의해 감옥에 넣어진 그는 적들에 의한 대접에 대해 불평을 했다.
(he / about / treatment / them / complained / the / by / enemies, / by / his / taken / prisoner)

답 : _____

08   그 범인이 머리를 숙인 채 다가온다. [주어진 단어 중 the로 시작]
(the / head / approaches / criminal / bowed / with / his)

답 : _____

09   그들은 손을 흔들고 주민들과 함께 그날을 축하하며 트럭을 타고 마을을 돌아다닌다.
(They / a truck, / with / go / waving and / community / around / day / in / town / the / celebrating)

답 : _____

10   1882년에 시작한 그것은 백 년 이상 동안 건설 중에 있다.
(1882, / has / construction / than / years / begun / for / in / hundred / been / it / one / more / under)

답 : _____

🎓 【STEP 2 G⁺】 어법응용 영작편

■ 주어진 우리말과 같도록 괄호 안의 단어를 <u>조건에 맞게</u> 배열하시오.

11   메모를 끝낸 후, Mike가 거의 그의 목숨을 포기했다. **[필요시 어형변화]**

(almost / Mike / the / life / up on / finish / his / note, / gave)

답 : _____

12   은자는 왕에게 감사해하고는, 왕에게 그의 삽을 건넸다. **[필요시 어형변화]**

(hermit / him, / the / spade / thanked / his / king / the / hand)

답 : _____

*hermit : 은자, 은둔자

13   뉴욕에서 태어나고 자란 Fine씨는 농장을 샀다. **[필요시 어형변화]**

(New York, / farm / Mr. Fine / in / a / raise / and / bought / bear)

답 : _____

14   그녀는 손바닥을 붙인 채로 나에게 인사했다. **[필요시 어형변화]**

(palms / she / me / together / with / bowed / hold / her / to)

답 : _____

15   봉사활동을 마무리한 후, 우리는 기차를 타고 근처의 유적지로 갔다. **[필요시 어형변화, 1개의 단어추가]**

(we / volunteer work, / went by / ruins / complete / the nearby / our / to / train)

답 : _____

🎓 【STEP 3 G+G】 어법 누적편

■ 전 단원과 본 단원에서 학습한 어법사항을 고려하여 괄호 안의 단어를 조건에 맞게 배열하시오.

16 그녀는 팔짱을 낀 채로 웨이터에 의해 제공된 음식에 대하여 불평을 했다. **[필요시 어형변화, 1개의 단어추가]**

(She / about / the food / by / her / cross / arms / serve / complained / the waiter)

답 : _____

17 내 친구는 큰 소리로 음악을 틀어놓은 채 공부하는 데 익숙하다.
[필요시 어형변화, 1개의 단어추가, 주어진 단어 중 my로 시작]
(my / study / music / is / friend / used / play / to / loudly)

답 : _____

18 경제가 언제 회복될지를 모르기 때문에 많은 투자자들이 불안해하고 있다. **[필요시 어형변화]**
(be / when / recover, / anxious / many / not / economy / feel / know / will / the / investors)

답 : _____

19 당신이 불을 켠 채로 사무실을 떠나다니 부주의하다. **[필요시 어형변화, 3개의 단어추가, 주어진 단어 중 it으로 시작]**
(it / the light / you / office / is / on / your / careless / leave / turn)

답 : _____

20 그들을 도와줄 많은 후원자가 있기 때문에 기부금을 걷는 것은 그렇게 어렵지 않다.
[필요시 어형변화, 1개의 단어추가]
(sponsors / collect / not / difficult / be / them, / so / to / be / donation / many / help)

답 : _____

10. 관계사 1

➡ 출제의 포인트

관계사는 특정 내용이 중요하다기보다, 영어문장을 확장시키는 데 기본적으로 사용되는 어법사항이므로, 긴 문장의 영작에 있어
핵심적인 요소이다. 서술형 시험과 관련해서는 관계대명사 what을 활용한 문제가 많이 출제되고, 소유격 관계대명사 whose의
쓰임도 중요하다.

쓰임	관계대명사 who, whom, which, that, whose	「접속사+대명사」 역할을 하고, 관계대명사절은 선행사를 수식한다.	My father gave me **the laptop** /**which** he bought for me. 　　　　　　　　　　선행사　　관계대명사
	관계부사 when, where, why, how	「접속사+부사」 역할을 하고, 관계부사절은 선행사를 수식하며, '전치사+which'로 바꿔 쓸 수 있다.	I didn't remember **the place** /**where** I had parked my car. 　　　　　　　　　　선행사　　관계부사
what		선행사를 담고 있는 관계대명사로, 문장 속에서 주어(주로 단수취급), 목적어, 보어로 사용된다. = the thing(s) which/that	**What** made me happy was his polite attitude. (S) I can't understand **what** he explains to me. (O) Say about **what** should be done. (전치사의 목적어) This is **what** I want to wear at the party. (C)
whose		소유격 관계대명사로, 문장을 연결하면서 소유격을 대신하여 쓰인다. 보통 「명사 whose 명사 be동사」의 형태로 쓰인다.	I bought a new computer **whose** color was white. (= I bought a new computer **and its** color was white)

➡ 출제 학교

관계사 활용영작 : 거창대성고(경남) 1학년, 경산고(경북) 1학년, 경신고(대구) 2학년, 경안고(경기) 2학년, 과천여고(경기) 1학년, 김포고(경기)
1학년, 대구남산고(대구) 2학년, 대기고(제주) 2학년, 대덕고(대전) 2학년, 동덕여고(서울) 1학년, 마산제일고(경남) 2학년, 백영고(경기)
2학년, 분당고(경기) 1학년, 세광고(충북) 2학년, 순천효천고(전남) 1학년, 압구정고(서울) 2학년, 용산고(서울) 2학년, 잠신고(서울) 2학년,
전북대사범대부설고(전북) 1학년, 전주기전여고(전북) 2학년, 진선여고(서울) 2학년, 천안중앙고(충남) 2학년, 청석고(충북) 2학년, 춘천고(강원)
1학년, 충주여고(충북) 2학년, 한가람고(서울) 2학년

관계대명사 what 활용영작 : 거창대성고(경남) 1학년, 대전둔산여고(대전) 2학년, 명신여고(인천) 2학년, 문성고(광주) 1학년, 보정고(경기)
1학년, 분당대진고(경기) 1학년, 안동여고(경북) 2학년, 압구정고(서울) 2학년, 여의도여고(서울) 2학년, 영흥고(전남) 1학년, 완산고(전북) 2학년,
잠실여고(서울) 2학년, 정화여고(대구) 2학년, 제일고(제주) 2학년, 중산고(서울) 1학년, 중앙대부속고(서울) 1학년, 창원남고(경남) 2학년,
청담고(서울) 2학년, 충주여고(충북) 1학년, 현대고(서울) 2학년, 혜성여고(서울) 2학년

관계대명사 whose 활용영작 : 광남고(서울) 2학년, 대전전민고(대전) 1학년, 신목고(서울) 2학년, 영남고(대구) 1학년, 한영외고(서울) 2학년,
현대청운고(울산) 1학년

🎓 【STEP 1】 단순배열 영작

■ **주어진 우리말과 같도록 괄호 안의 단어를 <u>어형변화 없이</u> 모두 배열하시오.**
【단어 중복사용 불가, 대/소문자 구별할 것, 문장부호 유의】

01   모든 사람이 내가 했던 것을 할 수 있는 것은 아니다.
(can / did / what / not / I / do / everyone)

답 : _____

02   우리는 나이보다는 젊음에 가치를 두는 사회에서 살고 있다.
(above / values / a society / in / we / age / youth / that / live)

답 : _____

03   내가 학교에서 배웠던 것은 매우 쓸모가 있었다.
(useful / what / very / I / was / learned / school / at)

답 : _____

04   나는 기가 막힌 아이디어라고 생각하는 것을 떠올렸다.
(came / with / a / what / idea / I / brilliant / consider / up / I)

답 : _____

05   그는 치아가 고르지 못한 평범한 외모의 남자이다.
(man / an / he / straight / whose / not / are / teeth / average-looking / is)

답 : _____

06

가을학기는 학생들이 다양한 유형의 압박감을 받을 때이다.

(is / semester / a time / fall / are / students / when / pressure / of / types / various / under)

답 : _____

07

이제 이 가족이 머리를 누일 수 있는 안전한 장소를 갖게 된다.

(they / heads / can / place / this family / their / safe / now has / a / lay / where)

답 : _____

08

인간 문화가 노인들을 존중했던 이유가 있다.

(why / there / reason / a / is / old / the / respected / cultures / human)

답 : _____

09

투표는 한 개인이 공식적으로 의견을 표현하는 과정이다.

(expresses / by which / opinion / a / voting / is / a process / person / an / officially)

답 : _____

10

아이들이 자유롭게 놀 수 있고 공부할 수 있는 안전하고 편안한 환경을 만들자.

(environment / let's / study freely / create / play and / a / can / safe, / comfortable / kids / in which)

답 : _____

■ 주어진 우리말과 같도록 괄호 안의 단어를 <u>조건에 맞게</u> 배열하시오.

11 이 구멍이 하는 일은 공기를 통제하는 일이다. [**1개의 단어 어형변화, 1개의 단어추가**]

(the / does / air / hole / be / control / this)

답 : _____

12 가장 중요했던 것은 그 순간의 생생함이었다. [**1개의 단어삭제 후, 1개의 단어추가**]

(moment / the vividness / was / mattered most / of / the / which)

답 : _____

13 넥타이가 빨간색인 그 남자는 매우 건강해 보인다. [**1개의 단어삭제 후, 1개의 단어추가**]

(whom / The / healthy / very / man / looks / red / necktie / is)

답 : _____

14 나와 함께 일하는 그 전문가는 다소 이기적이고 무례하다. [**1개의 단어삭제 후, 1개의 단어추가**]

(is / work / selfish / that / the / I / kind of / and / specialist with / impolite)

답 : _____

15 이 프로젝트는 사람들이 음식에 대해 생각하는 방식을 변화시킬 수 있다. [**1개의 단어삭제**]

(the way / food / may change / think / how / this / about / project / people)

답 : _____

☱ 【STEP 3 G+G】 어법 누적편

■ 전 단원과 본 단원에서 학습한 어법사항을 고려하여 괄호 안의 단어를 <u>조건에 맞게</u> 배열하시오.

16 이것이 당신을 특별하게 만드는 것이다. [**필요시 어형변화, 1개의 단어추가**]
(you / this / specially / is / makes)

답 : _____

17 그 사람은 당신이 일하는 데 어려움을 겪게 한 사람이었다. [**필요시 어형변화**]
(someone / had / it / work with / you / was / difficulty)

답 : _____

18 동물이 일상영어과 관련되어 있는 몇몇 흥미로운 방식을 생각해 봐라. [**필요시 어형변화, 1개의 단어추가**]
(are / ways in / everyday English / consider / animals / the fascinate / involve in / some of)

답 : _____

19 우리는 그 고객이 진정으로 원하는 것을 만족시키는 것이 어렵다는 것을 알았다. [**2개의 단어추가**]
(satisfy / we / really wanted / to / customer / difficult / the / found)

답 : _____

20 (농경지가) 개발도상국가에서 개발되어서, 농부들이 곡식을 키우는 농경지가 줄어들고 있다.
[**필요시 어형변화, 1개의 단어추가, 분사구문을 활용할 것**]
(grow / the farmland in / countries, / decreasing / the crops / develop / is / farmers / exploit in)

답 : _____

11. 관계사 2

출제비율	상	중	하

➡ 출제의 포인트

계속적 용법의 관계대명사의 경우 『, all/none/some/any/each+of+관계대명사(which/whom)』 표현이 기출문제에서 중요하게 다뤄지고 있고, 접속사 that / 관계대명사 that / 관계대명사 what 간의 차이도 분명히 구별할 수 있어야 한다. 또한 복합관계사의 쓰임도 학습하여야 한다.

계속적 용법	관계대명사	① who와 which만 가능하고, 관계대명사는 「접속사+대명사」로 바꿔 쓸 수 있다. and, but, for 　　　　(that은 계속적 용법으로 사용 불가) ② 문장 전체 또는 일부를 대신하는 which ➡ 단수 취급 ex) I am healthy, **which makes** me happy. 　　　　= and **it**(앞 문장)	ex) The man lost his bag, **which** had been given to him as a gift.　　(and **it** = his bag) 『, all/none/some/any/each+of+관계대명사』 ex) Our team finished the projects, **some of which** were very difficult to complete. ➡ which가 가리키는 것 : the projects ➡ which 대신 대명사(them)를 쓰지 않도록 주의 : 문장이 2개이므로 관계대명사(연결어)가 있어야 함
	관계부사	when과 where만 가능하고, 관계부사는 「접속사+부사」로 바꿔 쓸 수 있다. when = and then, where = and there	The student entered the university, **where** he majored in physics.　(and **there** = in the university)

접속사 that vs. 관계대명사 that vs. 관계대명사 what

	접속사 that (명사절)	관계대명사 that (형용사절)	관계대명사 what (명사절)
쓰임	▶ 문장 속에서 S, O, C역할 ▶ 동격의 that절	관계대명사절이 선행사 수식	문장 속에서 S, O, C 역할
형태	▶ 선행사 X + that + 완전한 문장 ▶ 명사O + that + 완전한 문장 (동격의 접속사 that)	선행사 O + that + 불완전한 문장	선행사 X + what + 불완전한 문장
예문	■ The politician thinks **that** Africa needs help. (목적어절을 이끄는 접속사 that) ■ I know the fact **that** the region is famous for its scenery. (동격의 접속사 that) ■ The astronaut reached the planet **that** others had wanted to visit. (관계대명사 that) ■ Chemistry among various subjects is **what** I am most interested in. 　(보어 자리에 쓰인 관계대명사 what)		

■ 복합관계사 ➡ whatever vs. however (★)

▶ 복합관계대명사 ex) **Whatever** my wife cooks is surprising. (―하는 것은 무엇이든)

	whoever	**whichever**	**whatever**
명사절(주어/목적어)	anyone who	anything which	anything that
양보의 부사절	no matter who	no matter which	no matter what

▶ 복합관계부사
ex) **However** hard you study in the library, you can't pass the exam. (아무리―하더라도)

	whenever	**wherever**	**however**
시간, 장소의 부사절	at any time when	at any place where	
양보의 부사절	no matter when	no matter where	no matter how

➡️ 출제 학교
계속적 용법의 관계대명사 활용영작 : 대덕고(대전) 2학년, 대진여고(서울) 2학년, 명덕외고(서울) 2학년, 부산국제외고(부산) 1학년, 서대전고(대전) 2학년, 서울외고(서울) 2학년, 이화여고(서울) 2학년, 창현고(경기) 2학년

복합관계사 활용 영작 : 금호고(광주) 2학년, 대구남산고(대구) 2학년, 대덕고(대전) 2학년, 안동여고(경북) 2학년

🎓 【STEP 1】 단순배열 영작

■ **주어진 우리말과 같도록 괄호 안의 단어를 어형변화 없이 모두 배열하시오.**
【단어 중복사용 불가, 대/소문자 구별할 것, 문장부호 유의】

01 일찍 오는 누구든지 무료 커피를 얻을 것이다.
(get / early / whoever / coffee / will / comes / free)

답 : _____

02 내 아내가 요리하는 것은 무엇이든 환상적이다.
(my / cooks / very / whatever / wife / is / fantastic)

답 : _____

03 이 물고기는 작은 벌레들을 먹고 살고, 그것들은 지면 아래에서 발견될 수 있다.
(under / lives / ground / on / this / small / found / which / fish / be / can / insects,)

답 : _____

04 그는 다양한 종류의 차들을 수집해 왔고, 그들 중 몇몇은 매우 희귀한 것이다.

(various / some / are / of / collected / rare / which / vehicles, / has / he / very / of / kinds)

답 : _____

05 그것이 아무리 간단할지라도, 그것은 변화를 가져올 수 있다.

(simple / can / it / matter / a / bring / no / it / change / is, / how)

답 : _____

06 손님들은 Marisa가 그날 요리하는 것은 무엇이든 그냥 먹는다.

(simply eat / day / Marisa / whatever / is / the / cooking / guests / that)

답 : _____

07 그 공연은 젊은 사람들을 끌어모았고, 그들 대부분은 교통 혼잡을 유발시켰다.

(the traffic / attracted / the / caused / most / performance / whom / people, / jam / of / young)

답 : _____

08 내가 아무리 열심히 달리더라도, 나는 그를 따라잡을 수 없었다.

(no / ran, / I / how / matter / hard / with / up / catch / I / couldn't / him)

답 : _____

09 흰 코끼리가 발견될 때마다 그것은 왕에게 주어졌다.

(was / the king / found, / white / it / a / was / whenever / to / elephant / given)

답 : _____

10 이런 종류의 그림은 한국어로 '민화'라고 불리고, 그것은 '서민의 그림'을 의미한다.

(kind of / which / a folk / Korean, / called / painting / this / means / Minhwa / is / in / painting)

답 : _____

■ 주어진 우리말과 같도록 괄호 안의 단어를 <u>조건에 맞게</u> 배열하시오.

11   당신은 건강을 위해 지금 하고 있는 것을 멈춰야 한다. **[1개의 단어삭제 후, 1개의 단어추가]**

(you / doing / health / for / stop / you / that / are now / should / your)

답 : _____

12   그는 부모님을 존경했는데, 두 분 다 평판이 좋았다. **[1개의 단어삭제 후, 1개의 단어추가]**

(his / both / good / he / up / a / looked / reputation / them / to / had / of / parents,)

답 : _____

13   탄소가스가 생성되고, 그것은 기후에 해로운 영향을 끼친다. **[필요시 어형변화, 1개의 단어추가]**

(effect / have / the climate / produced, / on / a harmful / gas / is / carbon)

답 : _____

14   건전한 마음을 가진 사람은 누구든지 다른 사람들의 마음을 읽을 수 있다. **[필요시 어형변화, 1개의 단어추가]**

(healthy / be / minds / reading / has / people's / of / mind / capable / a / other)

답 : _____

15   꿈이 아무리 무서웠다 하더라도 최소한 당신의 집에서 안전하고 온전하게 깨어난 것이다. **[3개의 단어추가]**

(at least you / the dream was, / safe and / 've woken up / your own / sound in / scary / home)

답 : _____

🎓 【STEP 3 G+G】 어법 누적편

■ 전 단원과 본 단원에서 학습한 어법사항을 고려하여 괄호 안의 단어를 <u>조건에 맞게</u> 배열하시오.

16 그가 몰랐던 것은 사자들이 얼마나 영리한지였다. [1개의 단어 어형변화, 1개의 단어추가]

(know / are / be / lions / not / did / how / he / smart)

답 : _____

17 좋은 제안을 하는 누구든지 상품권이 주어질 것이다. [필요시 어형변화, 2개의 단어추가]

(a / give / gift / good / makes / certificate / will / a / suggestion)

답 : _____

18 각각의 사람은 목표에 도달하는 데 필요한 것을 하도록 지시받는다. [1개의 단어삭제, 2개의 단어추가]

(necessary / person / that / reach / the / made / is / to / do / goal / each / is)

답 : _____

19 충분한 물이 있는 위치를 모르기 때문에 그는 걷는 것을 멈출 수가 없다. [필요시 어형변화, 1개의 단어추가]

(there / stop / enough / the location in / walk / is / can't / know / he / water, / not)

답 : _____

20 나는 흥미로운 이야기책들을 발견했는데, 그것들 중 대부분이 사실에 기반하고 있었다.
[필요시 어형변화, 1개의 단어삭제, 1개의 단어추가]

(I / the truths / found / on / interest / them / based / storybooks, / were / most / of)

답 : _____

12. 접속사

▶ 출제의 포인트
문장의 확장에 있어 필수요소인 접속사는, 기출문제와 관련해서는 'so 형용사/부사 that S+V'와 '상관접속사'를 활용한 영작이 많이 출제되고, '접속사와 전치사의 구별'을 묻는 어법문제도 출제된다.

『so + 형용사/부사 + that S+V』	"너무 –해서 ...하다"	The teacher is **so** strict **that** we have to obey his words.
『such + (a/an) + (형용사) + 명사 + that S +V』		My boyfriend is **such** a trustful guy **that** I always believe in him.
『so (that) S +V』	"–하기 위하여"	I stayed up late last night **so that** I could finish homework.
	"결국 –하다"	He had worked day and night, **so that** he could meet the deadline.
『동격의 that : the 명사 + that S +V』 → 자주 쓰이는 명사: belief / evidence / fact / impression / news / notion / rumor / possibility	"S가 V라는 명사"	Most of us seem to have the belief **that** North Korea won't attack South Korea.

■ 상관 접속사
▶ A와 B는 **병렬구조**(동일한 형태와 구조)를 이룬다.
▶ 주어 자리에 쓰이는 경우, both A and B는 A와 B가 주어이고 **나머지는 모두 B가 주어**

not only(just) A but (also) B (★) = B as well as A	A뿐만 아니라 B도	**Not only** he **but also** I am trying to save money.
not A but B	A가 아니라 B	She decided **not** to go abroad **but** to stay home.
both A and B	A와 B 둘 다	I enjoy **both** riding a skateboard **and** listening to music.
either A or B	A 이거나 B	You can **either** go by car **or** take a bus to go there.
neither A nor B	A도 B도 아닌	**Neither** bad weather **nor** fatigue prevents us from enjoying Jeju–do.

■ 접속사 vs. 전치사

	전치사(+ 명사)	접속사(+ S + V)
시간(–동안)	during	while
원인(–때문에)	because of	because
대조(–에도 불구하고)	despite, in spite of	although, though, even though

▶ **Despite/Although** the bad weather, a lot of spectators came to watch the game. (→Despite)
▶ Much to my disappointment, she got married **during/while** my stay abroad. (→during)

▶ 출제 학교
–상관접속사 활용: 목동고(서울) 2학년, 상문고(서울) 2학년, 서울고(서울) 2학년, 세화고(서울) 2학년, 순천효천고(전남) 1학년, 양재고(서울) 1학년, 영일고(서울) 2학년, 인성고(광주) 2학년, 일산대진고(경기) 2학년, 춘천고(강원) 1학년 **–so[such]~that S+V 표현:** 개포고(서울) 2학년, 대성고(대전) 2학년, 백영고(경기) 2학년, 신성고(경기) 1학년, 양재고(서울) 1학년, 은광여고(서울) 1학년, 창신고(경남) 1학년/ 이외에 **접속사와 전치사의 구별**(부천고 1학년–경기, 북일고 2학년–충남, 불암고 2학년–서울), **접속사 that의 쓰임**(분당고 1학년–경기), **접속사 so that S+V의 쓰임**(중산고 1학년–서울), **동격의 접속사 that**(분당고 1학년–경기), **because와 why의 차이**(장성고 2학년–전남), **형용사+as+S+V의 쓰임**(영남고 1학년–대구), **not–until의 쓰임**(동덕여고 1학년–서울, 영일고 2학년–서울)

🎓 【STEP 1】 단순배열 영작

- **주어진 우리말과 같도록 괄호 안의 단어를 어형변화 없이 모두 배열하시오.**
  【단어 중복사용 불가, 대/소문자 구별할 것, 문장부호 유의】

01 오케스트라도 청중도 없다.

(audience / neither / is / an / orchestra / there / an / nor)

답 : _____

02 그것은 무덤이 아니라, 탑이다.

(but / tower / tomb / a / not / is / a / it)

답 : _____

03 두 예술가들은 라이벌이었을 뿐만 아니라, 서로의 가장 훌륭한 비평가였다.

(also / rivals / not / artists / but / only / were / two / critics / other's / greatest / each)

답 : _____

04 근로자들뿐만 아니라, 스포츠 선수들도 뇌손상을 경험한다.

(players / experience / as / sports / injuries / well / workers / brain / as)

답 : _____

05 그 아이는 방이나 부엌 둘 중 어느 하나에 있다.

(either / the kitchen / in / the child / is / in / or / the room)

답 : _____

06 스포츠는 더 즐겁고 더 흥미진진해질 것이다.

(more / become / sports / exciting / both / more / and / will / enjoyable)

답 : _____

07 집으로 돌아갈 수 있도록 나에게 알려주세요.

(know / return / that / please let / can / I / so / me / home)

답 : _____

08 그것은 너무나 무서운 순간이어서 Morgan은 달아났다.

(such / frightening / that / ran / Morgan / moment / a / was / it / away)

답 : _____

09 몇몇 사람들은 여전히 악어가 운다는 믿음을 가지고 있다.

(the / that / weep / still hold / some / belief / people / crocodiles)

답 : _____

10 거의 1톤의 바닷가재가 지역 주민과 방문객들에게 제공된다.

(both / visitors / are / almost / locals / served / ton of / to / lobsters / and / one)

답 : _____

■ 주어진 우리말과 같도록 괄호 안의 단어를 <u>조건에 맞게</u> 배열하시오.

11 나의 아빠도 Tom도 아침에 늦게 일어나지 않는다. **[필요시 어형변화, 1개의 단어추가]**

(Tom / get / late / the / dad / morning / in / up / my / neither)

답 : _____

12 그들은 그림 속에 메시지를 너무나 잘 숨겨두어 우리는 그것들(=메시지)을 놓칠 수도 있다.
[2개의 단어추가]

(miss / their pictures / we / hid / them / well / in / they / might / messages)

답 : _____

13 이 연설은 너무 강력하여 Franklin의 정치적 경력을 위협했다. **[2개의 단어추가]**

(threatened / speech / career / it / was / Franklin's / powerful / this / political)

답 : _____

14 사람뿐만 아니라 먹거리도 세계무역의 세상에서는 여행을 한다. **[필요시 어형변화, 4개의 단어추가]**

(of global / travel / food / this world / in / people / trade)

답 : _____

15 우리 선생님뿐만 아니라, 학생들도 그 콘서트에 가는 것에 관심이 있다. **[필요시 어형변화, 2개의 단어추가]**

(be / our / students / the / teacher / interested / going / the / to / in / well / concert)

답 : _____

🎓 【STEP 3 G+G】 어법 누적편

■ 전 단원과 본 단원에서 학습한 어법사항을 고려하여 괄호 안의 단어를 <u>조건에 맞게</u> 배열하시오.

16 지진은 위험하고 무섭다. **[필요시 어형변화, 1개의 단어추가]**

(are / scare / dangerous / earthquakes / both)

답 : _____

17 그의 아내도 그도 얼마나 그들이 축복받았는지 모른다. **[2개의 단어 어형변화, 2개의 단어추가]**

(how / are / he / know / wife / they / his / bless)

답 : _____

18 당신의 꿈을 이루기 위해 필요한 것은 무엇이든지 하려고 노력해라. **[3개의 단어추가]**

(your / do / try / can / dream / is / you / to / achieve / necessary)

답 : _____

19 나의 동료는 그 프로젝트를 끝내는 데 너무 바빠서 휴가를 갖는 것이 불가능했다.
[필요시 어형변화, 3개의 단어추가]

(was / complete / a vacation / impossible / it / my / the project / was / busy / colleague / have)

답 : _____

20 그의 모든 노력에도 불구하고 그가 할 수 없는 일들이 여전히 많았다.
[1개의 단어삭제, 1개의 단어추가, 주어진 단어 중 there로 시작]

(there / could / his / do / things / although / were still / not / all / he / many / efforts)

답 : _____

13. 비교

▶ 출제의 포인트 　『PART 2. 원급/비교급을 이용한 최상급 표현전환, the 비교급, the 비교급의 전환 참고』

as 원급(형용사/부사) as	~만큼 -한[하게]	A glacial mass is moving **as slowly as** a turtle.
배수사 as 원급 as (=배수사 비교급 than)	-의 몇 배 만큼 ~한	Your house is **twice as big as** mine. =Your house is **twice bigger than** mine.
not so much A as B =not A so much as B =B rather than A	A라기보다는 오히려 B	She is **not so much** a teacher **as** a scholar. =She is a scholar **rather than** a teacher.
as 원급 as possible (as 원급 as S can)	가능한 한 ~한[하게]	Let me know your address **as soon as possible**.
the 비교급, the 비교급 (★)	~할수록, 점점 더 ...하다	**The more** you exercise, **the healthier** you will be.
비교급 and 비교급	점점 더 ~한[하게]	It is becoming **colder and colder** these days.
비교급 강조 (much / even / still / far / by far / a lot) + 비교급	훨씬 (더 -한)	English is **even** more difficult to learn than Korean.
one of the 최상급 복수명사	가장 -한 것들 중 하나	This is **one of the most famous places** in Korea.
the 최상급 명사 (that) S have ever p.p	지금까지 ~한 것 중 가장 -한	That is **the tallest building I've ever seen**.
would rather A than B	B보다 A하는 편이 낫다	We **would rather** order tea **than** coffee.
A is no more ~ than B	A는 B와 마찬가지로 ~않은	I am **no more** your friend **than** you are.
A is no less ~ than B	A는 B못지않게 ~한	He is **no less** smart **than** you are.
A is not more ~ than B	A는 B보다 더 ~하지 않은	He is **not more** diligent **than** you are.
A is not less ~ than B	A는 B못지않게 ~하다	She is **not less** beautiful **than** her sister is.
no more than	겨우, 단지(=only)	He has **no more than** 10,000 won.
no less than-	-만큼이나 (as many[much] as)	He has **no less than** 10,000 won.
not more than	기껏해야(at most)	You read **not more than** two books a year.
not less than	적어도(at least)	You read **not less than** two books a year.

▶ 출제 학교

-the 비교급, the 비교급: 동신여고(광주) 1학년, 세화고(서울) 2학년, 수내고(경기) 1학년, 신성고(경기) 2학년, 신성여고(제주) 1학년, 연수고(인천) 1학년, 영동일고(서울) 2학년, 은광여고(서울) 1학년, 일산대진고(경기) 1학년, 정화여고(대구) 2학년, 창평고(전남) 1학년, 청담고(서울) 2학년, 현대고(서울) 2학년 -비교급+than: 경주여고(경북)1학년, 광주중앙고(경기) 2학년, 보정고(경기) 1학년, 서령고(충남) 2학년, 의정부여고(경기) 2학년, 중앙대부속고(서울) 1학년, 진흥고(광주) 2학년 -as 원급 as: 가천고(경기) 1학년, 공주사대부설고(충남) 2학년, 노은고(대전) 2학년, 수내고(경기) 1학년, 신성여고(제주) 1학년, 중산고(서울) 1학년, 천안고(충남) 1학년, 현대청운고(울산) 1학년 -「배수사+as+원급+as」와 「배수사+비교급+than」: 단대부속고(서울) 2학년, 서현고(경기) 1학년, 수원외고(경기) 2학년, 원주여고(강원) 1학년, 2학년, 일산대진고(경기) 1학년 이외에 비교급 강조표현 활용(경원고 1학년-대구, 과천여고 2학년-경기, 북일여고 2학년-충남), the 최상급 I've ever p.p(명덕외고 2학년-서울), no less - than 표현(중산고 1학년-서울), one of the 최상급 복수명사(경남외고 2학년-경남, 보정고 1학년-경기, 서령고 2학년-충남), 비교급 than any other 단수명사(대광여고 2학년-광주, 서대전고 2학년-대전)

【STEP 1】 단순배열 영작

■ 주어진 우리말과 같도록 괄호 안의 단어를 <u>어형변화 없이</u> 모두 배열하시오.
【단어 중복사용 불가, 대/소문자 구별할 것, 문장부호 유의】

01   Ethan은 다른 모든 선수들만큼이나 열심히 연습했다.
(every / just as / Ethan / player / as / hard / other / worked)

답 : _____

02   이 배터리는 저것의 5배나 오래 지속되었다.
(as / was / times / durable / that / this / as / five / battery)

답 : _____

03   그 새로운 블랙박스는 이전 형태보다 60배나 더 잘 보호가 되었다.
(more / older / times / was / black / the / types / new / than / 60 / protective / box)

답 : _____

04   한지의 최신 용도들 중 하나는 귀에 즐거움을 주는 것이다.
(the ears / is / newest / of / for / uses / hanji's / one / a treat)

답 : _____

05   구멍이 커지면 커질수록, 그것을 채우는 데 더 오랜 시간이 걸린다.
(it / fill / to / takes / it / longer / the / gets, / hole / the / larger / the)

답 : _____

06

'Gursha'가 더 클수록, 우정이나 결속은 더 강하다.

(the / or bond / stronger / the friendship / the / the gursha, / larger)

답 : _____

*Gursha : 에티오피아의 음식을 서로 먹여주는 전통

07

아이들은 건강에 좋지 않은 화학물질에 대해 훨씬 더 민감하다.

(even / sensitive / unhealthy / are / more / to / chemicals / children)

답 : _____

08

그렇게 비싼 집세를 내느니 차라리 내 아파트를 사겠다.

(buy / than / rent / I / my / a / pay / rather / high / apartment / such / would)

답 : _____

09

가정교육은 학교 교육 못지않게 중요하다.

(less / school / is / than / education / important / home / no / education)

답 : _____

10

거울 속 그의 얼굴표정은 진지하기보다는 오히려 어색했다.

(not so / was / the / as / his / mirror / serious / expression / much / awkward / in / facial)

답 : _____

☞ 【STEP 2 G⁺】 어법응용 영작편

■ 주어진 우리말과 같도록 괄호 안의 단어를 <u>조건에 맞게</u> 배열하시오.

11   이 낡은 복사기는 새것만큼이나 효율적으로 작동한다. **[필요시 어형변화, 2개의 단어추가]**

(old / works / one / efficient / copy / a / this / machine / new)

답 : _____

12   생산비용이 높을수록, 물건은 더 비싸다. **[필요시 어형변화, 2개의 단어추가]**

(much / cost. / high / production / expensive / a thing)

답 : _____

13   내가 연극을 연습하면 할수록, 그녀의 길을 더 가깝게 따르고 있는 것 같다.
[필요시 어형변화, 2개의 단어추가]

(the / follow / seem / much / path / practice / I / to / play, / much / close / I / her)

답 : _____

14   아이들의 문자메시지 사용은 어른들이 사용한 것의 두 배가 넘는다. **[1개의 어형변화, 2개의 단어추가]**

(adults / the text-message usage / that / of / more / of kids / is / twice / over)

답 : _____

15   나는 할 수 있는 한 빠르고 자연스럽게 슬리퍼를 내 뒤에 숨겼다. **[필요시 어형변화, 2개의 단어추가]**

(quick and / slippers behind / could / me / I / the / hid / I / natural)

답 : _____

🎓【STEP 3 G+G】어법 누적편

■ 전 단원과 본 단원에서 학습한 어법사항을 고려하여 괄호 안의 단어를 <u>조건에 맞게</u> 배열하시오.

16 나의 이야기는 지금까지 전해지는 가장 흥미로운 생존 실화 중의 하나이다. [필요시 어형변화]

(ever tell / survival / most / of / is / my / tale / interest / the / one / story)

답 : _____

17 이 합창단의 일원이 된 것은 오랜 친구를 만나는 것만큼이나 좋다. [필요시 어형변화, 2개의 단어추가]

(old / good / this / of / be / meet / choir / part / friends / be)

답 : _____

18 나는 너무나 자주 도로가 수리되는 것을 봐서 시끄러운 소음에도 점점 더 익숙해졌다.
[필요시 어형변화, 2개의 단어추가]

(the road / I / much / noise / became / repair / loud / saw / I / and more / familiar with / a / frequent)

답 : _____

19 건강을 유지하기 위하여 가능한 한 자주 운동하는 것이 필수적이다. [4개의 단어추가]

(is / often / that / can / healthy / possible / necessary / it / stay / exercise / you)

답 : _____

20 나는 수업에 늦지 않기 위해 대중교통을 이용하는 것이 훨씬 더 좋다고 생각했다.
[2개의 단어를 추가하되, be동사를 포함하지 말 것]

(not / the class / better / thought / transportation / for / to / use / I / late / much / be / public)

답 : _____

14. 가정법

| 출제비율 | 상 | 중 | 하 |

▶ 출제의 포인트　　『**PART 2. 가정법의 전환 참고**』

가정법의 여러 가지 표현들을 잘 익혀야 하고, 특히 'without+명사'를 이용한 가정법과 같은 의미를 가진 표현들이 중요하다. 또한 접속사 if를 생략한 가정법의 경우, 주어와 동사의 도치가 일어난다는 점에 유의하여야 한다.

[가정법 과거] **If S v-ed(be동사는 were),** **S 조동사의 과거형+R**	만일 ~라면, …할 텐데	**If** I **knew** your house, I **could send** you a gift.
[가정법 과거완료] **If S had p.p,** **S 조동사의 과거형 have p.p**	만일~였다면, …했을 텐데	**If** he **had arrived** earlier, he **wouldn't have missed** the train.
[혼합 가정법] **If S had p.p, S 조동사의 과거형+R**	만일 ~였다면, …할 텐데	**If** you **had studied** harder, you **would get** a better grade now.
I wish 가정법 과거(S v-ed)	~라면 좋을 텐데	**I wish** I **had** my car.
I wish 가정법 과거완료(S+had p.p)	~했더라면 좋을 텐데	**I wish** I **had repaired** my house last month.
as if 가정법 과거(S v-ed)	마치 ~인 것처럼	Jack acts **as if** he **were** a celebrity.
as if 가정법 과거완료(S had p.p)	마치 ~였던 것처럼	Ted talks **as if** he **had been** to New-York.
Without[But for] + 명사 **=If it were not for+명사** **=Were it not for+명사** 　(가정법 과거)	~이 없다면	**Without** a smartphone, our life **would be** inconvenient.
=If it had not been for+명사 **=Had it not been for+명사** 　(가정법 과거완료)	~이 없었다면	**Without** an ice age, animals **could have survived.**
접속사 if를 생략한 가정법 if절의 동사가 were 또는 had 이면, 접속사 if를 생략할 수 있고, 주어와 동사는 도치된다.	**Were S ~,** **S 조동사(과거형) R**	**Were I** millionaires, I **could buy** the house. =If I were millionaires, I could buy the house.
	Had S p.p~, **S 조동사(과거형)** **have p.p**	**Had you seen** the movie, you **would have been** moved. =**If you had seen** the movie, you **would have been** moved. She **could have passed** the test **had she tried** more. =She **could have passed** the test **if she had tried** more. → if절이 문장 뒤에 나오는 경우의 도치

▶ 출제 학교

-가정법 과거활용: 경기외고(경기) 2학년, 공주사대부설고(충남) 2학년, 과천여고(경기), 백석고(경기) 2학년, 상문고(서울) 2학년, 숭덕고(광주) 2학년, 유신고(경기) 2학년, 이화여고(서울) 2학년, 풍산고(경북) 1학년, 천안중앙고(충남) 2학년 **-가정법 과거완료 활용:** 동두천외고(경기) 1학년, 북일고(충남) 2학년, 서초고(서울) 2학년, 숙명여고(서울) 2학년, 영신고(경북) 2학년, 전주한일고(전북) 3학년, 제주사대부고(제주) 1학년, 한국삼육고(서울) 1학년, 한영외고(서울) 2학년 **-I wish 가정법:** 금호고(광주) 2학년, 부산외고(부산) 2학년, 북일여고(충남) 2학년, 양서고(경기) 1학년, 의정부고(경기) 2학년 **-as if 가정법:** 강서고(서울) 2학년, 개포고(서울) 2학년, 대구남산고(대구) 2학년, 대진고(서울) 2학년, 서현고(경기) 1학년, 중동고(서울) 1학년, 창신고(경남) 1학년 **-without 활용:** 대전전민고(대전) 1학년, 수성고(경기) 2학년, 잠실여고(서울) 2학년, 호원고(경기) 2학년 **-혼합가정법:** 진성고(경기) 1학년, 창신고(경남) 1학년 **-가정법 도치:** 경해여고(경남) 2학년, 완산고(전북) 2학년, 천안중앙고(충남) 2학년

☁ 【STEP 1】 단순배열 영작

■ 주어진 우리말과 같도록 괄호 안의 단어를 <u>어형변화 없이</u> 모두 배열하시오.
【단어 중복사용 불가, 대/소문자 구별할 것, 문장부호 유의】

01 여러분이 한두 개의 별이라도 볼 수 있다면, 운이 좋은 것이다. [주어진 단어 중 **you**로 시작]

(be / if / see / or two / could / you / lucky / even one / would / you / stars)

답 : _____

02 당신이 만약 60킬로그램이라면, 화성에서는 겨우 23킬로그램 정도가 될 것이다.

(you / only about / Mars / 23 kilograms / 60 kilograms, / if / on / weigh / you / would / weighed)

답 : _____

03 당신이 나를 돕지 않았다면, 그 남자가 당신을 공격했을 것이다.

(would've / me, / you / attacked / if / helped / man / you / hadn't / that)

답 : _____

04 만일 내가 군대에 갔었다면, 지금 내 자신이 자랑스러울 텐데.

(I / army, / the / joined / had / I / if / could / myself now / be / of / proud)

답 : _____

05 나의 아들이 숙제를 잘하는 모범생이라면 좋을 텐데.

(well / I / homework / wish / doing / my / son / a model student / were)

답 : _____

06 고등학생이었을 때, 더 열심히 공부했었다면 좋았을 텐데. **[주어진 단어 중 I로 시작]**

(was / I / when / harder / I / studied / had / wish / I / student / a / school / high)

답 : _____

07 내 친구는 마치 그가 군인인 것처럼 힘차게 걷는다.

(my / a / walks / as / he / soldier / if / friend / were / powerfully)

답 : _____

08 Jack은 마치 2011년도에 미국에 살았던 것처럼 말한다.

(in / U.S.A / in / had / if / talks / Jack / as / he / lived / the / 2011)

답 : _____

09 베니스로의 나의 여행은 곤돌라 타기가 없다면, 완성되지 않을 것이다. **[주어진 단어 중 my로 시작]**

(trip / gondola / complete / would / my / a / to / not / without / be / ride / Venice)

답 : _____

10 아이스크림이 없다면, 나의 행복은 완전할 수 없다.

(couldn't / my / be / complete / happiness / ice cream, / without)

답 : _____

🎓 【STEP 2 G⁺】 어법응용 영작편

→ 어법의 결합이 부자연스러운 단원 특성상 어법 누적편 생략

■ 주어진 우리말과 같도록 괄호 안의 단어를 <u>조건에 맞게</u> 배열하시오.

11   당신이 나의 목숨을 구해 주지 않았다면 나는 죽었을 것이다. [**필요시 어형변화, 1개의 단어추가, 주어진 단어 중 I로 시작**]

(I / you / save / if / my / will / life / hadn't / die)

답 : _____

12   내가 그 문제에 어떻게 대처할지 안다면 좋을 텐데. [**필요시 어형변화, 1개의 단어추가**]

(how / the / to / I / cope / know / problem / with / I)

답 : _____

13   만일 내가 온라인으로 그 책을 구매했더라면, 할인을 받을 수 있었을 텐데. [**필요시 어형변화, 2개의 단어추가**]

(online, / I / if / the book / buy / I / will / get / discount / a)

답 : _____

14   청중들은 마치 가수가 실제로 무대에 있는 것처럼 느낀다. [**필요시 어형변화, 2개의 단어추가**]

(the singer / actually on / feels / be / stage / the audience)

답 : _____

15   만일 내가 한국의 대통령이라면, 청와대에서 머물 텐데. [**필요시 어형변화, 1개의 단어삭제**]

(I / Korea, / will / a / of / stay / president / in / I / if / the Blue-House / be)

답 : _____

16

학생들이 만일 미리 그 사고를 알았다면, 2014년에 그 배를 타지는 않았을 텐데.

[필요시 어형변화, 1개의 단어삭제, 1개의 단어추가]

(in advance, / in / they / if / wouldn't / accident / board / know / the / the students / ship / the / have / 2014)

답 : _____

17

전기와 수송수단이 없다면, 우리는 원시인들처럼 살아야만 할 것이다. **[필요시 어형변화, 단어추가]**

(transportation, / will / primitive / we / like / to / and / have / people / live / electricity)

답:

_____ [12단어]

_____ [13단어]

_____ [15단어]

_____ [16단어]

18

만약 그(=토끼)가 매사를 당연시하지 않았다면, 거북이는 그(=토끼)를 이길 수 없었을 것이다.

[필요시 어형변화. 1개의 단어삭제 후, 1개의 단어추가]

(not / for granted, / if / him / the tortoise / could / take things / beaten / not / he / have)

답 : _____

19

나의 동료들의 도움이 없었다면, 나는 그 프로젝트를 제시간에 끝내지 못했을 것이다.

[필요시 어형변화, 단어추가]

(finish / time / I / help / coworkers' / on / the / won't / my / project)

_____ [12단어]

_____ [13단어]

_____ [16단어]

_____ [17단어]

20

내가 정규직에 지원할 기회가 있었다면, 지금 더 많은 연봉을 받을 텐데.

[필요시 어형변화, 1개의 단어삭제]

(an / will / annual / permanent / if / for / opportunity / have / salary now / job, / to / more / have / I /
apply / a / receive / I / have)

답 : _____

15. 도치

출제비율	상	중	하

▶ 출제의 포인트　　　『PART 2. 도치구문으로의 전환 참고』

어법 고치기 및 영작 서술형 문제에서 매우 중요한 문장구조로, 'not only <u>V+S</u> but (also) −'처럼 '부정어 강조를 위한 도치'가 가장 많이 출제되고 있다.

강조를 위한 도치	부사(구/절)의 강조	Only on Saturday is(V) the movie(S) sold out.
	보어[형용사/분사] 강조	Vital to your health is(V) a regular meal(S).
		So important is(V) the document(S) that I always keep it.
		Hidden is(V) the secret(S) to solving the quiz.
	부정어 강조 [자주 쓰이는 부정어] **never/little/hardly/rarely/ scarcely/seldom/not only/ not until/no sooner**	Rarely does(V) Amy(S) eat Chinese food.
		Not only is(V) he(S) competent, but he is diligent.
강조 이외의 도치	**There/Here + be동사 + S**	There are(V) various colors(S) in the flag.
	so[neither, nor] + V + S	My coworker wanted to quit the job, so did(V) I(S).
	가정법에서의 도치	Were(V) I an adult(S), I could buy the car.
		Had(V) you(S) seen his face, you would've been surprised.
		Were(V) it(S) not for water, we couldn't exist on earth.
		Had(V) it(S) not been for your advice, I would have failed.

▶ 출제 학교

− not only V+S: 과천외고(경기) 2학년, 대전전민고(대전) 1학년, 동덕여고(서울) 1학년, 백석고(경기) 2학년, 분당대진고(경기) 1학년, 상산고(전북) 1학년, 영남고(대구) 1학년, 원주여고(강원) 1학년, 의정부고(경기) 2학년, 한국삼육고(서울) 1학년

− 부정어+V+S: 거창고(경남) 2학년, 경해여고(경남) 2학년, 논산대건고(충남) 3학년, 동신여고(광주) 2학년, 부산외고(부산) 2학년, 서대전고(대전) 2학년, 영덕여고(경기) 1학년, 의정부고(경기) 2학년, 현대청운고(울산) 1학년/ 이외에 **only V+S**(평택고 2학년−경기), 순천효천고 1학년−전남), **전치사+명사+V+S**(광남고 2학년−서울, 영덕여고 1학년−경기), **So+V+S**(부산국제외고 1학년−부산, 중산고 1학년−서울, 천안고 1학년−충남), **분사의 강조로 인한 도치**(북일여고 2학년−충남, 효원고 2학년−경기), **가정법에서 if의 생략으로 인한 도치**(유성고 2학년−대전, 한영외고 2학년−서울)

🎓 【STEP 1】 단순배열 영작

■ **주어진 우리말과 같도록 괄호 안의 단어를 어형변화 없이 모두 배열하시오.**
【단어 중복사용 불가, 대/소문자 구별할 것, 문장부호 유의】

01   병에는 마실 남아 있는 어떤 것도 없었다.

(was / the / there / bottle / in / drink / to / nothing / left)

답 : _____

02   공원의 입구에는 두 채의 건물이 있다. [전치사구 강조]

(the park / the entrance / to / two / are / at / buildings)

답 : _____

03   다시는 사자들이 Richard의 담장을 넘지 않았다. [never again 강조]

(lions / did / fence / cross / never again / Richard's)

답 : _____

04   두 번째 질문에 대한 대답들은 마찬가지로 다양했다. [equally various 강조]

(answers / to / the / equally various / question / the / were / second)

답 : _____

05   그는 유명한 작가일 뿐만 아니라, 재능있는 연설가였다. [부정어 강조]

(speaker / was / a / author, / also / gifted / a / but / noted / he / not only)

답 : _____

06
그녀는 그가 유명한 가수가 될 거라고는 상상도 못 했다. [부정어 강조]

(never / that / would / a / singer / he / be / famous / she / imagine / did)

답 : _____

07
나는 그런 재미있는 이야기를 거의 들어 본 적이 없다. [부정어 강조]

(I / story / an / interesting / hardly / heard / have / such)

답 : _____

08
우리는 건강을 잃고 나서야 비로소 건강의 가치를 알게 된다. [부정어 강조]

(value / realize / not until / we / its / do / health / lose / we)

답 : _____

09
공원 안의 언덕 위에는 곡선 모양의 테라스와 여러 가지 색깔의 타일 의자들이 있다.

[전치사구 강조]

(the park / curved terraces / tile seats / within / multicolored / a hill / on / are / and)

답 : _____

10
긴 거리가 말의 체력을 시험하듯이, 시간은 사람의 성격을 드러나게 한다.

[주어진 단어를 활용하여 아래 밑줄 친 부분만 완성할 것]

(a person's / so / reveal / does / character / time)

답: As distance tests a horse's strength, _____

🎓 【STEP 2 G⁺】 어법응용 영작편

■ 주어진 우리말과 같도록 괄호 안의 단어를 조건에 맞게 배열하시오.

11   어느 보행자도 교통신호를 따르지 않는다. [필요시 어형변화, 부정어 강조]

(respect / pedestrian / do / signals / a / traffic / neither)

답 : _____

12   절호의 순간과 같은 것은 없다. [필요시 어형변화]

(be / as / moment / no such / there / the right / thing)

답 : _____

13   <u>우리가 이 프로젝트를 끝내고 난 후에야</u> 유급휴가를 얻을 수 있다. [밑줄 친 부분을 강조]

(finish / only after / project / we / a / vacation / paid / we / get / can / this)

답 : _____

14   한지로 만든 옷은 실용적일 뿐만 아니라, 파장을 일으키고 있다. [부정어 강조]

(not / hanji clothing / it's / waves / only / is / practical, / but / making / also)

답 : _____

15   조선시대 후기가 되어서야 비로소 그림이 보통 사람들의 집을 장식하기 시작했다.
[1개의 단어추가, 부정어 강조]

(until / paintings / the homes / begin / the late / common / to / period / not / people / of / decorate / Joseon)

답 : _____

☝ 【STEP 3 G+G】 어법 누적편

■ 전 단원과 본 단원에서 학습한 어법사항을 고려하여 괄호 안의 단어를 <u>조건에 맞게</u> 배열하시오.

16 건축물들을 따라 아름다운 유리 공예품을 파는 상점들이 있었다. [필요시 어형변화, 전치사구 강조]

(shops / glass / the buildings / along / pieces / sell / be / beautiful)

답 : _____

17 왕이 서거한 후에야 그의 통치기간에 대한 실록이 편찬되었다.
[필요시 어형변화, 1개의 단어추가, 밑줄 친 부분을 강조]

(only / a king / reign / Sillok / died / the / after / publish / his / of)

답 : _____

18 그 사고가 의도적이라는 소식은 놀라운 것이었다. [필요시 어형변화, 1개의 단어추가, 보어 강조]

(surprise / was / deliberate / the / was / accident / the / news)

답 : _____

19 내가 잃어버렸던 열쇠가 문 앞에서 발견되었다. [필요시 어형변화, 과거분사 강조]

(lost / which / in / was / had / I / my / of / find / front / the door / key)

답 : _____

20 그 의사는 무엇이 그 질병을 유발시키는지를 배웠을 뿐만 아니라, 어떻게 그것을 치료하는지도 잘 안다.
[필요시 어형변화, 1개의 단어추가, 부정어 강조, 현재시제로 쓸 것]

(the illness, / but / how / only / knows well / also / learns / it / the doctor / not / treats / he / cause / he / what)

답 : _____

16. 강조(do, It – that)

▶ **출제의 포인트**

동사를 강조하는 do와 「It is – that」 강조구문은 문장쓰기에서 단독으로 출제되기보다는 다른 어법사항과 결합하여 출제되는 경우가 많다. 특히, 「It is – that」에서 강조되는 말은 글의 내용상으로도 중요한 사항(주제 관련)을 담고 있는 경우가 많다.

강조의 do 강조하는 동사 앞에 쓰고, "정말로, 진짜로"의 의미	do/does/did + R	The journalist **does** write an article based on the fact.
		We **did** have a great time at the party yesterday.
It is – that 강조구문 "...한 것은 바로 – 이다" 의 의미 문장 속에서 주어, 목적어, 부사(구, 절) 등을 강조하기 위해 사용하며, it is와 that 사이에 강조하는 말을 쓴다.	〈He used my cellphone in the cafe〉 S　 V 　 O 　　　 M	
	It is 주어 that V	It was **he** that[who] used my cellphone in the cafe. (주어 강조)
	It is 목적어 that S +V	It was **my cellphone** that[which] he used in the cafe. (목적어 강조)
	It is 부사(구,절) that S +V	It was **in the cafe** that[where] he used my cellphone. (부사구 강조)
✤ that 대신 어법에 맞게 다른 관계사를 쓸 수도 있다.	의문사 강조	Who broke the window? → **Who** was it that broke the window?

▶ **출제 학교**

금호고(광주) 2학년, 연수여고(인천) 2학년, 인성고(광주–강조의 do출제) 2학년, 진선여고(서울) 2학년, 풍산고(경북) 1학년, 현대고(서울) 2학년

【STEP 1】 단순배열 영작

■ 주어진 우리말과 같도록 괄호 안의 단어를 <u>어형변화 없이</u> 모두 배열하시오.
【단어 중복사용 불가, 대/소문자 구별할 것, 문장부호 유의】

01 나는 영원히 감사해할 것을 정말로 잘 알고 있다. [**know 강조**]

(will / know / I / be forever / do / I / grateful)

답 : _____

02 나의 친척은 내가 집안일을 하는 것을 정말로 돕는다. [**help 강조**]

(me / does / my / help / my / chores / with / relative)

답 : _____

03

학교 운동회에서 종종 가장 중요한 것은 바로 줄다리기이다. **[Juldarigi 강조]**

(day / highlights / it / sports / that / a / Juldarigi / is / school / often)

답 : _____

04

그 팀을 바꾼 것은 바로 새로운 운동복이었다.

(training / that / new / it / team / a / changed / was / the / suit)

답 : _____

05

우리가 3시간 전에 만났던 사람은 바로 대통령이었다.

(was / that / met / ago / 3 hours / we / the president / it)

답 : _____

06

회사에서 해고된 것은 바로 나의 동료였다.

(who / fired / company / in / was / the / colleague / was / it / my)

답 : _____

07

내가 처음으로 나의 아내를 봤던 곳은 바로 대학교 안이었다.

(for the first time / my / I / university / was / it / in / where / saw / the / wife)

답 : _____

08

9.11 테러가 발생한 것은 바로 2001년이었다.

(occurred / that / 2001 / was / it / in / September 11 attacks)

답 : _____

09 골에 관한 어떤 분쟁을 종결시킨 것은 바로 골라인 판독기술이었다.

(was / settled / goals / goal-line / any / it / over / that / technology / disputes)

답 : _____

10 우리가 그들(=부모님)의 헌신을 깨닫는 것은 바로 부모님이 돌아가신 후이다.

(is / only after / that / realize / devotion / their / we / parents' death / it)

답 : _____

memo

🎓 【STEP 2 G⁺】 어법응용 영작편

■ 주어진 우리말과 같도록 괄호 안의 단어를 <u>조건에 맞게</u> 배열하시오.

11 그녀는 영어를 공부했지만, 영어를 말할 수 없었다. **[1개의 단어추가, study 강조]**

(study / but / it / speak / she / English / she / couldn't)

답 : _____

12 나의 친구는 야망에 차 있지만, 오늘 우울해 보인다. **[필요시 어형변화, look 강조]**

(today / look / he / ambitious / friend / my / is / but / do / depressed)

답 : _____

13 예상치 못한 지진이 발생한 것은 바로 2주 전이었다. **[1개의 단어추가]**

(happened / it / ago / unexpected / was / weeks / the / two / earthquake)

답 : _____

14 가장 중요한 것은 바로 우리가 꿈을 가지고 있는 지이다. **[2개의 단어추가]**

(most important / is / we / dream / have / a / is / whether)

답 : _____

15 당신이 이 문제를 풀 수 있는 것은 바로 초상화를 4등분하고 난 이후이다. **[3개의 단어추가]**

(you / four squares / the question / into / not / solve / the portrait / you / can / until / divide)

답 : _____

🎓 【STEP 3 G+G】 어법 누적편

■ 전 단원과 본 단원에서 학습한 어법사항을 고려하여 괄호 안의 단어를 <u>조건에 맞게</u> 배열하시오.

16 결정하기에 어려운 것은 바로 누가 고양이 목에 방울을 달 지이다. **[3개의 단어추가]**

(the neck / decide / is / on / ties / who / to / a cat / of / difficult / a bell)

답 : _____

17 비빔밥을 아주 맛있게 해 주는 것은 바로 다른 재료이다. **[필요시 어형변화, 3개의 단어추가]**

(bibimbap / great / make / the other / so / tastes / ingredients)

답 : _____

18 내가 가장 싫어했던 것은 바로 그의 행동이 아니라, 그의 태도였다. **[5개의 단어추가]**

(most / I / his attitude / his behavior / hated)

답 : _____

19 그 회사는 다른 업체들과 진짜로 경쟁을 했고, 그들 중 몇몇은 완전히 파산했다.

[필요시 어형변화, 1개의 단어삭제, 1개의 단어추가, compete을 강조]
(businesses, / them / of / other / competed / completely bankrupt / the company / were / with / do / some)

답 : _____

20 그들(=벌들)이 일직선으로 날아가는 건 꿀을 잔뜩 가지고 집으로 돌아갈 때뿐이다.

[주어진 단어로 시작, 필요시 단어추가 가능, 밑줄 친 부분을 강조]
(with / they / a straight / only / a load of / return / make / home / when / they / line / honey)

답: It _____
   (주어진 단어포함 총 단어 수 18개)

답 : _____
   (괄호 안의 단어 중 only when으로 시작, 총 단어 수 16개)

17. 수의 일치

▶ 출제의 포인트

'수의 일치'는 객관식 어법에서는 매우 중요한 파트이지만, 서술형(특히 문장쓰기)과 관련해서는 다른 어법요소와 혼합하여 출제되기 때문에 수의 일치만을 묻는 서술형의 출제비율은 높지 않다. 그러나 어법에 맞게 고쳐 쓰기와 같은 서술형 문제에서는 '수의 일치'를 중요하게 다루고 있으므로 철저한 학습이 요구된다.

명사구 (To+R / V−ing)	단수 취급	**To plant**(S) seeds in spring **is** essential to the farmers. **Drinking**(S) coffee more than 5 times a day **is** bad for your health.
명사절 (접속사+S+V) 의문사, what, whether, that, 복합관계대명사 → 주어 자리 if(x)	단수 취급	**Who wins the games**(S) **is** unknown. **What is most important in life**(S) **is** your health. **Whether we go on a vacation**(S) **depends** on the weather. **That he is arrogant to others**(S) **is** not true.
Each (+단수명사) Each of + 복수명사 Every + 단수명사	단수 주어	**Each**(S) in the society **has** his own ideal. **Each interviewee**(S) in the rooms **seems** to be nervous. **Each**(S) of the volunteers **is** willing to help the poor. I think **every moment**(S) in life **matters**.
부분을 나타내는 말 + of + 전체 명사 → %, half, 분수, most, some, the rest, all, none, the majority 등	전체 명사 (주어)	70% of **our globe's surface**(S) **is** water. Most of **the students**(S) **take** pride in themselves. The rest of **the kids**(S) **take** another class.
Either A or B Neither A nor B →12강 접속사 참고	B가 주어	Either cookies or **milk**(S) **is** good for dessert. Neither my friends nor **my father**(S) **attends** the game.
A number of 복수명사 많은 S	복수명사 (복수)	A number of **soldiers**(S) in war **get** more and more tired.
The number of 복수명사 S(−의 수)	The number (단수)	The **number**(S) of newborn babies in Korea **is** decreasing.
선행사+주격 관계대명사+V	동사의 수 →선행사와 일치	I saw **the scientists** in the lab that **were** working hard. (선행사: the lab은 선행사가 아님)
the 형용사[분사] rich, old, weak, elderly, deaf, blind, sick, dying, innocent, unemployed, injured, privileged	−한 사람들 (복수)	**The wounded**(S) in the hospital **are** carefully treated now.

▶ 출제 학교

경기외고(경기) 2학년, 과천여고(경기) 2학년, 능주고(전남) 2학년, 명신여고(인천) 2학년, 목포홍일고(전남) 2학년, 북일여고(충남) 2학년, 분당대진고(경기) 1학년, 세광고(충북) 2학년, 수원외고(경기) 2학년, 순천효천고(전남) 1학년, 창덕여고(서울) 2학년, 풍산고(경북) 1학년, 한국디지털미디어고(경기) 2학년, 호원고(경기) 2학년

🎓 【STEP 1】 단순배열 영작

■ 주어진 우리말과 같도록 괄호 안의 단어를 <u>어형변화 없이</u> 모두 배열하시오.
【단어 중복사용 불가, 대/소문자 구별할 것, 문장부호 유의】

01   어떤 팀이 이길지는 그렇게 중요하지 않다.
(that / team / not / which / is / important / wins)

답 : _____

02   그 나라에 온 거의 절반의 이민자들이 실직상태에 있다.
(half / immigrants / are / who / the country / unemployed / to / of / nearly / came)

답 : _____

03   각 나라에서 80% 이상의 사람들이 전자책에 대해 알고 있었다.
(e-books / of / aware / more than / were / 80 percent / country / of / each / people in)

답 : _____

04   보색을 선택하는 것은 뚜렷한 인상을 만든다.
(bold / creates / complementary / a / choosing / impression / colors)

답 : _____

05   사고의 대다수는 불안전한 탑승 때문에 발생합니다.
(due / accidents / riding / the majority / to / unsafe / of / happen)

답 : _____

06

내가 어질러진 방에서 사는 것을 좋아하는지는 또 다른 문제였다.

(another / I / living / in / rooms / whether / subject / was / messy / liked)

답 : _____

07

각각의 이 재료들은 그것 자체의 영어표현을 가지고 있다.

(of / has / its / expression / these / own / each / English / ingredients)

답 : _____

08

전 세계 식량 생산량의 3분의 1이 매년 쓰레기통으로 들어간다.

(bins annually / global / a / food / into / goes / third / of / trash / production)

답 : _____

09

전 세계에 많은 회사들이 더 효과적인 에너지 원천을 개발해 왔다.

(more / built up / of / companies around / effective / have / a / the world / energy sources / number)

답 : _____

10

아무도 그 의사에 의해 도입된 다른 나라들의 치료법을 믿지 않았다.

(introduced / the remedy / by / countries / believed / of / which / doctor / nobody / the / was / other)

답 : _____

🎓 【STEP 2 G⁺】 어법응용 영작편

■ 주어진 우리말과 같도록 괄호 안의 단어를 <u>조건에 맞게</u> 배열하시오.

11 이런 색과 맛의 대부분은 자연적인 것이 아니다. [**필요시 어형변화**]
(colors / not / most / and / natural / of / flavors / be / these)

답 : _____

12 청각 장애인들을 위한 수화는 프랑스에서 개발되었다. [**필요시 어형변화, 1개의 단어추가**]
(be / sign language / for / France / developed / in / deaf)

답 : _____

13 홍역으로 고통을 받고 있는 아이들의 수가 줄고 있다. [**필요시 어형변화, 1개의 단어삭제**]
(suffer / be / the / the children / of / decreasing / a / the measles / from / who / number)

답 : _____

14 99퍼센트의 평범한 사람들은 그들과 가까운 사람들의 감정에 의해 영향을 받는다. [**필요시 어형변화**]
(people / of / to them / be / the feelings / of / affected / people / 99 percent / ordinary / by / close)

답 : _____

15 어디에서나 이용 가능한 현대사회의 가장 필수적인 도구는 컴퓨터이다. [**필요시 어형변화**]
(a computer / of / which / available everywhere / be / tool / societies / the / essential / be / most / modern)

답 : _____

🎓 【STEP 3 G+G】 어법 누적편

■ 전 단원과 본 단원에서 학습한 어법사항을 고려하여 괄호 안의 단어를 <u>조건에 맞게</u> 배열하시오.

16 각각의 구성원들은 아픈 사람들을 돕는 일에 관심이 있다. **[필요시 어형변화]**

(the / of / in / sick / help / interest / be / each / the member)

답 : _____

17 이 문제들을 다루는 데에 있어 중요한 것은 당신의 노력이다. **[필요시 어형변화, 1개의 단어추가]**

(is / with / problems / effort / your / be / this / deal / important in)

답 : _____

18 노화의 원인을 연구하는 많은 과학자들이 그것에 대한 답을 찾는 것처럼 보인다.
[필요시 어형변화, 1개의 단어삭제]

(seems / it / to / to / a / of aging / find / the / study / the cause / of / scientist / number / the answer)

답 : _____

19 그것들을 출시할 때 고려된 것은 바로 소비자들이 그 신제품들을 필요로 하는지였다.
[필요시 어형변화, 1개의 단어삭제, 3개의 단어추가]

(needed / new / be / launch / if / products / the / them / consumers / the / whether / considered / in)

답 : _____

20 그는 입사지원서를 너무 늦게 제출해서 직장을 얻는 것이 어려워 보인다.
[필요시 어형변화, 주어진 단어 중 so로 문장을 시작할 것]

(so / submits / application / a job / be / seem / his / that / late / do / to / difficult / he / job / get)

답 : _____

18. 조동사

▶ 출제의 포인트
「조동사 have p.p」의 여러 가지 표현을 알아야 하고, 'used'가 들어가는 3가지 표현도 내용에 맞게 활용할 수 있어야 한다.

should have p.p	−했어야 했는데	I **should have brought** my resume.
must have p.p	−였음이 틀림없다	It **must have rained** yesterday.
may have p.p	−였을지도 모른다	She **may have watched** the movie.
can't have p.p	−였을 리가 없다	My friend **can't have studied** English last night.
had better+R	−하는 게 좋다	You **had better not** drink this beverage.
would rather+R	−하는 편이 낫다	I **would rather** take a taxi instead of a bus.
would rather A than B	B하느니 A하는 게 낫다	She **would rather** save the money **than** buy it.
may as well+R	하는 게 그나마 낫다	You **may as well** sit down while you are waiting for the bus.
used to R	−하곤 했다 / −였다	There **used to be** a church over there.
be used to+R	−하는 데 사용되다	This device **is used to transmit** the signal.
be used to+명사/v−ing	−하는 데 익숙하다	I **am used to living** with roommates.
「명령/요구/주장/제안 동사」 + that S (should) R <해당 동사> order, demand, ask, insist, suggest, request, recommend	단, '당위성'이 아닌 단순한 '사실/상태'를 의미할 경우, 시제에 맞게 써야 함	The general ordered that the soldiers **be** withdrawn. (동사를 were로 쓰지 않도록 주의) cf) I insisted that my friend **was** ill yesterday. (당위성이 아닌, 사실[상태]을 의미)
「당연/의무/중요 형용사」 + that S (should) R <해당 형용사> important, necessary, vital, essential, natural, imperative, mandatory, urgent, compulsive	해당 형용사가 있는 경우, that절의 조동사 'should'는 생략 가능	It is essential that the employee (should) **take** a break. (동사를 'takes'로 쓰지 않도록 주의) It is natural that each student (should) **arrive** in time for class. (동사를 'arrives'로 쓰지 않도록 주의)

▶ 출제 학교
−조동사 **have p.p**: 경기외고(경기) 2학년, 신성고(경기) 2학년, 안법고(경기) 1학년, 제주사대부고(제주) 1학년, 한국삼육고(서울) 1학년
−명령, 요구, 주장, 제안동사에서 **that**절의 **should** 생략: 거제고(경남) 2학년, 부산외고(부산) 2학년, 원주고(강원) 2학년, 현대고(서울) 2학년
−조동사의 수동태: 과천여고(경기) 2학년, 부산외고(부산) 2학년, 현대청운고(울산) 1학년 / 이외에 당위형용사가 있는 **that**절의 **should** 생략(한국디지털미디어고 2학년−경기), **had better**(대구남산고 2학년−대구), **used to R**(포항여고 2학년−경북 ,대진여고(서울) 2학년), **would rather not R**(경남외고 2학년−경남) 출제

🎓 【STEP 1】 단순배열 영작

■ 주어진 우리말과 같도록 괄호 안의 단어를 <u>어형변화 없이</u> 모두 배열하시오.
【단어 중복사용 불가, 대/소문자 구별할 것, 문장부호 유의】

01 저는 선생님의 수업에 빠지는 것을 시작하지 말았어야 했어요.

(skipping / shouldn't / your / ever started / I / have / classes)

답 : _____

02 소리는 물을 통해 물고기에게 전달되었음이 틀림없다.

(the water / the sound / fish / through / reached / have / must)

답 : _____

03 당신의 점심 샐러드에 든 토마토는 칠레에서 왔을 수도 있다.

(in / salad / have / from / lunch / the / come / your / may / Chile / tomatoes)

답 : _____

04 내 친구가 숙제를 완전히 끝냈을 리가 없다.

(finished / can't / my / have / friend / completely / homework / his)

답 : _____

05 당신은 비가 오는 날에는 외출하지 않는 게 낫다.

(in / go / better / you / had / not / out / a / day / rainy)

답 : _____

06 로봇이 자신의 발을 볼 수 있는 것은 중요했다.

(be / was / that / its / robot / important / to / it / feet / able / the / see)

답 : _____

07 아버지와 나는 주말에 낚시를 가곤 했다.

(fishing / to / I / father / weekends / on / go / and / used / my)

답 : _____

08 알코올은 잉크 자국을 지우는 데 사용된다.

(is / to / stains / the ink / remove / used / alcohol)

답 : _____

09 그것은 누군가가 항상 그와 함께 있어야 한다는 것을 요구했다.

(stay / that / him / the / required / with / all / that / someone / time)

답 : _____

10 운전사는 흑인들이 백인 승객들에게 그들의 좌석을 양보해야 한다고 주장했다.

(the blacks / their / white / up / seats / that / the driver / to / insisted / passengers / give)

답 : _____

■ 주어진 우리말과 같도록 괄호 안의 단어를 <u>조건에 맞게</u> 배열하시오.

11 벤치 위에 나의 휴대폰을 두었을지도 모른다. [2개의 단어추가]

(bench / I / the / on / cell-phone / put / my)

답 : _____

12 너희들 모두는 적어도 한 번 이 게임을 했었음이 틀림없다. [필요시 어형변화, 1개의 단어추가]

(play / at / must / game / once / you all / least / this)

답 : _____

13 그 사령관은 군인들이 모든 어려움을 극복해야만 한다고 주장했다. [필요시 어형변화]

(difficulties / overcame / the / insisted / all / the soldiers / that / commander)

답 : _____

14 그녀는 내가 혼자 그 도시를 몇 시간 동안 답사해야 한다고 제안했다. [필요시 어형변화]

(city on / that / a / suggested / my / she / hours / own for / the / I / few / explored)

답 : _____

15 버스 운전사가 운전하는 동안 휴대폰을 사용해서는 안 된다는 것은 당연하다. [필요시 어형변화, 1개의 단어삭제]

(uses / not / driver / is / it / that / natural / does / driving / a bus / cell-phone while / his)

답 : _____

🎓 【STEP 3 G+G】 어법 누적편

■ 전 단원과 본 단원에서 학습한 어법사항을 고려하여 괄호 안의 단어를 <u>조건에 맞게</u> 배열하시오.

16 마무리 되었어야 했던 일에 당신의 초점을 두지 마라. **[필요시 어형변화, 3개의 단어추가]**

(on / your / don't / put / focus / done / be)

답 : _____

17 어머니가 너에게 방과 후 곧장 집으로 오라고 말했을 수도 있다.

[필요시 어형변화, 2개의 단어추가]

(make a beeline home / might / school / you / your / after / tell / mom)

답 : _____

*make a beeline home : 곧장 집으로 오다

18 다음 세대에 대해 걱정하는 미래학자들은 신생아들의 수가 증가해야 한다고 주장했다.

[필요시 어형변화, 2개의 단어추가]

(the next / that / about / newborn / of / generation / insisted / the futurists / baby / increased / worry)

답 : _____

19 내가 서점에서 구입했어야 하는 것은 바로 최신 소설책이 아니라, 요리책이었다.

[필요시 어형변화, 상관접속사를 포함하여 총 6개의 단어추가]

(the bookstore / should / the latest / in / a cookbook / I / purchase / novel)

답 : _____

20 대부분의 자원봉사자들은 과도한 업무로 너무 지쳐서 휴식을 취하는 게 낫다.

[필요시 어형변화, 2개의 단어추가]

(had / a break / massive / the volunteers / takes / of / with / be / better / most / the / they / works / tire)

답 : _____

19. 시제

| 출제비율 | 상 | 중 | 하 |

▶ 출제의 포인트

시제는 영작을 함에 있어 소홀히 하여 틀리기 쉬운 부분으로, 『'때'나 '조건'을 나타내는 부사절에서 미래시제 대신 현재시제를 사용한다는 점』에 유의해야 하고, 특히 '과거완료시제'가 많이 출제된다.

현재완료 (have/has + p.p)		완료/경험/계속/결과	I **have** just **finished** the difficult task.(완료) The man **has seen** the movie three times. (경험) My mother **has talked** with her coworker for 2 hours.(계속) Jack and his friends **have gone** to China. (결과)
현재완료 진행형 (have been + v-ing)		-해오는 중이다	The doctor **has been performing** the operation since 9 o'clock.
과거완료 (had + p.p)		대과거(과거 이전) 표현	The employee was absent from the company today because he **had taken** a traffic accident a week before.
과거완료 진행형 (had been + v-ing)		-해오는 중이었다	A scientist **had been inspecting** the cause of the earthquake.
미래시제 대신 현재시제 사용		**때**(when, before, after, until 등) **또는 조건**(if, unless)**의 접속사**가 있는 문장에서는 **현재시제**가 **미래시제**를 대신한다.	**Before** you **leave** your seat, you **will hear** the announcement of the destination. **If** the participants **ask** questions, the speaker **will answer** the questions.
준동사의 시제 관련 주요 내용	본동사보다 더 이전 일	**to have p.p** (완료형 to부정사)	Sejong the Great is said **to have created** Hangeul. = It **is** said that Sejong the Great **created** Hangeul.
		having p.p (완료형 분사구문)	**Having learned** sign language, I could use it. = As I **had learned** sign language, I **could** use it.
		having p.p (완료형 동명사)	He is still proud of **having won** the contest last year. = He **is** still proud that he **won** the contest last year.

▶ 출제 학교

과거완료시제 활용: 거창대성고(경남) 1학년, 대전외고(대전) 1학년, 대전전민고(대전) 1학년, 서라벌고(서울) 1학년, 순천효천고(전남) 1학년, 압구정고(서울) 2학년, 영동고(서울) 2학년, 일산대진고(경기) 1학년, 중앙대부속고(서울) 1학년, 천안고(충남) 1학년 **-현재완료시제 활용:** 경남외고(경남) 2학년, 경해여고(경남) 2학년, 광명북고(경기) 2학년, 서대전고(대전) 2학년, 일산대진고(경기) / 이외에 **접속사 when절에서의 미래시제 대신 현재시제 사용**(보정고 1학년-경기, 전주한일고 3학년-전북), **to have p.p**(전주한일고 3학년-전북), **will have p.p**(경기여고 2학년-서울), **have been v-ing**(광남고 2학년-서울)

🎓 【STEP 1】 단순배열 영작

■ 주어진 우리말과 같도록 괄호 안의 단어를 <u>어형변화 없이</u> 모두 배열하시오.
  【단어 중복사용 불가, 대/소문자 구별할 것, 문장부호 유의】

01   인간은 고대 이후로 목재를 건축자재로 이용해 오고 있다. **[주어진 단어 중 humans로 시작]**

(wood / used / as / have / a building material / times / since / humans / ancient)

답 : _____

02   나는 1년 전에 잃어버렸던 애완동물을 발견했다.

(found / before / I / year / lost / I / a / had / that / pet / my)

답 : _____

03   그 남자는 과거에 부유했던 것처럼 보인다.

(have / rich / the / past / in / been / to / seems / man / the)

답 : _____

04   3일 전에 너의 책을 잃어버린 것에 대해 유감스럽다. **[주어진 단어 중 I로 시작]**

(ago / I / sorry / having / your / 3 days / am / for / lost / book)

답 : _____

05   119팀은 안에 갇혀 있던 그 가족을 구했다.

(who / inside / family / the 119 / had / team / been / the / trapped / rescued)

답 : _____

06 그는 너무나 많은 바닷물을 마셔서 목이 말랐다. [주어진 단어 중 he로 시작]

(had / he / so / salt / because / thirsty / much / he / water / swallowed / was)

답 : _____

07 그림을 면밀히 살펴보면, 당신은 이상한 형상을 보게 될 것이다.

(see / form / the picture / you / a / if / strange / closely, / at / will / you / look)

답 : _____

08 내 남자친구는 수업이 끝날 때까지 나를 기다릴 것이다. [주어진 단어 중 my로 시작]

(the / wait / will / is / class / boyfriend / for / me / until / my / done)

답 : _____

09 과제를 끝낸 후, 나는 스마트폰을 사용하는 것이 허락되었다.

(to / was / my / finished / I / having / assignment, / allowed / smartphone / use / my)

답 : _____

10 고양이에게 물린 적이 있었기 때문에, 나는 지금도 그것을 무서워한다.

(it now / cat / the / am / of / been / afraid / by / bitten / I / having)

답 : _____

🎓 【STEP 2 G⁺】 어법응용 영작편

■ 주어진 우리말과 같도록 괄호 안의 단어를 <u>조건에 맞게</u> 배열하시오.

11 만일 그것(=시험)이 어렵지 않다면, 우리는 시험에 통과할 것이다.
[필요시 어형변화, 주어진 단어 중 we로 시작]
(pass / unless / test / be / it / the / difficult / will / we)

답 : _____

12 디자이너들은 옷, 양말과 넥타이를 만들기 위해 한지를 사용해 오고 있다. **[필요시 어형변화, 2개의 단어추가]**
(clothes / hanji / use / ties / make / to / designers / and / socks)

답 : _____

13 Huyro에 먼저 도착한 다른 자원봉사자들이 우리를 맞아 주었다. **[필요시 어형변화, 1개의 단어추가]**
(who / Huyro earlier / us / other / in / welcomed / arrive / volunteers)

답 : _____

14 법원에서 그 정부관리는 작년에 뇌물을 받았던 것을 부인한다. **[필요시 어형변화, 1개의 단어추가]**
(a bribe / official in / the / year / denies / court / last / government / the / accept)

답 : _____

15 냉장고 안에 있는 그 즉석음식은 1주일 전에 제조되었던 것으로 보인다. **[필요시 어형변화, 2개의 단어추가]**
(seems / a / food / the / in / ago / manufacture / the / week / refrigerator / be / instant)

답 : _____

🎓 【STEP 3 G+G】 어법 누적편

■ 전 단원과 본 단원에서 학습한 어법사항을 고려하여 괄호 안의 단어를 <u>조건에 맞게</u> 배열하시오.

16
세계의 대부분은 빙하기 동안 얼어 있었던 것으로 보인다. [**필요시 어형변화, 2개의 단어추가**]

(seem / world / during / the / Age / be / the / of / frozen / Ice / most)

답 : _____

17
그 비정부기구는 정부가 온실가스를 줄이기 위하여 조치를 취해야 한다고 주장해 오고 있다.
[**필요시 어형변화, 1개의 단어추가**]

(steps / gases / the government / has / reduce / takes / that / to / the NGO / greenhouse / insist)

답 : _____

18
내가 정비소에 들렀을 때 그 기술자는 내 차를 수리하는 데 어려움을 겪고 있었다.
[**필요시 어형변화, 1개의 단어추가, 주어진 단어 중 the로 시작**]

(the / have / I / car / difficulty / garage / my / at / engineer / stopped / when / the / repair)

답 : _____

19
직원들 대다수가 당신을 잘못 대접했던 일에 대해 사과하기를 원한다. [**필요시 어형변화, 1개의 단어추가**]

(treat / to / the / badly / for / of / apologize / the / wants / majority / you / employees)

답 : _____

20
어떻게 그 상황에 대처했는지를 정직하게 설명했기 때문에 당신은 더 편안함을 느낀다.
[**필요시 어형변화, 2개의 단어추가**]

(feel / situation / cope / comfortable / the / to / honestly explain / you / with / more)

답 : _____

20. 병렬구조

▶ 출제의 포인트

등위접속사(and, but, or 등)나 상관접속사 또는 비교표현에 의해 연결되는 말은 동일한 단어의 형태나 구조를 가져야 한다(병렬구조). 병렬구조는 단독으로 서술형(영작)에서 출제되는 것이 아니라 '어법상 틀린 곳 고치기'나 '다른 어법사항과 결합된 문장의 영작'으로 출제된다. 주의할 점은 **병렬구조를 파악함에 있어 단순히 눈으로 단어의 형태를 비교할 것이 아니라, 문맥의 파악을 통해 무엇이 병렬(나열)되고 있는지를 파악**해야 한다.

ex) I was ashamed of failing the exam and [**deciding/decided**] to try harder.

→ 접속사(and) 앞에 동명사(failing)가 있다고 하여 문맥의 파악 없이 동명사(deciding)를 고르는 일이 없도록 해야 한다. 내용상 "시험에 떨어진 일"과 "더 열심히 노력하기로 결심한 일"을 둘 다 부끄러워하는 경우라면 동명사(deciding)를 써야 하나, "(앞으로)더 열심히 노력하기로 결심했다"의 의미이면 앞 문장의 동사(was)와 병렬되므로 'decided'를 써야 한다.

등위접속사로 연결된 구문	[단어 – 단어] 동사/형용사/ 명사/부사 등	Each student <u>attends</u> the meeting **and** <u>makes</u> the statements. (동사) My boss is <u>intelligent</u>, <u>generous</u> **and** <u>ambitious</u>. (형용사) This year I want to visit <u>Bangkok</u>, <u>Rome</u> **and** <u>Paris</u>. (명사)
	[구 – 구] 전치사구 to부정사구 동명사구 분사 등	The tourists can get there <u>by train</u> **or** <u>by subway</u>. (전치사구) My wife expected me <u>to get home early</u> **and** <u>(to) do the dishes</u>. (to부정사구) Humans have survived by <u>adapting to</u> **and** <u>improving</u> nature. (동명사구) New products will be <u>designed</u>, <u>produced</u> **and** <u>launched</u> soon. (과거분사)
	[절 – 절]	<u>The prosecutor found the evidence</u> **and** <u>the accused lost the trial</u>. (절)
상관접속사로 연결된 구문	▶not A but B	The biology is **not** <u>useless</u> **but** <u>instructive</u> for the children. (형용사)
	▶either A or B	My classmates' mobile phones are **either** <u>old</u> **or** <u>new</u>. (형용사)
	▶neither A nor B	We could **neither** <u>cancel the game</u> **nor** <u>postpone it</u>. (동사구)
	▶both A and B	My parents helped me both <u>materially</u> **and** <u>spiritually</u>. (부사)
	▶not only A but (also) B =B as well as A	He is **not only** <u>a good friend</u> **but also** <u>a mentor</u>. (명사) (=He is a mentor **as well as** a good friend)
비교 구문	[비교되는 대상] → 같은 품사나 동일한 구조	<u>Speaking</u> ill of others is much **easier than** <u>praising</u> them. (동명사) I think the patient is <u>optimistic</u> **rather than** <u>pessimistic</u>. (형용사) The main gate of the building is **bigger than** <u>that of my house</u>. (that=the main gate) [(대)명사+of+(대)명사]

🎓 【STEP 1】 단순배열 영작

■ **주어진 우리말과 같도록 괄호 안의 단어를 어형변화 없이 모두 배열하시오.**
 【단어 중복사용 불가, 대/소문자 구별할 것, 문장부호 유의】

01　나는 몸매를 유지하기 위해 걷고 뛰는 것을 즐긴다.

(running / stay / shape / I / and / in / to / walking / enjoy)

답 : _____

*stay in shape : 몸매를 유지하다

02　엄마가 음식을 요리하시고 그것을 내 손님들에게 대접해 주셨다.

(served / my / the / to / food / mom / guests / it / and / cooked / my)

답 : _____

03　그것의 목적은 시간 속의 한순간을 포착해서 영원히 그것(=순간)을 붙잡으려는 것이었다.

(a / time / forever / its / capture / hold / in / it / and / moment / to / was / purpose)

답 : _____

04　그는 구르고 돌고 바다 위 높은 곳에서 하강함으로써 새로운 기술들을 연습한다.

(diving / high / practices / the sea / spinning / by / skills / above / rolling / new / he / and)

답 : _____

05　우리는 즐겁게 이야기를 했고, 멋진 사진을 몇 장 찍었으며, 이메일 주소를 교환했다.

(addresses / great / had / exchanged / and / took / chat / pictures / a / nice / we / email / some)

답 : _____

06 착륙할 때까지 식사를 삼가는 것은 새로운 시간대에 적응하고 시차증을 예방하도록 돕는다.

(time zone / land / and / eating until / you / jet lag / a new / prevent / avoiding / to / helps / you / adjust)

답 : _____

07 약을 먹는 것이 감정을 다루고 걱정거리를 덜어주는 데 도움이 될 수 있다.

(you / your worries / with / medicine / can / and / deal / taking / relieve / help / your emotions)

답 : _____

08 나의 룸메이트는 나와 일들에 대해 토론하는 것을 좋아할 뿐만 아니라, 내 조언을 구하는 것을 좋아한다.

(discuss / only / my / advice / also / to / my / things / not / to / likes / for / roommate / me / with / ask / but)

답 : _____

09 우리는 가난한 사람들이 직접 돈을 벌거나, 자신의 식량을 생산하도록 도와야 한다.

(earn / produce / the / should / food / to / own / their / poor / help / we / own / or / their / to / money)

답 : _____

10 우리는 장시간의 비행으로부터 회복하고 고산 지역에 적응하며 Cusco에 머물렀다.

(the long / the high / from / recovering / we / area / flight / Cusco / and / to / hours / stayed / of / in / mountain / adjusting)

답 : _____

■ 주어진 우리말과 같도록 괄호 안의 단어를 조건에 맞게 배열하시오.

11 우리는 벽돌을 날랐고, 콘크리트를 섞었으며, 파이프를 심기 위한 구멍을 팠다. **[필요시 어형변화]**

(mix / holes / concrete / pipes / carry / for / we / dig / and / bricks)

답 : _____

12 모든 운동선수는 더 빨리 달리고, 더 높이 뛰며, 더 강해지려고 노력한다. **[필요시 어형변화]**

(to / stronger / jumps / athlete / run / tries / every / higher / becomes / faster / or)

답 : _____

13 그는 영자 신문을 읽고 미국 드라마를 봄으로써 그의 영어실력을 향상시켜왔다. **[필요시 어형변화]**

(dramas / by / has / English / and / American / his / improved / watch / newspapers / reading / he / English)

답 : _____

14 Ethan은 사람들을 침착하게 하고 그들 안에서 최고의 능력을 끌어내는 특별한 재능이 있었다.
[필요시 어형변화]

(for / Ethan / people down / out the best / special / had / them / a / bring / talent / in / and / calming)

답 : _____

15 당신은 그저 계속해서 뭔가를 하고, 다음 기회를 잡고, 새로운 것을 시도하는 것에 열려 있기만 하면 된다.
[필요시 어형변화]

(new / open / the next / doing / you just / something / seizing / stay / opportunity / to trying / and / keep / have to / something)

답 : _____

🎓 【STEP 3 G+G】 어법 누적편

■ 전 단원과 본 단원에서 학습한 어법사항을 고려하여 괄호 안의 단어를 <u>조건에 맞게</u> 배열하시오.

16 전자제품을 재활용하는 것은 오염을 막고 천연자원도 보존한다. **[필요시 어형변화, 1개의 단어추가]**

(pollution / resources / conserve / both / recycle / natural / prevent / electronics)

답 : _____

17 자전거 매장으로 가서 새 헬멧을 사는 것은 필수적이다. **[필요시 어형변화, 1개의 단어추가]**

(head / helmet / necessary / the bicycle / it / new / and / a / shop / for / purchases / is)

답 : _____

18 탄산음료 안의 산은 위산과 상호 작용하여 소화를 늦추고 영양소 흡수를 막는다. **[2개의 단어 어형변화]**

(block / absorption / and / nutrient / slow / digestion)

답 : The acid in sodas interacts with stomach acid, _____

19 더 낮은 가격은 더 많은 소비자들이 청바지를 사고 티셔츠에 또 20달러를 쓸 것을 고려하도록 이끌 것이다.
[필요시 어형변화, 1개의 단어추가]

(a T-shirt / the jeans / lead / the / on / another $20 / consider / more / lower / spend / customers / and / would / buy / price)

답 : _____

20 통일신라시대의 제지기술이 일본이나 중국의 제지기술보다 더 진보되어 있었다. **[2개의 단어추가]**

(either / advanced / paper-making / was / of / than / Japan / the Unified Silla / more / Kingdom era / of / China / technology)

답 : _____

Success is not final, failure is not fatal : it is the courage to continue that counts.

– Winston Churchill –

성공은 끝이 아니고, 실패는 치명적이지 않다 : 중요한 것은 바로 지속하는 용기이다.

– 윈스턴 처칠 –

서술형 기출 NO.1

BASIC

고등
핵심어법
별도정리

1 주요어법별 문장전환

1. 수동태 전환

1. 지각동사나 사역동사가 있는 문장의 수동태

(1) 능동태 문장에서 지각동사(see, watch, hear, feel 등)의 **목적격 보어로 쓰인 동사원형은 수동태 문장에서 to부정사나**
현재분사로 바뀐다.
I saw my friend repair the computer. (능동태)
→ My friend was seen **to repair[repairing]** the computer (by me).

(2) 능동태 문장에서 사역동사(make)의 **목적격 보어로 쓰인 동사원형은 수동태 문장에서 to부정사로 바뀐다.**
My friend made me do his project. (능동태)
→ I was made **to do** his project by my friend.

2. 목적어 자리에 that절이 와서 목적어가 길어진 경우의 수동태

능동태의 목적어가 수동태에서는 주어로 쓰이는데, 만일 능동태의 목적어로 『that+S+V』절이 와서 길어진 경우, 수동태의
주어도 길어지는데, 영어는 기본적으로 주어를 길게 쓰는 것을 피하려 하기 때문에 아래와 같은 문장이 만들어진다.
ex) They say that the music is fantastic. (능동태)
     S   V   O
→ **It is said that the music is fantastic.** (수동태)
    가주어 it을 문장 앞에 두고, 동사(say)만 수동태(be p.p)로 만들어 준다.

→ **The music is said to be fantastic.** (수동태)
    능동태의 목적어에 쓰인 that절의 주어(the music)를 수동태의 주어로 하고, 동사(say)를 수동태로 고친 후(is said),
    that절의 동사를 to부정사(to be)로 고친다.

3. 동사구의 수동태

동사만 'be+p.p'의 형태로 바꾸고, 나머지 부분은 하나의 단어처럼 취급하여 붙여 쓴다.
ex) My friend **took**(v) care of(동사구) his pet.
→ His pet **was taken** care of by my friend.

❖ 자주 쓰이는 동사구
➡ bring up / bring about / carry out / laugh at / look after / look up to / put off / refer to 등
   (키우다)   (유발시키다)   (실행하다)   (비웃다)   (돌보다)   (존경하다)   (미루다)   (언급하다)

2. to부정사를 포함한 구문 전환

☐ **too 형용사/부사 (for 목적격) to R**

R 하기에 너무–한 / 너무 –해서 ...할 수 없다 (=so 형용사/부사 that S can't R)

ex) He is **too** weak **to** lift the thing. ⇒ He is **so** weak **that** he **can't** lift the thing.

The quiz is too difficult **for her** to solve. ⇒The quiz is so difficult that **she** can't solve it.

※ 「to부정사의 의미상 주어」의 위치: to부정사 **바로 앞에 'for 목적격'**으로 표시

☐ **형용사/부사 enough (for 목적격) to R**

R 하기에 충분히 –한 (=so 형용사/부사 that S can R)

ex) She is rich **enough to** buy the bag. ⇒ She is **so** rich **that** she **can** buy the bag.

ex) The box is light enough **for him** to carry alone. ⇒The box is so light that **he** can carry **it** alone.

(it = the box)

❖ 「to부정사의 부정」은 **to 바로 앞에 not** 또는 **never로** 표시
ex) She is smart enough **not to** buy the item ⇒ She is **so** smart **that** she **doesn't** buy the item.

☐ **to부정사의 시제**

1. 단순 부정사(to R) : 본동사의 시제와 **to부정사의 시제가 같을 때** 쓰임
ex) Jack seems <u>to be</u> rich = It <u>seems</u> that Jack <u>is</u> rich.
　　　　　　현재시제　　　　현재시제

2. 완료 부정사(to have p.p) : 본동사의 시제보다 **to부정사의 시제가 앞설 때** 쓰임
ex) Jack seems <u>to have been</u> rich = It <u>seems</u> that Jack <u>was</u> rich.
　　　　　　현재시제　　　　　과거시제

3. 분사구문 전환

□ **분사구문이란?**

『접속사+S+V』의 종속절을 '분사가 있는 구'로 쓴 구문

□ **분사구문 만들기**

종속절의 접속사 생략(As) → 종속절의 주어와 주절의 주어가 같으면 종속절의 주어 생략(I) → 동사를 v-ing로 만들기(Feeling)

ex) ~~As I~~ felt bored, I listened to the music. ⇒ **Feeling** bored, I listened to the music.

□ **주의할 분사구문(★)**

1. 완료형 분사구문(having p.p) – 종속절의 시제가 주절보다 앞서는 경우

    ex) **Having eaten** too much, I am full.

        (= As I **ate** too much)

2. 수동형 분사구문(Being/Having been + p.p) – Being 또는 Having been은 생략 가능

    ex) **(Being)** criticized by my teacher, I was depressed.

3. 주어가 있는 분사구문 – 종속절의 주어와 주절의 주어가 다른 경우, 종속절의 주어는 생략 불가

    ex) **It** being sunny outside, I go out with my friends.

        (= As **it** is sunny outside)

4. 접속사를 생략하지 않은 분사구문 – 접속사의 의미를 분명히 하기 위해 접속사를 생략하지 않을 수 있다.

    ex) **Though** being very sick, I could do my homework.

5. 분사구문의 부정 – 분사 바로 앞에 not이나 never를 붙인다.

    ex) **Not** knowing his name, I didn't call him.

4. 가정법 전환

□ **가정법의 직설법 전환**

● **If 가정법** − If절을 『접속사(As)+S+V』로 전환하고, 시제와 인칭에 유의

　　가정법 과거 − If S v-ed, S 조동사의 과거형+R

　　가정법 과거완료 − If S had p.p, S 조동사의 과거형 have p.p

ex) If I knew your address, I could send you a gift. (가정법 과거 : '현재'의 의미)

　　= As I don't know your address, I can't send you a gift. (직설법)

ex) If the plane had arrived on time, she wouldn't have been late for the meeting.

　　(가정법 과거완료 : '과거'의 의미)

　　= As the plane didn't arrive on time, she was late for the meeting. (직설법)

● **I wish 가정법**

　　I wish+가정법 과거(S+동사의 과거형) : "−라면 좋을 텐데"(현재의 일에 대한 유감 표현)

　　I wish+가정법 과거완료(S had p.p) : "−했더라면 좋을 텐데"(과거의 일에 대한 유감 표현)

ex) I wish my father were generous. (가정법 과거 : '현재'의 의미)

　　= I'm sorry my father is not generous. (직설법)

ex) I wish my computer had been fixed. (가정법 과거완료 : '과거'의 의미)

　　= I'm sorry my computer was not fixed. (직설법)

● **as if 가정법**

　　as if + 가정법 과거(S+동사의 과거형) : "마치 −인 것처럼"(현재사실과 반대되는 내용을 가정)

　　as if + 가정법 과거완료(S+had p.p) : "마치 −였던 것처럼"(과거사실과 반대되는 내용을 가정)

ex) My friend acts as if he were a winner. (가정법 과거 : '현재'의 의미)

　　= In fact, my friend is not a winner. (직설법)

ex) My wife talks as if she had lived in Seoul. (가정법 과거완료 : '과거'의 의미)

　　= In fact, My wife didn't live in Seoul. (직설법)

❏Without 가정법의 전환

『Without + 명사』는 "이 없다면, −이 없었다면"의 의미로, 가정법의 if절을 대신하여 사용 가능

● 가정법 과거 ("−이 없다면")

Without +명사 = If it were not for+명사 = Were it not for+명사 = But for+명사

ex) **Without** my friends, I would be very tired. (나의 친구들이 없다면, 매우 지루할 텐데)
  = If it were not for
  = Were it not for
  = But for

● 가정법 과거완료 ("−이 없었다면")

Without+명사 = If it had not been for+명사 = Had it not been for+명사 = But for+명사

ex) **Without** his help, I would have been hurt yesterday. (그의 도움이 없었다면, 나는 어제 다쳤을 텐데)
  = If it had not been for
  = Had it not been for
  = But for

❏ 접속사 if를 생략한 가정법 문장

가정법에서 if절에 동사가 'were'나 'had'인 경우, **if가 생략되면** 동사가 문장 앞에 위치하여 **주어와 [조]동사가 도치**된다.

ex) If he were a president, he would be satisfied with his job.
  →Were he a president, he would be satisfied with his job.
    V   S

ex) If he had seen the scene, he would have been disappointed.
  → Had he seen the scene, he would have been disappointed.
    V   S

5. 원급/비교급을 활용한 최상급 표현 전환

▶ 최상급을 대신하는 표현 ◀	
the 최상급	KTX in Korea is the fastest train.
=비교급 + than any other 단수명사	KTX in Korea is faster than any other train.
=비교급 + than anything/anybody else	KTX in Korea is faster than anything else.
=부정주어 – 비교급 + than	No train is faster than KTX in Korea.
=부정주어 – as[so] + 원급 + as	No train is as fast as KTX in Korea.

6. the 비교급, the 비교급의 전환

'the 비교급 (S+V), the 비교급 (S+V)' 은 "-하면 할수록, 그만큼 더...하다"의 의미로, 'As+S+V+비교급, S+V+비교급'으로 전환할 수 있고, the 비교급 뒤에 나오는 주어와 동사는 생략 가능하다.

ex) The more enthusiastic her dance was, the more pleasant the spectators were.
　(그녀의 춤이 더 열정적일수록, 관객들은 더 즐거워했다)
　⇒ As her dance was more enthusiastic, the spectators were more pleasant.

7. 도치구문으로의 전환

➡ 동사에 따른 도치문의 형태

Be동사	am/are/is + S	My pet is in the room. → In the room is my pet.
조동사	will/can/may + S + R	I can never see such a horrible scene. → Never can I see such a horrible scene.
일반동사	do/does/did + S + R	He rarely dreamed of meeting her. → Rarely did he dream of meeting her.

□ **강조를 위한 도치** : 강조를 위해 특정 어구를 문장 앞에 위치시키면, 주어와 [조]동사가 도치된다.

1. **부사(구)의 강조** – 동작의 방향이나 장소의 부사구 또는 전치사구를 강조하기 위해 문장 앞에 두면 주어와 동사가 도치된다.

ex) I found the gold ring **in the playground**(강조).

  ⇒ In the playground **did**(V) **I**(S) find the gold ring.

ex) People admitted he was the best writer **only after his death**(강조).

  ⇒ Only after his death **did**(V) **people**(S) admit he was the best writer.

   (※일반동사 앞에 도치된 do / does / did는 조동사이다)

2. **보어의 강조** – 'S+V+C'의 2형식 문장에서 보어인 형용사나 분사를 강조하기 위해 문장 앞에 위치시키면 주어와 동사가 도치된다.

 ex) My father was **so tired**(강조) that he couldn't help my mother's work.

  ⇒ So tired **was**(V) **my father**(S) that he couldn't help my mother's work.

3. **부정어의 강조** – 부정어(never / little / hardly / rarely / scarcely / seldom / not only / not until / no sooner)를 강조하기 위해 문장 앞에 쓰면, 주어와 동사가 도치된다.

 ex) My sister **seldom**(강조) took care of my pet dog.

  ⇒ Seldom **did**(V) **my sister**(S) take care of my pet dog.

□ **강조 이외의 도치 :**

1. **There + be동사 + 주어 + 장소** : "–에 S가 있다"의 의미로, 주어 뒤에는 주로 장소 관련 어구가 나온다.

 ex) There **are**(V) **a lot of employers**(S) in the modern society.

2. **so[neither, nor]+동사+주어 :**

 "–도 그렇다[그렇지 않다]"의 의미로, 『so+V+S』는 긍정문 뒤에, 『neither[nor]+V+S』는 부정문 뒤에 쓰이며, 내용상 일반동사를 받을 때에는 동사 자리에 'do/does/did'를 써야 한다.

ex) They wanted to take the bus, and **so did**(V) **I**(S). (그들은 버스를 타기를 원했고, 나도 그랬다)

ex) My classmates couldn't finish their assignments, and **neither(nor) could**(V) **I**(S).

  (나의 반 친구들은 숙제를 끝내지 못했고, 나도 끝내지 못했다)

3. **가정법에서의 도치** : 가정법에서 if절에 동사가 'were'또는 'had'인 경우, if가 생략되면 동사가 문장 앞에 위치하여 주어와 동사가 도치된다.

ex) If I were in your place, I wouldn't say so. (만일 내가 너의 입장이라면, 그렇게 말하지 않을 텐데)

  ⇒ **Were**(V) **I**(S) in your place, I wouldn't say so.

ex) If they had helped me then, I could have finished my homework.

  ⇒ **Had**(V) **they**(S) helped me then, I could have finished my homework.

2 고등 핵심어법 총정리

1. 문장의 구조

- **4형식에서 직접목적어가 길어지는 경우 [S + V + I.O + D.O]**

S	V	I.O(간접목적어)	D.O(직접목적어)
	ask, assure, convince, inform, persuade, remind, tell, warn 등	주로 사람	의문사 + to부정사 의문사 + S + V(간접의문문) 관계대명사 what절 (that) + S + V if/whether + S + V

- I would like to ask you **if I can have my own secretary**.
- We are pleased to inform you **that your order has now been accepted**.
- The newspaper reminded us **that air quality was a big issue**.

- **5형식에서 목적격 보어의 다양한 형태 [S + V + O + O.C]**

S	V	O	O.C(목적격 보어)
	사역동사 (have, let, make)	동사원형	〈O와 O.C의 관계가 수동〉 → **과거분사(p.p)** Have the wall **painted** now. I saw my car **towed** away. (let은 be p.p)
	지각동사 (feel, hear, listen to, notice, see, watch)	동사원형/ 현재분사 (진행강조)	
	consider, find, keep, leave, make	형용사 / 명사/ 부사(x)	
	미래지향동사 (allow, ask, cause, encourage, expect, get, lead, require, tell, want 등)		**to 부정사** 〈O와 O.C의 관계가 수동: to be p.p〉 We expect the building **to be rebuilt**.
	help		동사원형 또는 to 부정사 The software helped us **(to)control** the system.

2. 동명사

동명사 주어	단수 취급	**Getting** along with the coworkers **is** always exciting. S V
동명사를 목적어로 취하는 동사	S+V+O(동명사)	stop / finish / enjoy / give up / abandon / quit / mind / avoid / suggest / consider / admit 등 *forget[remember]+v-ing : -한 것을 잊다[기억하다] cf) forget[remember] +to R : -할 것을 잊다[기억하다]
동명사의 부정 동명사 바로 앞에 부정어가 위치	not[never] v-ing	**Not** meeting the person such as your boss is better.
동명사의 의미상 주어 동명사 바로 앞에 소유격 or 목적격으로	소유격[목적격] +v-ing	The man is surprised at **my[me]** repairing the bicycle.
완료형 동명사 동명사의 시제가 본동사보다 앞설 때	having + p.p	I am sorry for **having lost** your cellphone. = I **am** sorry that I **lost** your cellphone.
동명사의 수동	being + p.p	I hate **being treated** like a child by my parents.

* 동명사가 포함된 자주 쓰이는 표현

(특히, 전치사 to인지, to부정사인지를 구별 → 아래는 모두 전치사 to이므로 동명사를 목적어로 취함)

be[get] used to v-ing: v하는 데 익숙하다   look forward to v-ing: v하는 것을 몹시 기다리다

be accustomed to v-ing: v하는 데 익숙하다   the key to+[동]명사: v하는 것의 비결

feel like v-ing: v하고 싶다   on[upon] v-ing: v하자마자

be busy v-ing: v하느라 바쁘다   cannot help v-ing: v하지 않을 수 없다

be worth v-ing: v할 가치가 있다   spend 시간[돈] (on) v-ing: v하는 데 시간[돈]을 쓰다

end up v-ing: 결국 v하게 되다   when it comes to+[동]명사: v에 관해 말하면

be devoted[dedicated] to+[동]명사: v에 전념하다   It is no use v-ing: v하는 것은 소용없다

There is no v-ing: v하는 것은 불가능하다   keep (on) v-ing: 계속해서 v하다

have difficulty[trouble] (in) v-ing: v하는 데 어려움이 있다

prevent[keep/stop/prohibit] 목적어 from v-ing: (목적어)가 v하지 못하게 하다

3. 가주어 It

		for 목적격 또는 of 목적격	진주어
가주어 it	V		to 부정사
			that S + V
			whether S + V
			의문사 S + V

4. to 부정사

to 부정사의 의미상 주어	for[of] 목적격 + to R (사람에 대한 주관적 판단의 형용사 : of+목적격)	It is possible **for your team** to complete it.
too − to R "...하기에 너무 −한"	too + 형용사/부사 + to R =so+형용사/부사+that S can't	The bible is **too** thick **to** read in a day. =The bible is **so** thick **that** you **can't** read it in a day.
enough to R "...하기에 충분히"	형용사/부사 + enough to R =so+형용사/부사+that S can	She is competent **enough to** deal with it. =She is **so** competent **that** she **can** deal with it.
seem to R "−인 것 같다"	S seem to R (=It seems that S V)	The coffee **seems to** taste bitter. =**It seems that** the coffee tastes bitter.
의문사 + to R S, O, C로 사용	의문사 + to R (=의문사 S should R)	I learned **how to** cook Korean food. =I learned **how I should** cook Korean food.
to 부정사의 부정 to 바로 앞에 표시	not[never] + to R	**Not to tell** lies between friends is important.
완료형 to부정사 본동사보다 더 이전 일 표현	to have p.p	He seems **to have graduated** from the college. =It **seems** that he **graduated** from the college. 　　　　　(현재)　　　　　　　(과거)
to부정사의 수동태 주어가 동작을 당하는 경우	to be p.p	The staff wanted **to be paid** a higher salary.
It takes + (행위자) + 시간/돈/노력 + to R (행위자)가 −하는 데 '시간/돈/노력'이 들다		**It takes her 2 hours to walk** to her house.

5. 간접의문문

역 할	S, O, C	**How the athlete exercises** is a mystery. (S) →단수 취급 I don't know **when he will arrive at the airport**. (O) My wonder is **where the miner found the diamond**. (C)
주 의 사 항	주절의 동사가 생각 관련 동사인 경우, 의문사가 문장 앞에 위치 (guess, suppose, think, believe, imagine)	**When** (do you **think**) **he will deal** with the project? 의문사　　　　　　　　S　　　V
	의문사가 없는 경우 접속사 if 또는 whether 사용	I'm not sure **if[whether]** **my brother is** in the dormitory. 접속사　　　S　　　V
	의문사가 주어인 경우 의문사+V의 어순	Please tell me **who broke** the window yesterday. 의문사(S)　V
	how + 형용사/부사 + S + V how의 수식을 받는 형용사 또는 부사는 how와 결합됨	I don't know exactly **how fast** the car runs. 의문사 부사　　S　　V

6. 가목적어 it

S	believe consider find keep leave make think	가목적어 it	목적격 보어 ▶형용사(O) ▶명사(O) ▶부사(X)	진목적어
				to 부정사
				that S + V
				whether S + V
				의문사 + S + V
				▶ 가목적어 it이 들어간 표현들 ◀
				make it a rule to R : −하는 것을 규칙으로 하다
				take it for granted that S+V : −을 당연하게 여기다
				has it that S+V : −라고 말하다, 주장하다
				see to it that S+V : −을 확실하게 해두다

7. 수동태

☐ 지각동사와 사역동사의 수동태는 능동태에서 O.C로 쓰인 동사원형이 to부정사로 바뀐다.

■ She made[saw] her son do(O.C) his homework. (능동태)
　→ Her son was made[seen] to do his homework by her. (수동태)

지각동사의 수동태	be v-ed + to R[v-ing]	The train was seen **to pass** the station (by me). (현재분사 passing도 가능)
사역동사의 수동태	be made + to R	My sister was made **to do** the dishes by my mother.

▶ 수동태의 다양한 표현 ◀

미래형	will be+p.p	The car **will be fixed** by six today.
진행형	be동사+being+p.p	The project **is being discussed** by the members.
완료형	have[had] been+p.p	My vacation **has been cancelled** by heavy rain.
조동사가 있는 수동태	조동사+be+p.p	The road **may be repaired** by the worker now.
to부정사의 수동태	to be+p.p	The student expects **to be given** the award by the principal.
동명사의 수동태	being+p.p	My nephew dislikes **being treated** like a child.

8. 분사

현재분사 vs. 과거분사	현재분사 (능동 : -하는)	The manager **accepting** my suggestion is open-minded. (수락하는 : 능동)
	과거분사 (수동 : -되는)	The book **written** in Chinese is hard to read. (쓰인 : 수동) = It is hard to read the book **written** in Chinese.

❖ 감정동사의 현재분사(감정을 느끼게 하는)와 과거분사(감정을 느끼는)의 의미상 차이

	excite	bore	satisfy	shock	disappoint
현재분사(v-ing)	흥분하게 하는	지루하게 하는	만족스러운	충격적인	실망스럽게 하는
과거분사(v-ed)	흥분한	지루해하는	만족해하는	충격을 받은	실망한

❑ 이외의 감정동사 → amaze, amuse, annoy, astonish, confuse, embarrass, exhaust, frighten, interest, irritate, please, surprise, tire 등

- The movie which I watched with my friend was **satisfying**.
- The student who was studying physics was **satisfied** with the professor's class.

9. 분사구문

분 사 구 문	능동의 분사구문 ▶ 분사구문 만드는 방법 ◀ 1) 종속절의 접속사와 주어 생략 (주절의 주어와 같은 경우) 2) 동사원형 +-ing	→ **Acquiring** the knowledge used in a modern society, the tribe started to be civilized. (~~As it~~ acquired the knowledge used in a modern society) → acquiring "-을 습득한" → '능동'의 의미이므로 현재분사로 시작하는 분사구문
	수동의 분사구문 → (being) + p.p	→ **Made** in Joseon dynasty in 1443, Han-geul contributed to people's literacy. (~~After it~~ was made in Joseon dynasty in 1443) → (being) made : "만들어진"의 '수동'의 의미이므로 과거분사로 시작
	분사구문의 부정 → 분사 바로 앞에 **not** 또는 **never**를 쓴다	→ **Not knowing** how to cook, she referred to the cookbook. (=As she didn't know)
	완료형 분사구문 (Having p.p) → 주절의 시제보다 종속절의 시제가 앞선 경우	→ **Having arrived** at the hotel, I confirmed my room reservation. (=After I had arrived)
	주어가 있는 분사구문 → 분사구문의 주어 ≠ 주절의 주어	→ **There** being no customers in the shop, I took a break. (=As **there** were no customers in the shop, I took a break) *there ≠ I
	접속사를 생략하지 않은 분사구문 → 의미를 분명히 하기 위해	→ **Though** left alone in the room, the girl didn't cry. (=Though she was left alone)
with + O + 분사	"O가 -하면서/-인 채로" → '능동'이면 현재분사 → '수동'이면 과거분사	The woman keeps going with her dog **following** her. (목적어 'her dog'이 동작을 하는 경우)
		The interviewer sat in the office with her legs **crossed**. (목적어 'her leg'이 동작을 당하는 경우)

10. 관계사 1

쓰임	관계대명사 who, whom, which, that, whose	「접속사+대명사」 역할을 하고, 관계대명사절은 선행사를 수식한다.	My father gave me **the laptop** /**which** he bought for me. 　　　　　　　　　　선행사　　관계대명사
	관계부사 when, where, why, how	「접속사+부사」 역할을 하고, 관계부사절은 선행사를 수식하며, '전치사+which'로 바꿔 쓸 수 있다.	I didn't remember **the place** /**where** I had parked my car. 　　　　　　　　　　선행사　　관계부사
what	선행사를 담고 있는 관계대명사로, 문장 속에서 주어(주로 단수 취급), 목적어, 보어로 사용된다. = the thing(s) which/that		**What** made me happy was his polite attitude. (S) I can't understand **what** he explains to me. (O) Say about **what** should be done. (전치사의 목적어) This is **what** I want to wear at the party. (C)
whose	소유격 관계대명사로 문장을 연결하면서 소유격을 대신하여 쓰인다. 보통 「명사 whose 명사 be동사」의 형태로 쓰인다.		I bought a new computer **whose** color was white. (= I bought a new computer **and its** color was white)

11. 관계사 2

<table>
<tr>
<td rowspan="3">계속적
용법</td>
<td rowspan="2">관계대명사</td>
<td>① who와 which만 가능하고, 관계대명사는 「접속사
+대명사」로 바꿔 쓸 수 있다.
and, but, for
(that은 계속적 용법으로 사용 불가)

② 문장 전체 또는 일부를 대신하는 which
➡ 단수 취급
ex) I am healthy, **which makes** me happy.
=and **it**(앞 문장)</td>
<td>ex) The man lost his bag, **which** had been given to him
as a gift. (and **it**=his bag)

「,all/none/some/any/each+of+관계대명사」
ex) Our team finished the projects, **some of which**
were very difficult to complete.
➡ which가 가리키는 것 : the projects
➡ which대신 대명사(them)를 쓰지 않도록 주의
: 문장이 2개이므로 관계대명사(연결어)가 있어야 함</td>
</tr>
<tr>
</tr>
<tr>
<td>관계부사</td>
<td>when과 where만 가능하고, 관계부사는
「접속사+부사」로 바꿔 쓸 수 있다.
when = and then, where = and there</td>
<td>The student entered the university, **where** he
majored in physics.
(and **there**= in the university)</td>
</tr>
</table>

접속사 that vs. 관계대명사 that vs. 관계대명사 what

	접속사 that (명사절)	관계대명사 that (형용사절)	관계대명사 what (명사절)
쓰임	▶ 문장 속에서 S, O, C 역할 ▶ 동격의 that절	관계대명사절이 선행사 수식	문장 속에서 S, O, C 역할
형태	▶ 선행사 X + that + 완전한 문장 ▶ 명사O + that + 완전한 문장 (동격의 that절)	선행사 O + that + 불완전한 문장	선행사 X + what + 불완전한 문장

예문

- The politician thinks **that** Africa needs help. (목적어절을 이끄는 접속사 that)

- I know the fact **that** the region is famous for its scenery. (동격의 접속사 that)

- The astronaut reached the planet **that** others had wanted to visit.
  (선행사를 수식하는 관계대명사 that)

- Chemistry among various subjects is **what** I am most interested in.
  (보어 자리에 쓰인 관계대명사 what)

■ **복합관계사** ➡ whatever vs. however (★)

▶ **복합관계대명사** ex) **Whatever** my wife cooks is surprising. (-하는 것은 무엇이든)

	whoever	whichever	whatever
명사절(주어/목적어)	anyone who	anything which	anything that
양보의 부사절	no matter who	no matter which	no matter what

▶ **복합관계부사** ex) **However** hard you study in the library, you can't pass the exam. (아무리-하더라도)

	whenever	wherever	however
시간, 장소의 부사절	at any time when	at any place where	
양보의 부사절	no matter when	no matter where	no matter how

12. 접속사

「so+형용사/부사+that S+V」	"너무 –해서 ...하다"	The teacher is **so** strict **that** we have to obey his words.
「such+(a/an)+(형용사)+명사+that S+V」		My boyfriend is **such** a trustful guy **that** I always believe in him.
「so (that) S+V」	"–하기 위하여"	I stayed up late last night **so that** I could finish homework.
	"결국 –하다"	He had worked day and night, **so that** he could meet the deadline.
「동격의 that : the 명사+that S+V」 → 자주 쓰이는 명사: belief / evidence / fact / impression / news / notion / rumor / possibility	"S가 V라는 명사"	Most of us seem to have the belief **that** North Korea won't attack South Korea.

■ 상관 접속사

▶ A와 B는 **병렬구조**(동일한 형태와 구조)를 이룬다.
▶ 주어 자리에 쓰이는 경우, both A and B는 A와 B가 주어이고 **나머지는 모두 B가 주어**

not only(just) A but (also) B (★) = B as well as A	A뿐만 아니라 B도	**Not only** he **but also** I am trying to save money.
not A but B	A가 아니라 B	She decided **not** to go abroad **but** to stay home.
both A and B	A와 B 둘 다	I enjoy **both** riding a skateboard **and** listening to music.
either A or B	A 이거나 B	You can **either** go by car **or** take a bus to go there.
neither A nor B	A도 B도 아닌	**Neither** bad weather **nor** fatigue prevents us from enjoying Jeju-do.

■ 접속사 vs. 전치사

	전치사(+ 명사)	접속사(+ S+V)
시간(–동안)	during	while
원인(–때문에)	because of	because
대조(–에도 불구하고)	despite, in spite of	although, though, even though

▶ **Despite/Although** the bad weather, a lot of spectators came to watch the game. (→Despite)
▶ Much to my disappointment, she got married **during/while** my stay abroad. (→during)

13. 비교

as 원급(형용사/부사) as	~만큼 -한[하게]	A glacial mass is moving **as slowly as** a turtle.
배수사 as 원급 as (=배수사 비교급 than)	-의 몇 배 만큼 ~한	Your house is **twice as big as** mine. =Your house is **twice bigger than** mine.
not so much A as B =not A so much as B =B rather than A	A라기보다는 오히려 B	She is **not so much** a teacher **as** a scholar. =She is a scholar **rather than** a teacher.
as 원급 as possible (as 원급 as S can)	가능한 한 ~한[하게]	Let me know your address **as soon as possible**.
the 비교급, the 비교급 (★)	~할수록, 점점 더 ...하다	**The more** you exercise, **the healthier** you will be.
비교급 and 비교급	점점 더 ~한[하게]	It is becoming **colder and colder** these days.
비교급 강조 (much / even / still / far / by far / a lot) + 비교급	훨씬 (더 -한)	English is **even** more difficult to learn than Korean.
one of the 최상급 복수명사	가장 -한 것들 중 하나	This is **one of the most famous places** in Korea.
the 최상급 명사 (that) S have ever p.p	지금까지 ~한 것 중 가장 -한	That is **the tallest building I've ever seen**.
would rather A than B	B보다 A하는 편이 낫다	We **would rather** order tea **than** coffee.
A is no more ~ than B	A는 B와 마찬가지로 ~않은	I am **no more** your friend **than** you are.
A is no less ~ than B	A는 B못지않게 ~한	He is **no less** smart **than** you are.
A is not more ~ than B	A는 B보다 더 ~하지 않은	He is **not more** diligent **than** you are.
A is not less ~ than B	A는 B못지않게 ~하다	She is **not less** beautiful **than** her sister is.
no more than	겨우, 단지(=only)	He has **no more than** 10,000 won.
no less than-	-만큼이나 (as many[much] as)	He has **no less than** 10,000 won.
not more than	기껏해야(at most)	You read **not more than** two books a year.
not less than	적어도(at least)	You read **not less than** two books a year.

14. 가정법

[가정법 과거] **If S v-ed(be동사는 were),** **S 조동사의 과거형+R**	만일 ~라면, …할 텐데	If I **knew** your house, I **could** send you a gift.
[가정법 과거완료] **If S had p.p,** **S 조동사의 과거형 have p.p**	만일 ~였다면, …했을 텐데	If he **had arrived** earlier, he **wouldn't have missed** the train.
[혼합 가정법] **If S had p.p, S 조동사의 과거형+R**	만일 ~였다면, …할 텐데	If you **had studied** harder, you **would** get a better grade now.
I wish 가정법 과거(S v-ed)	~라면 좋을 텐데	I wish I **had** my car.
I wish 가정법 과거완료(S+had p.p)	~했더라면 좋을 텐데	I wish I **had repaired** my house last month.
as if 가정법 과거(S v-ed)	마치 ~인 것처럼	Jack acts as if he **were** a celebrity.
as if 가정법 과거완료(S had p.p)	마치 ~였던 것처럼	Ted talks as if he **had been** to New-York.
Without[But for] + 명사 **=If it were not for+명사** **=Were it not for+명사** 　(가정법 과거)	~이 없다면	**Without** a smartphone, our life **would** be inconvenient.
=If it had not been for+명사 **=Had it not been for+명사** 　(가정법 과거완료)	~이 없었다면	**Without** an ice age, animals **could have survived**.
접속사 if를 생략한 가정법 if절의 동사가 were 또는 had이면, 접속사 if를 생략할 수 있고, 주어와 동사는 도치된다.	**Were S ~,** **S 조동사(과거형) R**	**Were I** millionaires, I **could** buy the house. =If I were millionaires, I could buy the house.
	Had S p.p~, **S 조동사(과거형)** **have p.p**	**Had you seen** the movie, you **would have been** moved. =**If you had seen** the movie, you **would have been** moved. She **could have passed** the test **had she tried** more. =She **could have passed** the test **if she had tried** more. → if절이 문장 뒤에 나오는 경우의 도치

15. 도치

강조를 위한 도치	부사(구/절)의 강조	Only on Saturday is(V) the movie(S) sold out.
	보어[형용사/분사] 강조	Vital to your health is(V) a regular meal(S).
		So important is(V) the document(S) that I always keep it.
		Hidden is(V) the secret(S) to solving the quiz.
	부정어 강조 [자주 쓰이는 부정어] **never/little/hardly/rarely/ scarcely/seldom/not only/ not until/no sooner**	Rarely does(V) Amy(S) eat Chinese food.
		Not only is(V) he(S) competent, but he is diligent.
강조 이외의 도치	**There/Here + be동사 + S**	There are(V) various colors(S) in the flag.
	so[neither, nor] + V + S	My coworker wanted to quit the job, so did(V) I(S).
	가정법에서의 도치	Were(V) I an adult(S), I could buy the car.
		Had(V) you(S) seen his face, you would've been surprised.
		Were(V) it(S) not for water, we couldn't exist on earth.
		Had(V) it(S) not been for your advice, I would have failed.

16. 강조(do, It - that)

강조의 do 강조하는 동사 앞에 쓰고, "정말로, 진짜로"의 의미	**do/does/did + R**	The journalist **does** write an article based on the fact.
		We **did** have a great time at the party yesterday.
It is - that 강조구문 "...한 것은 바로 - 이다" 의 의미 문장 속에서 주어, 목적어, 부사(구, 절) 등을 강조하기 위해 사용하며, it is와 that 사이에 강조하는 말을 쓴다. ❖ that 대신 어법에 맞게 다른 관계사를 쓸 수도 있다.		〈He used my cellphone in the cafe〉 　S　V　　O　　　M
	It is 주어 that V	It was **he** that[who] used my cellphone in the cafe. (주어 강조)
	It is 목적어 that S + V	It was **my cellphone** that[which] he used in the cafe. (목적어 강조)
	It is 부사(구, 절) that S + V	It was **in the cafe** that[where] he used my cellphone. (부사구 강조)
	의문사 강조	Who broke the window? → **Who** was it that broke the window?

17. 수의 일치

명사구 (To+R / V-ing)	단수 취급	**To plant**(S) seeds in spring **is** essential to the farmers. **Drinking**(S) coffee more than 5 times a day **is** bad for your health.
명사절 (접속사+S+V) 의문사, what, whether, that, 복합관계대명사 → 주어 자리 if(x)	단수 취급	**Who wins the games**(S) **is** unknown. **What is most important in life**(S) **is** your health. **Whether we go on a vacation**(S) **depends** on the weather. **That he is arrogant to others**(S) **is** not true.
Each (+단수명사) Each of + 복수명사 Every + 단수명사	단수 주어	**Each**(S) in the society **has** his own ideal. **Each interviewee**(S) in the rooms **seems** to be nervous. **Each**(S) of the volunteers **is** willing to help the poor. I think **every moment**(S) in life **matters**.
<u>부분을 나타내는 말</u> + **of** + 전체 명사 → %, half, 분수, most, some, the rest, all, none, the majority 등	전체 명사 (주어)	70% of **our globe's surface**(S) **is** water. Most of **the students**(S) **take** pride in themselves. The rest of **the kids**(S) **take** another class.
Either A or B **Neither A nor B** →12강 접속사 참고	B가 주어	Either cookies or **milk**(S) **is** good for dessert. Neither my friends nor **my father**(S) **attends** the game.
A number of <u>복수명사</u> 많은　　　　　**S**	복수명사 (복수)	A number of **soldiers**(S) in war **get** more and more tired.
The <u>number</u> of 복수명사 **S**(-의 수)	**The number** (단수)	**The number**(S) of newborn babies in Korea **is** decreasing.
선행사+**주격** 관계대명사+V	동사의 수 → 선행사와 일치	I saw **the scientists** in the lab that **were** working hard. (선행사: the lab은 선행사가 아님)
the 형용사[분사] rich, old, weak, elderly, deaf, blind, sick, dying, innocent, unemployed, injured, privileged	-한 사람들 (복수)	**The wounded**(S) in the hospital **are** carefully treated now.

18. 조동사

should have p.p	-했어야 했는데	I **should have brought** my resume.
must have p.p	-였음에 틀림없다	It **must have rained** yesterday.
may have p.p	-였을지도 모른다	She **may have watched** the movie.
can't have p.p	-였을 리가 없다	My friend **can't have studied** English last night.
had better+R	-하는 게 좋다	You **had better not** drink this beverage.
would rather+R	-하는 편이 낫다	I **would rather** take a taxi instead of a bus.
would rather A than B	B하느니 A하는 게 낫다	She **would rather** save the money **than** buy it.
may as well+R	하는 게 그나마 낫다	You **may as well** sit down while you are waiting for the bus.
used to R	-하곤 했다 / -였다	There **used to** be a church over there.
be used to+R	-하는 데 사용되다	This device **is used to** transmit the signal.
be used to+명사/v-ing	-하는 데 익숙하다	I **am used to living** with roommates.
『명령/요구/주장/제안 동사』 + that S (should) R 〈해당 동사〉 order, demand, ask, insist, suggest, request, recommend	단, '당위성'이 아닌 단순한 '사실/상태'를 의미할 경우, 시제에 맞게 써야 함	The general ordered that the soldiers **be** withdrawn. (동사를 were로 쓰지 않도록 주의) cf) I insisted that my friend **was** ill yesterday. (당위성이 아닌, 사실[상태]을 의미)
『당연/의무/중요 형용사』 + that S (should) R 〈해당 형용사〉 important, necessary, vital, essential, natural, imperative, mandatory, urgent, compulsive	해당 형용사가 있는 경우, that절의 조동사 'should'는 생략 가능	It is essential that the employee (should) **take** a break. (동사를 'takes'로 쓰지 않도록 주의) It is natural that each student (should) **arrive** in time for class. (동사를 'arrives'로 쓰지 않도록 주의)

19. 시제

현재완료 (have/has + p.p)		완료/경험/계속/결과	I **have** just **finished** the difficult task.(완료) The man **has seen** the movie three times. (경험) My mother **has talked** with her coworker for 2 hours.(계속) Jack and his friends **have gone** to China. (결과)
현재완료 진행형 (have been + v-ing)		-해오는 중이다	The doctor **has been performing** the operation since 9 o'clock.
과거완료 (had + p.p)		대과거(과거 이전) 표현	The employee was absent from the company today because he **had taken** a traffic accident a week before.
과거완료 진행형 (had been + v-ing)		-해오는 중이었다	A scientist **had been inspecting** the cause of the earthquake.
미래시제 대신 현재시제 사용		때(when, before, after, until 등) 또는 조건(if, unless)의 접속사가 있는 문장에서는 현재시제가 미 래시제를 대신한다.	Before you **leave** your seat, you **will hear** the announcement of the destination. If the participants **ask** questions, the speaker **will answer** the questions.
준동사의 시제 관련 주요 내용	본동사보다 더 이전 일	to have p.p (완료형 to부정사)	Sejong the Great is said **to have created** Hangeul. = It **is** said that Sejong the Great **created** Hangeul.
		having p.p (완료형 분사구문)	**Having learned** sign language, I could use it. = As I **had learned** sign language, I **could** use it.
		having p.p (완료형 동명사)	He is still proud of **having won** the contest last year. = He **is** still proud that he **won** the contest last year.

20. 병렬구조

등위접속사로 연결된 구문	**[단어 – 단어]** 동사/형용사/ 명사/부사 등	Each student <u>attends</u> the meeting **and** <u>makes</u> the statements. (동사) My boss is <u>intelligent</u>, <u>generous</u> **and** <u>ambitious</u>. (형용사) This year I want to visit <u>Bangkok</u>, <u>Rome</u> **and** <u>Paris</u>. (명사)
	[구 – 구] 전치사구 **to**부정사구 동명사구 분사 등	The tourists can get there <u>by train</u> **or** <u>by subway</u>. (전치사구) My wife expected me <u>to get home early</u> **and** <u>(to) do the dishes</u>. (to부정사구) Humans have survived by <u>adapting to</u> **and** <u>improving nature</u>. (동명사구) New products will be <u>designed</u>, <u>produced</u> **and** <u>launched</u> soon. (과거분사)
	[절 – 절]	<u>The prosecutor found the evidence</u> **and** <u>the accused lost the trial</u>. (절)
상관접속사로 연결된 구문	▶ **not A but B**	The biology is **not** <u>useless</u> **but** <u>instructive</u> for the children. (형용사)
	▶ **either A or B**	My classmates' mobile phones are **either** <u>old</u> **or** <u>new</u>. (형용사)
	▶ **neither A nor B**	We could **neither** <u>cancel the game</u> **nor** <u>postpone it</u>. (동사구)
	▶ **both A and B**	My parents helped me **both** <u>materially</u> **and** <u>spiritually</u>. (부사)
	▶ **not only A but (also) B** =**B as well as A**	He is **not only** <u>a good friend</u> **but also** <u>a mentor</u>. (명사) (=He is a mentor **as well as** a good friend)
비교 구문	**[비교되는 대상]** → 같은 품사나 동일한 구조	<u>Speaking ill of others</u> is much **easier than** <u>praising</u> them. (동명사) I think the patient is <u>optimistic</u> **rather than** <u>pessimistic</u>. (형용사) The main gate of the building is **bigger than** <u>that of my house</u>. (that=the main gate) [(대)명사+of+(대)명사]

PART 2

주요어법별
문장전환편

Ⅰ. 수동태 전환

01 **The thief was seen to run away into the building by lots of pedestrians.**

지각동사의 목적격 보어로 쓰인 동사원형(run)은 수동태에서 to부정사(to run)나 현재분사(running)로 전환하여 쓸 수 있다.

02 **I was made to finish the work as soon as possible by my boss.**

사역동사(make)의 목적격 보어인 동사원형(finish)은 수동태에서 to부정사(to finish)로 전환하여 쓸 수 있다.

03 **A lot of children in front of the building were heard laughing loudly by me.**

지각동사(heard)의 목적격 보어로 쓰인 현재분사(laughing)는 수동태로 전환 시 형태의 변화 없이 그대로 쓴다.

04 **It was reported that their houses were destroyed by a landslide.**

(그들의 집이 산사태에 의해 파괴되었다고 보고되었다)

가주어 it을 써서 수동태로 전환하는 문장으로, 동사만 'be+p.p'(was reported)로 만들어 주고, that 이하는 그대로 쓰면 된다.

05 **The UFO that was found by people was thought to come inside the Earth.**

(사람들에 의해 발견되었던 그 UFO는 지구 안쪽에서 온 것이라고 생각되었다)

동사(thought)의 목적어인 that절의 주어(the UFO)를 수동태의 주어로 하는 문장으로, 동사를 'be+p.p'(was thought)로 바꾸고, that절의 동사(came)를 to부정사(to come)로 쓰면 된다.

06 **Doing exercises every day is said to make us healthy and balanced.**

(매일매일 운동하는 것은 우리를 건강하고, 균형 잡히도록 만든다고 전해진다)

that절의 주어(doing exercises)를 수동태의 주어로 두는 경우로, 주의할 점은 주어가 동명사(Doing)이고 단수 취급하므로 단수동사(is)가 와야 한다는 점이다. healthy and balanced는 목적어(us)를 설명해 주는 목적격 보어로 쓰이고 있다.

07 **It was believed that the politician committed a crime in the presidential election.**

(그 정치인은 대통령 선거에서 죄를 범했다고 믿어졌다)

능동태에서 목적어가 that절로 길어진 경우, 수동태로 전환 시 가주어(it)를 쓰고, 동사를 수동태(was believed)로 쓰면 된다.

08 **The employee who was in charge of the marketing was said to be promoted.**

(마케팅을 담당하는 그 직원이 승진되었다고 전해졌다)

that절의 긴 목적어를 갖는 문장을 가주어(it)를 활용하여 수동태로 만든 문장을 다시 that절의 주어(the employee)를 수동태의 주어로 하는 문장으로 전환하는 경우로, 동사를 수동태(was said)로 고치고, that절의 동사(was promoted)를 to부정사(to be promoted)로 전환하면 된다. 주의할 점은 주어(The employee)와 동사(was) 사이의 수 일치에 오류가 없도록 해야 하고, to부정사의 수동태는 'to be p.p'로 표현됨을 알아야 한다.

09 **The animal crossing the street was run over by the speeding car.**

(거리를 가로지르던 동물이 과속을 하던 차에 의해 치였다)

동사구(run over: ─을 치다)가 있는 문장을 수동태로 만들 때, 동사(run)만 be+p.p(was run)로 만들고, 나머지 부분(over)은 run과 하나의 단어처럼 붙여 쓴다.

10 **The physics teacher was looked up to by most students in class.**

(그 물리선생님은 수업에 참가한 대부분의 학생들에 의해 존경받았다)

동사구(look up to: ─을 존경하다)의 수동태는 동사(look)만 be+p.p(was looked)로 만들고, 나머지 부분(up to)은 동사와 붙여 쓴다.

2. to부정사를 포함한 구문 전환

01 **The soldier was brave enough to face a lot of enemies by himself.**

(그 군인은 혼자서 많은 적들을 대하기에 충분히 용감했다)

'so 형용사/부사 that S can R'은 '형용사/부사 enough to R'로 전환하여 쓸 수 있는데, 주의할 점은 형용사/부사 뒤에 enough to R 이 쓰인다는 점이다.

02 **The street located in the city is so dangerous that you can't walk alone at night.**

(도시에 위치한 그 거리는 너무 위험해서 당신은 밤에 혼자서 걸어 다닐 수 없다)

'too 형용사/부사 (for 목적격) to R'은 "R 하기에 너무 –한"이라는 의미로 'so 형용사/부사 that S can't R'로 전환하여 표현할 수 있다. 주의할 점은 to부정사의 의미상 주어(for you)가 to부정사(to walk) 바로 앞에 위치해야 한다는 점이다.

03 **The violinist's performance is so excellent that it can satisfy the audience.**

(그 바이올린 연주자의 공연은 너무 훌륭해서 청중들을 만족시킬 수 있다)

'형용사/부사 enough (for 목적격) to R'은 " ...하기에 충분히 –한"이라는 의미로, 'so 형용사/부사 that S can R'로 전환하여 쓸 수 있고, it은 주어 'The violinist's performance'를 가리킨다.

04 **The mountain is too steep for my colleague to climb without someone's assistance.**

(그 산은 나의 동료가 누군가의 도움 없이 오르기에는 너무 가파르다)

to부정사(to climb)의 의미상의 주어(for my colleague)는 반드시 to부정사 바로 앞에 써야 하고, 'too –to R' 구문에서는 climb 뒤에 it 을 쓰면 안 된다. it이 가리키는 것은 the mountain이고, 이미 'too –to R' 구문에서 주어로 쓰여 있기 때문이다.

05 **The pizza is large enough for both my friend and I to eat together.**

(그 피자는 내 친구와 나 둘 다가 함께 먹기에 충분히 크다)

'so 형용사/부사 that S can R'은 '형용사/부사 enough to R'로 전환하여 쓸 수 있는데, 주의할 점은 to부정사(to eat)의 의미상 주어(both my friend and I)는 to부정사 바로 앞에 써야 한다는 것이다.

06 **It seems that the man that is in charge of the project is satisfied with the result.**

(그 프로젝트를 담당하는 그 남자는 그 결과에 만족해하는 것처럼 보인다)

'seems to be satisfied –'의 단순부정사(to be)가 쓰였고, 동사의 시제(seems)와 to부정사의 시제가 같으므로(현재시제) that절에도 현재시제(is)가 쓰인다.

07 **It seems that the person thought of his job a lot before the job interview.**

(그 사람은 취업면접 전에 그의 일에 대해 생각을 많이 했던 것처럼 보인다)

완료부정사(to have thought)이므로, 주절의 시제는 현재시제(seems)이더라도 that절의 시제는 더 앞선 시제인 과거시제(thought)가 된다.

08 **It seemed that she had waited for the flight for a long time due to bad weather.**

(그녀는 좋지 않은 날씨 때문에 오랫동안 그 비행편을 기다렸던 것처럼 보였다)

완료부정사(to have waited)가 쓰여서, 주절의 시제는 과거시제(seemed)이나, that절의 시제는 더 앞선 시제인 과거완료시제(had waited)가 된다.

09 **I am sorry to have made the same mistake at work once a week.**

(내가 직장에서 일주일에 한 번 같은 실수를 했던 일은 유감이다)

주절의 시제는 현재시제(am sorry)이나, 종속절은 과거시제(made)이므로 완료부정사(to have made)를 써야 한다.

10 **The candidate seemed to have been selected as a mayor in the past.**

(그 후보자는 과거에 시장으로 선출되었던 것처럼 보였다)

주절이 과거시제(seemed)이고, 종속절이 과거완료시제(had been)이므로 완료부정사(to have been)를 써야 하고, "선출되다"라는 '수동'의 의미이므로 수동태가 되어야 한다.(to have been selected)

3. 분사구문 전환

01 Although(=Though) he was very poor in his childhood (그는 어린 시절 가난했지만)

분사구문을 종속절로 전환하는 경우로, 내용상 "-이지만, 비록 -이지만"의 접속사가 필요하다. 시제가 일치되도록 주의해야 한다. (was = thought: 과거시제)

02 Not knowing his e-mail address (그의 이메일 주소를 몰랐기 때문에)

분사의 부정은 분사 바로 앞에 부정어(Not)를 쓴다.

03 There being no money in the pocket (주머니에 돈이 전혀 없었기 때문에)

주절의 주어(he)와 종속절의 주어(there)가 일치하지 않으므로, 분사구문에서 주어를 생략할 수 없다.

04 [Al]though it is foggy outside while driving (운전 중 밖에 안개가 자욱하지만)

종속절의 주어(it: 비인칭 주어)와 주절의 주어(the cars)가 일치하지 않으므로 분사구문의 주어(it)는 생략되지 않는다.

05 After I finished the project for myself (혼자 힘으로 그 프로젝트를 끝낸 후)

내용상 분사구문의 시제가 주절보다 더 이전의 일이므로, 완료형 분사구문(having p.p)으로 표현해야 하고, 접속사의 의미를 분명히 하기 위해 접속사(after)를 생략하지 않을 수 있다.

06 The book (being) written in Chinese (그 책이 중국어로 쓰여 있기 때문에)

종속절의 주어(the book)와 주절의 주어(I)가 다르므로 주어(The book)를 생략할 수 없고, 주어(the book)가 동작을 당하는 '수동'의 의미이므로 수동형 분사구문(being p.p)을 써야 하며, being은 생략할 수 있다.

07 and they made us prevent a terrible damage (그리고 그들은 우리로 하여금 끔찍한 피해를 막도록 하게 했다)

분사구문의 문장 전환 시 접속사(and)가 반드시 있어야 하고, 시제일치에 유의해야 한다(made: 과거시제). they가 의미하는 것은 복수명사(steps)이다. 주절의 주어(our team)와 they가 일치하지 않으므로 분사구문에서 주어(they)를 생략할 수 없다.

08 Although(또는 Though) it had been made in Korea in 1998 (비록 그 차가 1998년도에 한국에서 만들어졌지만)

it은 the car을 가리키고, 주절보다(과거시제: had) 더 이전의 일이므로 완료형 분사구문(Having p.p)을 써야 하고, '수동'의 의미이므로 'Having been made'로 시작하는 분사구문이 쓰인다.

09 It being too cold outside (바깥이 너무 춥기 때문에)

종속절의 주어(it)와 주절의 주어(you)가 다르므로, 주어(it)를 생략할 수 없다.

10 There not being any question to ask about the class (수업에 관해 물어볼 어떤 질문이 없다면)

종속절의 주어(there)와 주절의 주어(you)가 일치하지 않으므로, 분사구문에서 주어(there)를 생략할 수 없고, 분사(being)의 부정은 분사 바로 앞에 부정어(not)를 쓴다.

4. 가정법 전환

01 **As the pilot didn't take off the plane in the foggy day, he didn't have the accident.**

(그 조종사는 안개 긴 날 비행기를 이륙시키지 않았기 때문에 사고가 나지 않았다)

가정법 과거완료 문장을 직설법으로 고치는 경우로, 과거의 일이므로 과거시제(didn't take off / didn't have)를 써야 한다.

02 **I'm sorry I am not a cook making various food in the restaurant.**

(내가 레스토랑에서 다양한 음식을 만드는 요리사가 아닌 것이 유감이다)

I wish 가정법 과거 문장으로, "-라면 좋을 텐데"(현재의 일에 대한 유감 표현)의 의미이다.

03 **In fact, she didn't know the man giving a presentation.**

(사실, 그녀는 발표를 하고 있는 그 남자를 몰랐다)

As if 가정법 과거완료 문장으로, '과거사실과 반대되는 내용을 가정'할 때 쓰이는 표현이고, "마치 -였던 것처럼"의 의미이다.

04 **If it were not for**

가정법 과거 문장에서 "-이 없다면"이라는 표현은 'Without+명사'='If it were not for+명사'='Were it not for+명사'='But for+명사'로 표현할 수 있다.

05 **Had you met him in person**

(만일 당신이 그를 직접 만났다면, 그의 행동에 짜증이 났었을 텐데)

If가 생략되면 Had가 문장 앞에 위치하여 주어(you)와 동사(had)가 도치된 문장이 된다.

06 **I'm sorry I didn't see her once more in the same place.**

(내가 같은 장소에서 한 번 더 그녀를 보지 못했던 것이 유감이다)

I wish+가정법 과거완료(S had p.p) 문장으로 "-했더라면 좋을 텐데"(과거의 일에 대한 유감 표현)의 뜻이다.

07 **Had it not been for his good idea**

(그의 좋은 아이디어가 없었다면, 우리는 해결책을 생각해 내지 못했을 텐데)

가정법 과거완료에서 "-이 없었다면"의 표현은 'Without+명사'='If it had not been for+명사'='Had it not been for+명사'='But for+명사'이다.

08 **In fact, my colleague is not the CEO of the company.**

(사실, 나의 동료는 회사의 CEO가 아니다)

as if 가정법 과거문장으로, "마치 -인 것처럼"(현재사실과 반대되는 내용을 가정)의 뜻이다.

09 **Were he an engineer**

(만일 그가 기술자라면, 고장 난 냉장고를 수리할 수 있을 텐데)

가정법 과거에서 if절에 동사가 'were'인 경우, if가 생략되면 동사(were)가 문장 앞에 위치하여 주어와 동사가 도치된다.

10 **Had the teacher noticed the student's error on the test**

(만일 그 선생님이 시험에서 그 학생의 실수를 알아챘었다면, 시험점수의 하락은 분명했었을 것이다)

가정법 과거완료에서 if가 생략이 되면, 동사 Had가 문장 앞으로 나와서 주어(the teacher)와 동사(had)가 도치된 형태를 띠게 된다.

5. 원급/비교급을 활용한 최상급 표현 전환

01 **Nothing is as high as the building that I've ever seen in Japan.**

(어떤 것도 일본에서 내가 이제까지 본 그 빌딩만큼 높은 것은 없다)

최상급(the highest)은 '부정주어(Nothing) – as 원급(high) as'로 최상급의 의미를 대신할 수 있다.

02 **Your family is more important than any other thing in the world.**

= Your family is more important than anything else.

최상급(the most important)은 '비교급+than any other 단수명사'(단수명사임에 유의) 또는 '비교급+than anything/anybody else'를 활용하여 같은 의미로 전환할 수 있다.

03 **Nobody was as disappointed as my coworker who was dedicated to the project.**

(어떤 사람도 그 프로젝트에 헌신했던 나의 동료만큼 실망하지는 않았다)

'부정주어 – 비교급 than' 또는 '부정주어 – as 원급 as'으로도 최상급의 의미를 나타낼 수 있다.

04 **I have the most acquaintances in the hometown.**

(나는 고향에서 가장 많은 지인들을 가지고 있다)

'비교급 than any other 단수명사'와 같이 비교급으로도 최상급의 의미를 나타낼 수 있다.

05 **Nothing is as precious as human relations.**

(어떤 것도 인간관계만큼 귀중한 것은 없다)

'부정주어 – as 원급 as'는 원급으로 최상급의 의미를 표현할 수 있다.

6. the 비교급, the 비교급의 전환

01 **As he gets closer to her, she is more likely to go away from him.**

(그가 그녀에게 더 가까워지면 질수록, 그녀는 그에게서 더 멀어지는 것 같다)

'the 비교급 (S+V), the 비교급 (S+V)'은 "–하면 할수록, 그만큼 더...하다"의 의미로, 'As+S+V+비교급, S+V+비교급'으로 전환 가능하다.

*be likely to R: –인 것 같다

02 **As people make more money, they tend to have greater greed.**

(사람들이 더 많은 돈을 벌수록, 더 많은 탐욕을 갖는 경향이 있다)

'the 비교급 (S+V), the 비교급 (S+V)'은 'As+S+V+비교급, S+V+비교급'으로 전환 가능하다.

*greed: 탐욕, make money: 돈을 벌다, tend to R: –하는 경향이 있다

03 **As you are less concerned about your future, you are more satisfied with your day.**

(당신이 미래에 대해 보다 덜 걱정할수록, 당신은 하루에 더 만족스러워한다)

'the 비교급 (S+V), the 비교급 (S+V)'은 'As+S+V+비교급, S+V+비교급'으로 전환 가능하다.

*be concerned about+명사: ―에 관해 걱정하다

04 **The more knowledge and experience you have, the wiser you become in dealing with the problem.**

(당신이 더 많은 지식과 경험을 가질수록, 그만큼 더 문제를 다루는 데 있어 더 현명해진다) *deal with: ―을 다루다, 처리하다

05 **The more exposed we are to ultraviolet rays, the more threatened our health is by them.**

(우리가 자외선에 더 많이 노출되면 될수록, 우리의 건강은 그들에 의하여 더 많이 위협당한다)

them은 ultraviolet rays를 가리킨다. *ultraviolet rays: 자외선

7. 도치구문으로의 전환

01 **So surprising was the appearance of the actor in the first scene of the movie.**

주격 보어(so surprising)를 강조하기 위해 문장 앞에 두면, 주어(the appearance)와 동사(was)가 도치된다.

02 **Only when we respect ourselves can we look up to others.**

(우리가 우리 자신을 존중할 때만이 다른 사람들을 존경할 수 있다)

'Only – ourselves'의 강조를 위해 문장 앞에 두면, 주어(we)와 조동사(can)가 도치된다.

03 **So well did the student make a presentation that all student started to applaud.**

(그 학생이 발표를 너무 잘해서 모든 학생들이 박수를 치기 시작했다)

부사구(So well)가 강조를 위해 문장 앞에 위치하면, 주어(the student)와 조동사(did)는 도치된다. *applaud: 박수를 치다

04 **Not only does she speak Chinese well, but she speaks Japanese.**

(그녀는 중국어를 잘 말할 수 있을 뿐만 아니라, 일본어도 말한다)

부정어(not only)를 강조하기 위해 문장 앞에 두면, 주어(she)와 조동사(does)가 도치된다.

05 **Not until we lose it in a war do we know the value of peace.**

(우리가 전쟁에서 평화를 잃고 나서야 비로소 우리는 평화의 가치를 알게 된다)

부정어(not until)를 강조하기 위해 문장 앞에 두면, 주어(we)와 조동사(do)는 도치된다. 이때 'not until'은 "―하고 나서야 비로소"로 해석하는 것이 자연스럽다.

06 **No sooner had he come up with an idea than he hit upon another idea.**

(그가 한 아이디어를 생각해내자마자, 또 다른 생각이 떠올랐다)

부정어(no sooner)를 강조하기 위해 문장 앞에 두면, 주어(he)와 동사(had)는 도치된다. 『No sooner had S p.p － , S 동사(과거형) ―』는 "S가 ―하자마자, S가 ...하다"라는 뜻이다. *come up with : ―을 생각해 내다

07 **Little did the man dream that he ended up succeeding in making the book.**

(그 남자는 결국에 책을 만드는 것에 성공할 거라는 것을 거의 꿈꾸지 못했다)

부정어(little: 거의 −않다)를 강조하기 위해 문장 앞에 두면 주어(the man)와 조동사(did)는 도치된다.

*end up v−ing: 결국 −하게 되다

08 **so did my mother**

'so+v+s': "−도 그렇다"라는 의미로, 내용상 일반동사(agreed)를 받을 때에는 동사 자리에 'do/does/did'를 써야 한다.

09 **Were I a movie director**

(만일 내가 영화감독이라면) 가정법 과거에서 if가 생략되면, 동사(were)가 문장 앞에 위치한다.

10 **Had the manager attended the meeting**

(만일 그 관리자가 회의에 참석했었다면) 가정법 과거완료에서 if가 생략되면, 동사(had)가 문장 앞으로 와서 주어(the manager)와 동사(had)

가 도치된다.

PART 3

고등어법
총정리와
활용 영작편

I. 문장의 구조(5형식)

01 <능률(김) 1과>

Ethan asked the coach if he could join the football team.

○ the coach가 간접목적어이고, if절이 직접목적어인 4형식 문장으로 영작한다. 목적어 자리에 쓰인 접속사 if는 "–인지 아닌지"의 의미로, 접속사 whether로 바꿔서 쓸 수도 있다.

02 <시사(한) 5과>

Franklin gave the man a chance to do him a kindness.

○ 수여동사(gave) 뒤에 간접목적어(the man)와 직접목적어(a chance)가 있으므로 4형식 문장으로 쓰되, 특히 to부정사 이하는 4형식의 형태로 명사 a chance를 수식하고 있다. *do + 사람(IO) + kindness/a favor/good/harm(DO) : –에게 친절/호의/이익/해를 주다

03 **Maria saw some of her friends play with toys.**

○ "그녀의 친구들 중 몇 명"과 "장난감을 가지고 노는 것"이 각각 목적어와 목적격 보어에 해당하므로 5형식으로 쓰되, 지각동사(saw)는 목적어(some of her friends) 다음에 목적격 보어로 동사원형(play)을 취한다.

04 <시사(박) 4과>

He saw through the window a boat approaching.

○ 내용상 목적어(a boat)와 목적격 보어(approaching)가 있으므로 5형식 문장으로 쓰되, 지각동사(saw)는 목적격 보어에 현재분사(approaching)를 취하여 "진행 중인 동작"을 강조할 수 있다.

05 **I felt the black shadow coming closer and closer.**

○ 내용상 "검은 그림자"와 "가까이 오고 있는"이 목적어와 목적격 보어의 관계이므로 5형식으로 쓰되, 지각동사 felt는 목적격 보어로 현재분사를 취하므로, 목적어(the black shadow)를 쓰고, 그 뒤에 나오는 목적격 보어 자리에 현재분사(coming)를 써서 배열한다. *비교급 and 비교급 : 점점 더 –한

06 **The waves made the boat float back and forth.**

○ 내용상 "그 배"와 "떠다니게"가 목적어와 목적격 보어의 관계이므로 5형식으로 쓰되, 사역동사 made는 목적어(the boat) 다음에 목적격 보어로 동사원형(float)을 취한다. *back and forth : 앞뒤로

07 <시사(한) 5과>

Show me your friends and I'll tell you who you are.

○ 두 개의 4형식 문장이 접속사 and로 연결된 문장으로 특히, "당신이 어떤 사람인지"는 간접의문문(의문사+S+V)을 직접목적어 자리에 써서 표현할 수 있다.

08 **A reef causes many boats to crash onto the rock.**

○ 동사 cause는 5형식 동사로 목적어(many boats) 다음에 목적격 보어로 to부정사(to crash)를 취한다.
*「cause+O+to R」 "O가 R 하도록 유발시키다[–하게 하다]"

09 〈천재(이) 3과〉

I made my voice calm and polite.

⭕ "나의 목소리"와 "차분하고 정중하게"가 목적어와 목적격 보어의 관계이므로 5형식으로 쓰되, 동사 made는 목적어(my voice) 뒤에 목적격 보어로 형용사(calm and polite)를 취한다. 부사(calmly and politely)를 쓰지 않도록 주의해야 한다.

10 〈비상 4과〉

The winding alleys made my map almost useless.

⭕ "내 지도를"과 "쓸모없게"가 목적어와 목적격 보어의 관계이므로 5형식으로 쓰되, 동사 made가 5형식에 쓰이면 목적격 보어에는 형용사(useless)를 써야 한다. 보어 자리에 부사(uselessly)를 쓰지 않도록 주의한다.   *winding : 구불구불한

11 **A teenager asked me <u>if[또는 whether]</u> I could make a single suggestion.**
　　　　　　　　　　　　　　_{추가}

⭕ "묻다"의 뜻에 ask는 4형식 동사이므로 동사 뒤에 간접목적어(me)를 쓰고, 직접목적어로 명사절(If+S+V)을 써 준다. 목적어 자리에 쓰인 접속사 if는 "−인지 아닌지"의 뜻으로 whether로 바꿔서 쓸 수도 있다.

12 〈시사(박) 8과〉

I had it <u>converted</u> to run on vegetable oil.
　　　　　　_{변화}

⭕ 5형식 동사의 한 종류인 사역동사(had)가 있으므로 목적어(it)를 쓰고, 목적격 보어(convert)를 써야 하나, 목적어(it)가 동작을 당하는 '수동'의 의미이므로 과거분사형(converted)을 써야 한다.

13 **Most people get their wisdom teeth <u>removed</u>.**
　　　　　　　　　　　　　　　　　　_{변화}

⭕ 5형식 동사인 get은 목적어(their wisdom teeth) 다음 목적격 보어로 to부정사(to remove)를 취하나, 목적어(their wisdom teeth)가 동작을 당하는 '수동(사랑니는 뽑히는 것)'의 의미일 경우에는 목적격 보어 자리에 과거분사(removed)를 써야 한다.

14 〈능률(김) 1과〉

He always reminds us <u>that</u> everyone is important.
　　　　　　　　　　　　_{추가}

⭕ 동사 reminds는 4형식에 쓰일 수 있으므로 간접목적어(us)를 쓰고, 직접목적어 자리에 명사절(that+S+V)을 써서 배열한다.

15 〈천재(김) 8과〉

He ordered his men not <u>to</u> let the sagwans <u>know</u> about the accident.
　　　　　　　　　　　　　　_{추가}　　　　　　　_{변화}

⭕ 동사 'order'은 5형식 문장에서 OC자리에 to부정사(to let)를 써야 하고 또한 OC자리에 동사 'let'은 사역동사로 O(the sagwans) 다음에 OC 자리에 동사원형(know)을 쓴다.

16 〈시사(한) 5과〉

He asked the man <u>to</u> lend him a very rare and valuable book.
　　　　　　　　　　　　추가

○ 내용상 "그 남자에게(the man)"와 "빌려주다(lend)"가 O와 OC의 관계이므로 5형식 문장으로 쓰되, 동사 'ask'는 5형식 문장에서 목적격 보어로
　 to부정사(to lend)를 취한다. 또한 목적격 보어 자리에 "매우 희귀하고 가치 있는 책을 빌려 달라고"의 표현은 수여동사 'lend'가 간접 목적어(him)
　 와 직접 목적어(a very rare and valuable book)를 순서대로 취하도록 배열한다.

17 **The teacher encourages young students <u>to</u> explore a new idea.**
　　　　　　　　　　　　　　　　　　　　　추가

○ 동사에 해당하는 "격려하신다"의 뜻을 가진 encourage는 5형식 동사이므로, 5형식의 어순에 따라 동사 뒤에 목적어(young students)를 쓰고,
　 encourage가 목적격 보어로 to부정사를 취하므로 to explore를 쓴다.

18 〈능률(양) 2과〉

The goal is to keep your head and neck <u>supported</u>.
　　　　　　　　　　　　　　　　　　변화

○ to keep 이하의 표현은 주어(The goal)의 의미를 보충해 주는 주격보어로, "당신의 머리와 목"과 지탱되게"가 목적어와 목적격 보어의 관계여서
　 5형식으로 써야 하므로, 동사(keep) 다음에 목적어(your head and neck)와 목적격 보어(supported)를 쓴다. 특히 '수동'(머리와 목이 받쳐지는)
　 의 의미이므로 목적격 보어는 과거분사형(supported)을 쓰도록 해야 한다.

19 **I urge you <u>to</u> follow your original plan made last year.**
　　　　　　　　추가

○ "당신"과 "원래 계획을 따르는 것"이 목적어와 목적격 보어의 관계이므로 5형식으로 쓰고, 동사 urge(촉구하다)는 목적어(you) 다음에 목적격 보어
　 로 to부정사(to follow)를 취한다. "(작년에) 만들어진"은 '수동'의 의미이므로 과거분사(made)를 써서 명사(plan)를 뒤에서 수식하도록 배열한다.

20 〈비상 1과〉

Your values will make some careers more <u>suitable</u> for you and others less <u>appropriate</u>.
　　　　　　　　　　　　　　　　　　　　　변화　　　　　　　　　　　　　　　　　　　　　변화

○ 내용상 "어떤 직업들은"과 "맞지만" 그리고 "다른 직업들은"과 "맞지 않게"가 각각 O와 OC의 관계이므로 5형식으로 쓰되, 동사 make는 5형식에
　 서 OC자리에 형용사(suitable/appropriate)를 취한다.

2. 동명사

01 〈시사(박) 1과〉

Recording your dreams is not enough.

○ "기록하는 것"이 주어이므로 동명사(Recording) 주어를 활용하여 쓴다. 주의할 점은 동명사 주어는 단수 취급하므로 단수동사(is)를 써야 한다는 점이다.

02 **I remember running a workshop last year.**

○ "워크숍을 운영했던 것"이 동사(remember)의 목적어에 해당하고, 동명사(running)를 활용하여 목적어를 쓸 수 있다. 주의할 점은 동사 remember 뒤에 to부정사(to run)를 쓰면 미래(-할 것을)를 의미한다는 것이다.

03 **He regrets not telling the truth to his girlfriend.**

○ 동사(regrets)의 목적어가 "사실을 말하지 않았던 것"이고, regret은 목적어로 동명사를 취하므로 'telling the truth—'로 쓰되, 동명사의 부정은 부정어(not)를 동명사 바로 앞에 써야 한다. *regret+to부정사: -하게 되어 유감이다.

04 **I am sorry for having lost your books.**

○ "-한 것은 유감이다"는 'I am sorry for-'로 표현할 수 있고, 전치사 for는 동명사를 목적어로 취하므로 "잃어버린 것"은 동명사(losing)로 표현한다. 주의할 점은 '동명사의 시제(잃어버린 일)가 주절(유감스러운 일)의 시제보다 더 이전의 일'이면 완료형 동명사(having+p.p=having lost)를 써야 한다는 것이다. 'I am(현재) sorry / that I lost(과거) your books'

05 **Do you mind my borrowing your car?**

○ 동사 "꺼리다(mind)"의 목적어가 "-빌리는 것"이고, mind는 목적어로 동명사를 취하므로 목적어를 'borrowing'으로 써야 한다. 또한 "빌리는(borrowing)"의 주체(주어)인 "제가"는 동명사의 의미상 주어로 동명사 바로 앞에 소유격(my) 또는 목적격(me)으로 써야 한다.

06 **I'll never forget watching the final game yesterday.**

○ 동사(forget)의 목적어는 "-봤던 것을"이고, forget은 목적어로 동명사를 취하므로 'forget watching-'으로 써야 한다.
  *forget+to부정사: -할 것을 잊다(미래)

07 〈능률(김) 1과〉

Lifting up those around us is also of great worth.

○ "기운을 북돋워 주는 것은"이 주어이고, 동명사 주어를 사용하여 쓰면 'Lifting up'이 된다. 주의할 점은 동명사 주어는 단수 취급하므로 단수동사(is)를 써야 한다는 점이다. *lift up someone : -에 기운을 북돋다

08 〈능률(김) 5과〉

Doing that person good is the most important thing.

○ 내용상 "행하는 것이" 주어이고, 동명사를 사용하여 쓰면 'Doing -'이다.

It was no use trying to hold back the tears.

❍ 'It is no use –ing'는 "–하는 것은 소용없다"의 뜻으로 동명사가 사용된 자주 쓰이는 표현이다. *hold back : –을 참다, 억제하다

Don't worry about not being brave enough.

❍ 부정명령문이므로 Don't+동사원형으로 시작하되 "용감하지 않은 것에 대해"라는 표현은 전치사(about) 뒤에 전치사의 목적어로 동명사(being)를 써야 한다. 주의할 점은 동명사의 부정은 동명사 바로 앞에 'not'을 써야 한다는 것이다(about not being). 또한 enough는 형용사(brave)를 뒤에서 수식한다. cf) 형용사+enough (to R) : to R하기에 충분히 –한

Having extra sugar means adding unnecessary calories.
　　변화　　　　　　　변화　　변화

❍ 동명사는 주어(Having)와 동사(means)의 목적어(adding) 자리에 쓰일 수 있고, 주어로 쓰인 동명사는 단수 취급하므로 단수동사(means)를 써야 한다.

Do you remember your mom taking you to a doctor's office?
　　　　　　　　　　　　　　　변화

❍ 동사 remember는 목적어로 동명사(taking)를 취하고, 동명사의 의미상의 주어(your mom)는 동명사 바로 앞에 써야 한다. cf)remember+to R : –할 것을 기억하다 *take+사람/동물+to 장소 : –을 (장소)로 데려가다

Pretending to be someone else does you no good.
　　변화　　　　　　　　　　　　변화

❍ 내용상 "척하는 것은"이 주어이고, 동명사 주어(Pretending)를 사용하여 쓸 수 있으며 동명사 주어는 단수 취급하므로 단수동사(does)를 써야 한다. 또한 pretend는 to부정사(to be)를 목적어로 취한다.

Not having many friends doesn't mean anything is wrong.
　　　변화　　　　　　　변화

❍ "없다는 것은"의 주어는 동명사(having)를 활용하여 쓰되, 동명사의 부정은 동명사 바로 앞에 Not을 써야 한다. 또한 동명사 주어는 단수 취급하므로 단수동사(doesn't)를 쓴다.

We cooperate from lining up at a bus stop to sharing knowledge.
　　　　　　　　변화　　　　　　　　　　변화

❍ 'from A to B'에서 from과 to는 전치사이므로 동사를 써야 하는 경우 동명사(lining, sharing)의 형태를 취해야 한다. to를 to부정사의 to로 봐서 동사원형을 쓰지 않도록 주의해야 한다.

16 <u>Getting</u> up early in the morning <u>makes</u> me a diligent man.
　　　변화　　　　　　　　　　　　　　　　변화

❍ 주어에 해당하는 "일어나는 것"은 동명사(Getting)를 활용하여 쓰고, 동명사 주어는 단수 취급하므로 단수동사(makes)를 써야 한다. 또한 "나를 (me)"과 "부지런한 사람(a diligent man)"이 O와 OC의 관계이므로 5형식 문장으로 배열한다.

17 Don't forget <u>to</u> ask your teacher <u>if</u> the school will be closed next week.
　　　　　　　　추가　　　　　　　　　추가(또는 whether)

❍ 부정명령문이므로 'Don't+동사원형'으로 시작하되, "물어볼 것을 잊다"의 표현은 'forget+to R'이므로 'forget to ask'로 쓸 수 있다. 동사 'ask(묻다)'는 수여동사이므로 4형식의 어순에 맞게 간접목적어(your teacher) 다음에 직접목적어(접+S+V:명사절)를 차례대로 배열한다.

18 You shouldn't let the employee spend his time <u>surfing</u> the internet.
　　　　　　　　　　　　　　　　　　　　　　　변화

❍ 사역동사(let)는 5형식 동사로 O(the employee)와 OC(spend)를 차례대로 취한다. 또한 'spend + 시간 + v-ing'는 "~하는 데 (시간)을 쓰다"의 뜻으로 동명사를 포함하고 있는 자주 쓰이는 표현이다.

19 <u>Seeing</u> my child playing with his friends <u>makes</u> me <u>happy</u>.
　　　변화　　　　　　　　　　　　　　　변화　　　변화

❍ 문장의 주어는 "보는 것은"이고 동명사 주어(Seeing)를 사용하여 쓰되, 동사 'see'는 5형식 동사인 지각동사로 O(my child)와 OC(playing) 의 순서로 배열한다. 동명사 주어는 단수 취급하므로 단수동사(makes)를 써야 하고, "나를"과 "행복하게"가 O와 OC의 관계인 5형식 문장이므로 'S+V+O+OC'의 어순으로 배열한다. 주의할 점은 OC자리에 부사(happily)를 쓸 수 없고 동사가 'make'인 경우에는 형용사(happy)를 써야 한다.

20 My colleague got the task <u>completed</u> by <u>paying</u> attention to it.
　　　　　　　　　　　　　　변화　　　　변화

❍ 내용상 "일이"와 "완수되게"가 O와 OC의 관계이므로 5형식 문장으로 쓰되, 동사 'get'은 OC로 to부정사(to complete)를 취하나 이 경우에는 O(the task)와 OC(complete)가 수동(일은 되어지는 것임)의 관계이므로 과거분사(completed)를 써야 한다.

3. 가주어 It

01 **It is well-known to all employees that the boss is very honest.**

○ "그 사장님이 매우 정직하다는 것은"이 주어 부분이고, 주어가 길 경우에는 가주어 it과 진주어(접속사 that+S+V)로 문장을 쓸 수 있다.
   *well-known: 잘 알려진   *be known to 사람 : -에게 잘 알려져 있다.

02 〈시사(박) 2과〉
It was a serious crime to mistreat a present from the king.

○ "선물을 잘못 다루는 것은"이 주어 부분이고, 주어가 길어질 경우 가주어(it)와 진주어(to부정사)를 사용하여 영작한다. 진주어 부분을 영작하면 'to treat a present'이고 전치사구(from the king)는 명사(present)를 수식하고 있다.

03 〈능률(김) 8과〉
It's easy to dismiss it as a passing phase.

○ 주어 부분이 "그것을 치부해버리기가"에 해당하는 긴 주어이므로 가주어(it)와 진주어(to부정사=to dismiss it)를 이용하여 영작한다.

04 **It can be dangerous to lose a lot of weight in a short time.**

○ "단기간에 많은 체중을 빼는 것은"이 주어 부분이고, 주어 부분이 길어질 경우, 가주어 it과 진주어(to부정사)를 활용하여 영작한다.
   *lose weight : 살을 빼다 ↔ gain weight : 살찌다

05 〈능률(김) 1과〉
It is difficult for him to walk, run, or move around.

○ 주어에 해당하는 "걷고, 뛰고, 움직이는 것이"는 to부정사를 사용하여 진주어로 쓰되, to부정사의 의미상 주어(him)는 to부정사 바로 앞에 'for 목적격'의 형태로 써준다. 동사를 여러 개 나열할 때에는 콤마(,)를 써서 나열하고 마지막 나열어 앞에 접속사(and, but, or)를 쓴다.

06 **It is careless of you to miss the important document.**

○ careless(부주의한)가 '사람에 대한 주관적 판단의 형용사'이므로, 진주어(to miss)의 의미상 주어로 'of+목적격'(of you)을 to부정사(to miss) 바로 앞에 써야 한다.

07 〈시사(한) 6과〉
It is not easy for workers to find the right food.

○ 진주어인 "딱 맞는 음식을 찾는 것은(to find the right food)"의 의미상 주어가 "노동자들(workers)"이므로 진주어의 바로 앞에 to부정사의 의미상 주어(for workers)를 표시해야 한다.

08 〈시사(박) 7과〉
It turned out that he had Alzheimer's, a brain disease.

○ "그가 뇌질환인 알츠하이머를 앓고 있다는 것이"가 주어 부분에 해당하고, 주어와 동사를 포함하고 있으므로 명사절(that+s+v)을 사용하여, 진주어 부분을 'that(접) he(s) had(v)-'로 영작할 수 있다.

09 **It depends on the situation whether they survive or not.**

○ "그들이 살아남는지 아닌지는"이 문장의 주어에 해당하고 주어 부분이 길어질 경우, 가주어 it과 진주어를 활용하여 영작한다. '접속사 (whether)+s+v'를 진주어(명사절)로 하여 쓰되, 주의할 점은 주어 자리에 쓰인 접속사 whether 대신 if를 쓸 수는 없다는 점이다.

10 **It's natural for us to grieve over things we lost.**

○ 진주어(to grieve)의 의미상 주어(for us)는 to부정사 바로 앞에 써야 하고, "우리가 잃어버린 것"의 표현은 관계대명사절 '(that) we lost'이 선행사(things)를 수식하도록 한다.

11 〈시사(한) 2과〉

It is more difficult <u>for</u> inbound ants to change direction.
　　　　　　　　　　　　　　추가

○ "방향을 바꾸는 것"이 주어이고, to부정사를 사용하여 영작하면 'to change direction'이며, "방향을 바꾸는 것"의 의미상 주어는 'inbound ants'이므로 to부정사의 의미상의 주어(for+목적격)를 to부정사 앞에 써야 한다.

12 **It is stupid <u>of</u> her to go out with such guys.**
　　　　　　　　　　　추가

○ 진주어 'to go'의 의미상 주어로 of her가 쓰인 문장으로, '사람에 대한 주관적 판단의 형용사(stupid)'가 있으면 to부정사(to go)의 의미상 주어로 'of+목적격'(of her)을 to부정사 앞에 쓴다. *go out with-: -와 사귀다[어울리다]

13 〈시사(박) 8과〉

It was not easy <u>for</u> me <u>to</u> get electricity from sunlight.
　　　　　　　　　추가　　　추가

○ "전기를 얻는 것은"이 주어 부분에 해당하므로 to부정사를 활용하여 진주어(to get electricity)를 쓰고, 진주어의 의미상의 주어가 "내가"이므로 'for 목적격'의 형태로 to부정사 바로 앞에 의미상의 주어를 표시한다.

14 **<u>It</u> doesn't matter to me <u>whether</u> he is rich or not.**
　추가　　　　　　　　　　　　추가

○ "그가 부유한지 아닌지는"이 주어 부분이고, 긴 주어는 가주어 it과 진주어(접속사 whether+S+V=명사절)를 활용하여 영작할 수 있다. 주어자리에 접속사 if(-인지 아닌지)는 쓸 수 없다는 점에 유의해야 한다. *matter: v. 중요하다

15 〈능률(양) 7과〉

<u>It</u> was refreshing <u>to</u> travel across the water by boat.
　추가　　　　　　　　추가

○ "여행하는 것은"이 주어 부분에 해당하고, 진주어(to부정사)를 이용하여 영작하면 'to travel'이다. 가주어 it으로 시작하는 문장으로 영작하되, "보트를 타고 물살을 가로질러"의 부분은 동사(travel)를 수식하도록 전치사구로 배열한다.

16 It's best to avoid <u>doing</u> exercise before bedtime.

변화

○ 주어 부분이 "잠자리에 들기 전에 운동하는 것을 피하는 것이"로 길어진 경우, 가주어 it과 진주어(to부정사)를 활용하여 영작할 수 있다. 따라서 "~피하는 것이 최선이다"의 표현은 'It is best to avoid~'로 표현할 수 있다. 동사 avoid는 목적어로 동명사(doing)를 취하므로 "잠자기에 들기 전에 운동하는 것을"의 표현은 'doing exercise before bedtime'로 쓴다.

17 It is essential <u>for</u> the authority to prevent the virus from <u>spreading</u>.

추가   변화

○ "바이러스가 퍼지지 않도록 하는 것이"가 주어부에 해당하고 to부정사(to prevent)를 활용하여 쓸 수 있는데, 'prevent 목적어 from v-ing : (목적어)가 ...하지 못하게 하다'의 표현을 이용하여 'to prevent the virus from spreading'로 영작할 수 있다. 주어 부분이 길어진 경우, 가주어 it과 진주어(to부정사)를 활용하여 쓰되, 진주어의 의미상 주어가 'the authority'이므로 to부정사 바로 앞에 'for+목적격'의 형태로 쓴다.

18 It is not easy <u>to</u> urge the workers <u>to</u> improve the quality of the product.

추가   추가

○ "작업자들에게 제품의 질을 개선하도록 촉구하는 것"이 주어부이고, 긴 주어이므로 가주어it과 진주어(to부정사)를 활용하여 영작할 수 있다. 진주어 부분의 동사 'urge'는 5형식 동사로 O(the workers)와 OC로 to부정사(to improve)를 취한다.

19 It doesn't matter <u>whether</u> you get used to <u>handling</u> a machine.

추가   변화

○ 내용상 "당신이 기계를 다루는 것에 익숙한지 아닌지는"이 주어이고, 명사절(whether+s+v)을 사용하여 주어를 쓸 수 있다. 이와 같이 주어가 긴 경우에는 문장 앞에 가주어 it을 두고 진주어는 문미에 쓴다. 'get used to v-ing'는 "~하는 데 익숙하다"의 뜻으로 동명사를 포함한 자주 쓰이는 표현이다.

20 It is certain that <u>throwing</u> a party at home <u>makes</u> my spouse annoyed.

변화   변화

○ "집에서 파티를 여는 것이 나의 배우자를 짜증 나게 한다는 것은"이 문장의 주어부분이고 명사절(that+s+v)을 활용하여 주어를 쓸 수 있다. 명사절 내의 주어인 "파티를 여는 것이"는 동명사 주어(throwing)를 써서 표현할 수 있고, 단수 취급하므로 단수동사(makes)를 써야 한다. 진주어로 명사절을 쓰면 가주어 it으로 문장을 시작해야 한다.

4. to 부정사

01 **He was very disappointed not to be invited to the party.**

❍ 술부인 "매우 실망했다"는 'was very disappointed'로 쓰고, 그 감정의 원인인 "파티에 초대받지 않아서"는 감정형용사(disappointed) 뒤에 이어서 쓰되 〈to부정사의 부사적 용법(감정의 원인)〉, 주어가 '초대를 받지 않은'이라는 '수동'의 의미이므로 to부정사의 수동형(to be p.p)을 써야 한다. 또한 to부정사(to be invited)의 부정은 to부정사 바로 앞에 not을 쓴다.

02 **The woman seems to have been a model in the past.**

❍ 술부인 "모델이었던 것처럼 보인다"는 'seem to R(~해 보이다)'의 표현을 이용하여 쓰되, "모델이었던 것"이 본동사(seem)보다 더 이전의 일이므로 '완료형 to부정사(to have p.p = to have been)'를 써야 한다.

03 **My boss told me when to start the project.**

❍ 동사 told가 수여동사이므로 간접목적어(me)와 직접목적어를 순서대로 써야 한다. '의문사+to부정사(when to start)'는 직접목적어로 쓰일 수 있고, 'when I should start'로 전환하여 쓸 수도 있다.

04 **The quiz is too difficult for me to solve.**

❍ "~하기에 너무 ~한"이라는 표현은 『too+형용사/부사+to R』 구문을 활용하여 쓸 수 있다. to부정사(to solve)의 의미상 주어(for me)는 to부정사 바로 앞에 써야 하고, 이 문장은 'The quiz is so difficult that I can't solve it'으로 바꿔 쓸 수 있고 'It is difficult for me to solve the quiz.'도 같은 의미이다.

05 〈능률(김) 7과〉

This armor called *jigap* was tough enough to stop arrows.

❍ "~하기에 충분히 ~한/~하게"라는 표현은 『형용사/부사+enough to+R』 구문을 활용하여 쓰되, 'called jigap'이 주어를 수식하고 있다. 'This armor called jigap was so tough that it could stop arrows'로 바꾸어 쓸 수도 있다.

06 **The weather is good enough for children to play in the park.**

❍ "~하기에 충분히 ~한/~하게"라는 표현은 『형용사/부사+enough to+R』 구문을 활용하여 쓰되, to부정사의 의미상 주어(for children)의 위치는 to부정사(to play) 바로 앞이다. 'The weather is so good that children can play in the park' 으로 바꾸어 쓸 수도 있다.

07 **Dieters are often encouraged not to skip meals.**

❍ 술부가 "권해진다"이므로 동사는 수동태(are encouraged)로 써야 한다. 또한 'to부정사(to skip)의 부정'은 to부정사 바로 앞에 not이나 never를 쓴다. ※'encourage'는 5형식 동사로 OC자리에 to부정사를 취하는데, 수동태가 되면서 'be encouraged to R'의 형태를 갖게 된 것이다.

08 〈시사(한) 7과〉

Few countries can claim to have produced a great architect.

❍ 동사 claim은 목적어로 to부정사(to produce)를 취하나, 본동사(claim)보다 "배출했다"는 내용이 더 이전의 일이므로 완료형 to부정사(to have produced)를 써야 한다.

He is believed to have invented the hard hat, a light helmet.

○ 술어 부분인 "발명했다고 믿어진다"를 쓰면 수동태이므로 'is believed'로 쓰되, "발명했다"는 일이 본동사(is believed)보다 더 이전의 일이므로 완료형 to부정사(to have invented)를 써야 한다. the hard hat와 a light helmet은 동격이다.

10 〈시사(한) 8과〉

It takes a human less than 10 seconds to perform the task.

○ "(행위자)가 -하는 데 '시간'이 들다"의 표현은 'It takes + (행위자) + 시간/돈/노력 + to R'이다. cf) less than- : -미만

11 〈동아 7과〉

Roberts was <u>too</u> disabled <u>to</u> ever get a job.
                추가   추가

○ "-하기에 너무 ~한"이라는 표현은 『too+형용사/부사+to R』 구문을 활용하여 쓸 수 있다. 이 문장은 'Roberts was so disabled that he couldn't ever get a job'으로 바꿔 쓸 수도 있다.

12 〈시사(한) 7과〉

These buildings seem to be <u>taken</u> directly from "Hansel and Gretel."
                                    변화

○ 술어 부분인 "바로 꺼내 온 것처럼 보인다"는 "-해 보이다"의 뜻을 갖는 'seem to R'을 활용하되 주어(These buildings)가 동작을 당하는 '수동'의 의미이므로 to부정사의 수동형(to be p.p)을 써야 한다.

13 〈비상 4과〉

I was lucky <u>enough</u> <u>to</u> meet a group of tourists my age from Britain.
                       추가   추가

○ "-하기에 충분히 ~한/-하게"라는 표현은 『형용사/부사+enough to+R』 구문을 활용한다. cf) '-또래의'는 명사 뒤에 'my age'를 'of' 없이 붙여도 된다(ex. a woman my age).

14 〈금성 7과〉

Korea's creative industries are reported to <u>have</u> <u>been</u> internationally successful.
                                 추가   변화

○ 술어 부분인 "국제적으로 성공적이었다고 보고된다"가 '수동'의 뜻이므로 수동태(are reported)로 쓰되, 동사보다 "성공적이었다"가 더 이전의 뜻이므로 완료형 to부정사(to have been)를 써야 한다.

15 〈시사(박) 7과〉

The sensors had to be thin <u>enough</u> <u>to</u> be comfortable on the bottom of a foot.
                                추가   추가

○ "-하기에 충분히 ~한/-하게"라는 표현은 『형용사/부사+enough to+R』 구문을 활용한다.

16 Life is <u>too</u> short <u>to</u> get everything <u>learned</u>.
               추가   추가   변화

○ "–하기에 너무 ~한"이라는 표현은 『too+형용사/부사+to R』 구문을 활용하여 쓸 수 있다. 또한 동사 get은 OC자리에 to부정사(to learn)를 취하나, O(everything)가 동작을 당하는 '수동'의 의미이면 과거분사(learned)를 써야 한다.

17 <u>It</u> is inconsiderate <u>of</u> you not <u>to</u> remember my birthday.
추가   추가   추가

○ "나의 생일을 기억하지 못하는 것은"의 표현은 to부정사를 활용하여 'to remember my birthday'로 쓸 수 있고, to부정사의 부정은 to부정사 바로 앞에 not을 써야 한다. 이처럼 주어가 길어지면 가주어(it)를 활용하여 문장 앞에 쓰고 진주어인 to부정사는 문미에 쓴다. 또한 to부정사의 의미상 주어는 to부정사 바로 앞에 'of+목적격'(사람에 대한 판단의 형용사 inconsiderate가 있으므로)으로 쓴다.

18 I was lucky <u>enough</u> <u>to</u> see the shooting star <u>fall[falling]</u> in the sky.
               추가   추가   변화

○ "–하기에 충분히 ~한/–하게"라는 표현은 『형용사/부사+enough to+R』 구문을 활용한다. 동사 'see'는 지각동사로 O(the shooting star) 다음에 OC로 동사원형(fall)이나 현재분사(falling–진행강조)를 취한다.

19 Learning <u>how</u> to operate new machines <u>is</u> interesting.
        변화   추가   변화

○ 내용상 "새로운 기계들을 작동시키는 방법을 배우는 것"이 주어 부분이고 동명사(learning)를 활용하여 쓸 수 있다. 'learning'의 목적어인 "작동시키는 방법"은 '의문사+to부정사'(how to operate)로 쓰고 동명사 주어는 단수 취급하므로 단수동사(is)를 써야 한다.

20 The scholar seems to <u>have</u> <u>forgotten[forgot도 가능]</u> to submit his paper.
                         추가   변화   추가

○ "–해 보인다"는 'seem to R'을 활용하여 쓰되, "잊었던 것"이 동사(seem)보다 더 이전의 일이므로 완료형 to부정사(to have forgotten)를 써야 한다. 또한 "제출할 것을 잊다"처럼 '미래'의 의미는 'forget to R'로 표현한다.

5. 간접의문문

01 **I don't know what her email address is.**

  ❍ "그녀의 이메일 주소가 무엇인지"가 know의 목적어이므로, 간접의문문 'what(의문사) her email address(주어) is(동사)'을 활용하여 목적어를
    완성한다.

02 **Who do you think will be the next president?**

  ❍ 간접의문문 'Who will be the next president?' 에서 의문사 who는 주어 역할도 동시에 하고 있고, 동사 중에 'guess/suppose/think/
    believe'가 주절에 쓰이면, 의문사(who)를 문장 맨 앞에 써야 한다.
    'Who(의문사) do you think the next president(s) will be(v)'도 가능.

03 **Grandma does not know which year she was born in.**

  ❍ 동사 know의 목적어에 해당하는 "어느 해에 출생하셨는지"의 표현은 간접의문문[which year(의) she(s) was born in(v)]으로 표현할 수 있다.

04 **Why do you think he bought the second-hand goods?**

  ❍ 동사(think)의 목적어는 "왜 그가 그 중고품을 샀다고"이고, 간접의문문(의문사+S+V)을 활용하여 쓸 수 있다(why he bought the second-
    hand goods). 주절의 동사가 think이므로, 의문사(why)를 문장 맨 앞에 써야 한다.

05 **You want to know how effective the advertising is.**

  ❍ 동사(know)의 목적어가 "그 광고가 얼마나 효과가 있는지를"이고, 간접의문문[how effective(의) the advertising(s) is(v)]을 활용하여 쓴다.

06 **You can control how often or how much you work out.**

  ❍ 동사 'control'의 목적어인 "얼마나 자주 또는 얼마나 많이 운동하는지를"은 간접의문문(의문사+S+V)을 활용하여 쓸 수 있는데, 주의할 점은 두 개
    의 의문사(how often or how much)를 가진 간접의문문으로 영작을 해야 한다는 점이다.

07 **Who do you suppose is likely to use a fork?**

  ❍ 동사(suppose)의 목적어가 "누가 더 포크를 사용할 가능성이 있다고"이므로 간접의문문을 활용하여 목적어를 쓰되, 'who'는 의문사이자 주어의 역
    할도 하고 있다(who is likely to use a fork). 주절의 동사가 'suppose'이므로 의문사(who)는 문장의 맨 앞에 써야 한다.

08 〈천재(김) 4과〉

Whose statement do you think is more credible?

  ❍ 동사(think)의 목적어인 "누구의 진술이 더 믿을 만하다고"는 간접의문문(의+S+V)을 활용하여 표현하되 'Whose statement'는 의문사이자 주어
    역할을 한다. 또한 주절의 동사가 'think'이므로 의문사(Whose statement)는 문장의 맨 앞에 써야 한다.

09 〈시사(박) 4과〉

He went to the door to see what the noise was all about.

  ❍ 동사인 "알아보다(see)"의 목적어 자리에 있는 "그 소음이 무엇인지"는 간접의문문을 활용하여 'what(의) the noise(s) was(v) all about'로 쓸
    수 있다.

10 〈능률(양) 1과〉

I have little idea what I want to do in the future.

○ "잘 모른다(have little idea)"의 목적어인 "무엇을 하기를 원하는 지"는 간접의문문을 활용하여 'what(의) I(s) want to do(v)'로 쓴다.

11 〈천재(이) 1과〉

We talked about <u>what</u> life in high school would be like.
　　　　　　　　　　추가

○ "고등학교에서의 생활이 어떨지"는 간접의문문 'what+S+be like'으로 쓸 수 있고 간접의문문은 전치사(about)의 목적어로도 쓰인다.

12 〈다락원 4과〉

What do you think the moral of this story is?

○ 'does' 삭제: 동사 'think'의 목적어인 "이 이야기의 교훈은 무엇이라고"는 간접의문문을 활용하여 쓰되, 주절의 동사가 'think'이므로 의문사(what)는 문장의 맨 앞에 써야 한다.

13 〈시사(박) 6과〉

We could not imagine how the Inca could have built such a large city.

○ 'to' 삭제: 동사인 "상상할 수 없었다"의 목적어에 해당하는 "잉카인들이(S) 어떻게(의문사) 그토록 큰 도시를 건설했는지(술부)"의 부분은 간접의문문을 활용하여 쓰고 'such+a(n)+형용사+명사'의 어순에 유의한다.

14 〈능률(양) 6과〉

Why do you think the baobab has such an enormous trunk?

○ 'does'와 'should' 삭제: 내용상 "왜 바오바브나무가 그렇게 거대한 몸통을 가졌다고"가 동사(think)의 목적어이고 간접의문문(접+S+V)을 사용하여 쓰면, 'Why(의) the baobab(S) has such an enormous trunk(술부)'이다. 주절의 동사가 'think'이므로 의문사(why)는 문두에 쓴다.

15 〈시사(박) 7과〉

He did not remember when and how he had gotten there.

○ 'did'와 'to' 삭제: "기억하지 못했다(did not remember)"의 목적어인 "언제 그리고 어떻게 거기에 도착했는지"를 간접의문문을 활용하여 쓰면 'when and how(의) he(S) had gotten there(술부)'이다.

16 **It is still a mystery why the dinosaur went extinct.**
추가

○ 'did' 삭제: 주어인 "왜 공룡이 멸종했는지"는 간접의문문(의+S+V)을 활용하여 쓰되 'why(의) the dinosaur(S) went extinct(술부)' 보통 주어가 길 경우는 가주어(It)를 문두에 두고 진주어는 문미에 쓴다.

17 **The history of the Earth is <u>too</u> long <u>to</u> know exactly when it began.**
　　　　　　　　　　　　　추가　　　추가

○ "–하기에 너무 ~한"이라는 표현은 「too+형용사/부사+to R」구문을 활용하여 쓸 수 있다. 동사(know)의 목적어인 "언제 시작했는지"는 간접의문문(의+S+V)을 활용하여 'when it(=The history of the Earth) began'으로 쓴다.

18 **How do you think we can make the conflict <u>resolved</u>?**

변화

○ "생각하다(think)"의 목적어인 "우리가 어떻게 갈등이 해결되도록 할 수 있다고"는 간접의문문을 활용하여 쓰되, 사역동사(make)의 목적어(the conflict)가 동작을 당하는 '수동'의 의미이므로 목적격 보어로 과거분사(resolved)를 써야 한다. 또한 주절의 동사가 'think'이므로 의문사(how)는 문두에 쓴다.

19 〈능률(김) 3과〉

He knows how wonderful <u>soaring</u> above the clouds really <u>feels</u>.

변화   변화

○ 동사(know)의 목적어인 "구름들 위로 날아오르는 일이 얼마나 신나는 것인지"는 간접의문문(의문사+S+V))을 활용하여 쓰되, "날아오르는 일이"의 표현은 동명사(soaring)를 활용하여 쓰고 동명사는 단수 취급하므로 단수동사(feels)를 쓴다.

20 **We have difficulty <u>reaching</u> an agreement of where the next world-cup will be held.**

변화

○ 술어 부분인 "도달하는 데 어려움이 있다"는 'have difficulty (in) v-ing: –하는 데 어려움이 있다'를 활용하여 쓰고 "다음 월드컵이 어디에서 열릴 지"는 간접의문문을 활용하여 쓴다.(간접의문문이 전치사 of의 목적어로 쓰이는 경우임)

6. 가목적어 it

01 **I found it interesting to keep a pet.**

⊙ "애완동물을 키우는 것이" 목적어에 해당하고, 5형식 문장으로 쓰면 'I found(v) to keep a pet(o) interesting(oc)'이 된다. 목적어(to keep a pet)가 긴 경우에는 보통 목적어 자리에 가목적어(it)를 쓰고, 진목적어는 문미에 쓴다. 따라서 『동사(found)+가목적어(it)+목적격 보어(interesting)+진목적어(to keep a pet)』의 어순이 된다.

02 〈능률(양) 2과〉

This position makes it difficult to breathe.

⊙ "숨 쉬는 것을"이 목적어에 해당하므로 to부정사(to breathe)를 이용하여 진목적어로 쓰고, 『동사+it(가목적어)+목적격 보어+to부정사(진목적어)』의 어순으로 배열한다.

03 **Jack made it possible to solve the problem.**

⊙ 해석상 "그 문제를 해결하는 것이" 목적어에 해당하고, to부정사를 활용하여 쓰면 'to solve the problem'이다. 이처럼 목적어가 긴 경우에는 보통 가목적어(it)를 목적어 자리에 쓰고, 진목적어(to solve the problem)는 문미에 쓴다.

04 〈동아 4과〉

The glow makes it easier to see at night.

⊙ "보는 것"과 "더 쉬운(easier)"이 O와 OC의 관계이므로 5형식으로 쓰되, O는 to부정사를 활용하여 쓰고(to see), 가목적어가 있는 문장의 어순에 따라 『동사+it(가목적어)+목적격 보어(easier)+to부정사(to see)』로 배열한다.

05 〈비상 4과〉

I found it interesting that people still wish for simple things.

⊙ 문장의 목적어는 "사람들이 여전히 단순한 것들을 바란다는 것이"에 해당하고, 명사절(that+s+v)을 이용하여 목적어를 쓸 수 있으므로 'I(s) found(v) that people still wish for simple things(o) interesting(oc)'의 5형식 문장으로 영작할 수 있다. 목적어가 긴 경우, 진목적어는 문장 끝에 쓰고 원래 목적어 자리에는 가목적어 it을 써서 『동사+가목적어(it)+목적격 보어(interesting)+진목적어(that+s+v)』의 어순으로 배열한다.

06 **She makes it a rule to get up early in the morning.**

⊙ 'make it a rule to R'은 "~하는 것을 규칙으로 삼다"라는 뜻으로, 가목적어 it이 들어간 표현을 활용한다.

07 **My mother takes it for granted that I do the dishes.**

⊙ 'take it for granted that s+v'는 "~하는 것을 당연시하다"라는 뜻으로, 가목적어 it이 들어간 표현을 활용한다.

08 〈천재(이) 1과〉

Club activities make it easier to become friends with them.

⊙ "그들과 친구가 되는 것"과 "더 쉬운(easier)"이 O와 OC의 관계이므로 5형식으로 쓰되, 목적어부분을 to부정사를 활용하여 쓰면 'to become friends with them'이다. 목적어가 긴 경우 가목적어를 사용하여 『동사+가목적어(it)+목적격 보어(easier)+진목적어(to R)』의 어순으로 배열한다.

09 **The man made it clear that he objected to the plan.**

   ◐ "그 계획에 반대한다는 것을"이 목적어이므로 명사절(that+s+v)을 이용해서 쓰면 'that he objected to the plan'이고 목적격 보어가 clear인 5형식 문장 'The man made(v) that he objected to the plan(o) clear(oc)'이다. 목적어가 긴 경우, 『동사+가목적어(it)+목적격 보어(clear)+ 진목적어(that+s+v)』의 어순으로 영작한다.　*object to 명사 : ─에 반대하다

10 **The boss thinks it easy for the employee to finish the project.**

   ◐ 내용상 "프로젝트를 끝내는 것"과 "쉬운(easy)"이 O와 OC의 관계이므로 5형식으로 쓰되, 목적어는 to부정사를 사용하여 'to finish the project'로 쓸 수 있다. to부정사의 의미상 주어인 "그 직원이"는 to부정사의 의미상 주어로 to부정사(to finish) 바로 앞에 'for+목적격'(for the employee)으로 쓰고 목적어가 긴 경우에는 『동사+가목적어(it)+목적격 보어(easy)+to부정사의 의미상 주어(for the employee)+진목적어 (to+R)』의 어순으로 배열한다.

11 〈능률(양) 1과〉

   Do you find it difficult to face the new school year?
               추가

   ◐ "새 학년을 맞이하는 것"과 "어려운(difficult)"은 내용상 목적어와 목적격 보어의 관계이므로 5형식 문장으로 작성하되, to부정사를 활용한 목적어(to face the new school year)가 길어지는 경우는 가목적어(it)를 목적어 자리에 쓰고 진목적어는 문장의 끝에 써준다.

12 **Legibility makes it easier for people to remember information.**
                  추가   추가

   ◐ "정보를 기억하는 것"과 "쉬운(easy)"이 O와 OC의 관계이므로 5형식 문장(Legibility makes(v) to remember information(o) easier(oc)) 으로 작성하되, 목적어가 긴 경우(to remember information)에는 가목적어(it)를 목적어 자리에 두고, 진목적어를 문미에 쓴다. 진목적어(to remember)의 의미상 주어인 for people은 반드시 to부정사(진목적어) 바로 앞에 써야 한다.

13 **The local farmers found it difficult that they would grow the crop.**
                  추가

   ◐ "농작물을 키우는 것"과 "어려운"이 O와 OC의 관계이므로 5형식 문장으로 쓰되, 명사절을 활용한 목적어(that they would grow the crop)가 길 경우 가목적어(it)를 목적어 자리에 쓰고 진목적어는 문미에 써야 한다.

14 〈금성 3과〉

   I found it hard to narrow the gap between us.
         추가   추가

   ◐ 해석상 "간격을 좁히는 것"과 "어려운(hard)"은 O와 OC의 관계이므로 5형식 문장으로 쓰되, to부정사를 활용한 목적어(to narrow the gap)가 긴 경우는 가목적어(it)를 목적어 자리에 쓰고 진목적어는 문장의 끝에 쓴다.

15 **The conflicts between them make it extremely difficult for us to solve the problem.**
                        추가   추가   추가

   ◐ "문제를 해결하는 것"과 "어려운(difficult)"이 O와 OC의 관계이므로 5형식 문장으로 쓰되, 목적어는 to부정사를 사용하여 'to solve the problem'으로 쓸 수 있다. 목적어가 긴 경우는 목적어 자리에 가목적어(it)를 두고 진목적어는 문미에 쓴다. 또한 to부정사(진목적어)의 의미상 주어가 "우리(us)"이고 의미상 주어는 to부정사(to solve) 바로 앞에 'for+목적격'으로 써야 한다.

16 I think **it** hard <u>for</u> the candidate to be <u>elected</u> as a mayor.
               추가   추가   변화

○ "시장으로 선출되는 것"과 "어려운(hard)"이 O와 OC의 관계이므로 5형식 문장으로 쓰되, 목적어가 '수동'의 뜻이므로 to부정사의 수동형(to be p.p)
으로 써야 한다. 목적어가 긴 경우(to be elected as a mayor) 목적어 자리에 가목적어(it)를 두고 진목적어는 문미에 쓰며 to부정사(진목적어)의
의미상 주어인 'the candidate'는 to부정사 바로 앞에 'for+목적격'으로 써야 한다.

17 The manager makes **it** a rule to get the project <u>done</u> in a week.
                       추가   변화

○ 'make it a rule to R'은 "–하는 것을 규칙으로 삼다"라는 뜻으로, 가목적어 it이 들어간 표현을 활용한다. 5형식에서 'get'은 OC자리에 to부정사(to
do)를 취하나, 목적어(the project)가 동작을 당하는 '수동'의 의미에서는 과거분사(done)를 쓴다.

18 Learning foreign languages <u>makes</u> **it** possible to get more job opportunities.
       변화   변화 추가

○ 주어 부분인 "외국어를 배우는 것"은 동명사 주어(Learning foreign languages)를 활용하여 쓰고 동명사는 단수 취급하므로 단수동사(makes)
를 써야 한다. 술부에서 "더 많은 직업의 기회를 얻는 것"과 "가능한(possible)"이 O와 OC의 관계이므로 5형식 문장으로 쓰되, 목적어가 긴 경우
(to get more job opportunities) 목적어 자리에 가목적어(it)를 두고 진목적어는 문미에 쓴다.

19 Koreans find **it** difficult <u>to</u> predict where the earthquake will occur.
               추가   추가

○ "지진이 어디서 일어날지를 예측하는 것"과 "어려운(difficult)"이 O와 OC의 관계이므로 5형식 문장으로 쓰되, 이와 같이 목적어가 긴 경우 『동
사+가목적어(it)+목적격보어(difficult)+진목적어(to R)』의 어순으로 배열한다. 동사(predict)의 목적어인 "지진이 어디서 일어날지"는 간접의문문
(의+S+V)을 활용하여 쓸 수 있다.

20 The CEO believes **it** effective <u>to</u> encourage the employee <u>to</u> have more free time.
                   추가   추가   추가

○ 내용상 "직원에게 더 많은 자유시간을 갖도록 장려하는 것"과 "효과적인(effective)"이 O와 OC의 관계이므로 5형식 문장으로 쓰고 목적어가 긴 경
우 『동사+it(가목적어)+목적격보어(effective)+to부정사(진목적어)』의 어순으로 배열한다. 목적어 자리의 동사 'encourage'는 OC자리에 to부정사
(to have)를 취한다.

7. 수동태

01 **The ticket for the movie can be bought in advance.**

　❍ 동사가 "구매될 수 있다"이므로, '조동사가 있는 문장의 수동태(조동사 can be p.p)'로 쓴다.　*in advance: 미리, 앞서서

02 **The festival has been celebrated since 2000.**

　❍ 동사가 "거행되어 오고 있다"의 의미이므로 '완료형 수동태(have/has/had+been+p.p)'를 활용하여 "–되어 오다/왔다"의 의미를 표현할 수 있다.

03 **The problem is being discussed by the staff.**

　❍ 동사인 "토론되는 중이다"는 '진행형 수동태(be being p.p: –되는 중이다)'를 활용하여 쓸 수 있다.

04 〈능률(김) 6과〉

　The foundations for the bridge's two towers were being built.

　❍ "지어지는 중이었다"는 '진행형 수동태(be being p.p: –되는 중이다)'를 활용하여 쓸 수 있다.

05 **The airplane was seen to pass in the sky by us.**

　❍ 지각동사(see)가 있는 능동태 문장(We saw the airplane pass in the sky)을 수동태로 고칠 경우, 목적격 보어(pass) 앞에 to를 붙여 to부정사(to pass)로 쓰거나, 현재분사(passing)로 고친다. 행위자(by us)는 생략가능하다.

06 **There is a higher chance of being exposed to disease in the city.**

　❍ 'There+be동사+S(S이/가 있다)'의 문장으로 배열하되, "질병에 노출될 가능성이"의 주어 부분은 전치사 of(동격)의 목적어로 동명사(exposing)를 써서 배열할 수 있다. 그러나 내용상 "질병에 노출되는"은 '수동'이므로, '동명사의 수동형(being+p.p)'을 써야 한다(being exposed).
　*be exposed to+명사/동명사: –에 노출되다

07 〈능률(양) 4과〉

　There wasn't an unhappy face to be seen.

　❍ 내용상 "보여지는 불행한 얼굴"이라는 '수동'의 의미이므로 to부정사의 수동태(to be p.p)를 써야 한다.

08 〈시사(한) 1과〉

　Remember that you have been given a gift.

　❍ 명령문이므로 동사원형(Remember)으로 시작하되, "선물을 받았다"의 표현은 완료형 수동태(have been p.p)를 활용한다.

09 〈시사(박) 7과〉

　Richard's Lion Lights are now being used all over Kenya.

　❍ 동사인 "사용되는 중이다"는 '진행형 수동태(be being p.p: –되는 중이다)'를 활용하여 쓸 수 있다.

10 **My colleague was made to hand in his resignation.**

　❍ 술어 부분인 "제출하도록 강요당했다"의 표현은 사역동사 make이 있는 문장의 수동태(be made to R)로 쓸 수 있다. 'to+R'은 능동태에서 목적격 보어로 있던 동사원형을 수동태에서 to부정사(to hand)로 고친 형태이다.　*hand in: –을 제출하다

11 〈비상 7과〉

The efficiency of this natural design is now **being tested**.

변화　변화

○ 동사인 "테스트되는 중이다"는 '진행형 수동태(be being p.p: ―되는 중이다)'를 활용하여 쓸 수 있다.

12 〈시사(박) 1과〉

Your dreams are not something to **be caged** in your mind.

추가　변화

○ "갇혀 있어야 하는 것"의 표현은 내용상 'something'과 'cage'가 '수동'의 관계이므로 동사(cage)는 to부정사의 수동태(to be p.p)로 something을 수식해야 한다. *cage: v.우리[새장]에 가두다

13 We were **made to** work on the project as a group.

변화　추가

○ 술어 부분인 "작업하도록 지시받았다"의 표현은 사역동사(make)가 있는 문장의 수동태(be made to R)로 쓸 수 있다. 'to+R'은 능동태에서 목적격 보어로 있던 동사원형을 수동태에서 to부정사(to work)로 고친 형태이다.

14 〈동아 6과〉

Minhwa of yesterday **is being** reborn to represent the Korean culture of today.

추가　추가

○ "다시 태어나고 있다"는 '진행형 수동태(be being p.p: ―되는 중이다)'를 활용하여 쓸 수 있다.

15 〈지학 4과〉

The number 8 **has** long **been regarded** as the luckiest number in Chinese culture.

변화　변화　변화

○ 동사가 "간주되어 왔다"이므로 '완료형 수동태(have/has/had+been+p.p)'를 활용하여 "―되어 오다/왔다"의 의미를 표현할 수 있다.

16 How the decisive evidence was found **was being discussed**.

변화　변화　변화

○ 주어인 "결정적 증거가 어떻게 발견되었는지"는 간접의문문(의+S+V)을 활용하여 쓰고 단수 취급하므로 단수동사(was)를 써야 한다. 동사 "논의되는 중이었다"는 '진행형 수동태(be being p.p: ―되는 중이다)'를 활용한다.

17 〈시사(한) 7과〉

It is **expected that** the church will **be completed** in 2026.

변화　추가　　추가　변화

○ 동사가 "예상된다"이므로 수동태(is expect)로 쓰고 "성당이 2026년에 완공될 거라고"의 표현은 명사절(that S V)을 활용하여 쓰되, "완공될 것이다"는 'will be p.p'로 표현한다. 주어가 길어지는 경우는 가주어(it)를 문두에 쓰고 진주어는 문미에 쓴다.

18 A few people think <u>it</u> possible <u>for</u> the history to be <u>distorted</u>.
         추가   추가   변화

❍ "왜곡되는 것"과 "가능한(possible)"이 O와 OC의 관계이므로 5형식 문장으로 쓰되, "왜곡되는 것"이 '수동'의 의미이로 to부정사의 수동형(to be p.p)을 써야 한다. 목적어가 긴 경우 『동사+it(가목적어)+목적격보어(possible)+to부정사(진목적어)』의 어순으로 배열하고 to부정사(to be distorted)의 의미상 주어인 'the history'는 to부정사 바로 앞에 'for 목적격'으로 쓴다.

19 Government officials expect the flood damage <u>to</u> <u>be</u> <u>recovered</u> soon.
                                                    추가 추가   변화

❍ "홍수피해"와 "회복하다(recover)"가 O와 OC의 관계이므로 5형식 문장으로 쓰되, 동사 'expect'는 OC자리에 to부정사를 쓴다. 주의할 점은 O와 OC가 '수동'의 관계이므로 OC자리에 to부정사의 수동형(to be p.p)을 써야 한다는 점이다.

20 The apartment strong enough <u>to</u> withstand an earthquake <u>has</u> <u>been</u> <u>built</u> since then.
                                추가   변화   추가   변화

❍ 주어(The apartment)를 수식하는 "지진을 견딜 만큼 충분히 강한"은 "–하기에 충분히 ~한/–하게"라는 표현인 『형용사/부사+enough to+R』 구문을 활용하여 쓴다. 동사 "세워지고 있다"는 '완료형 수동태(have/has/had+been+p.p)'를 활용하여 "–되어 오다/왔다"의 의미를 표현할 수 있고 'since then'은 문장 앞에 위치해도 된다.

8. 분사

01 〈비상 7과〉

There is still much left to discover.

  ❍ 주어진 우리말이 "— S 이/가 있다"의 의미이므로 'There be동사 S —'의 형태로 문장을 써야 하고 "남아 있는"의 뜻을 갖는 '수동'의 과거분사 (left)가 주어(much)를 수식하도록 쓴다.

02 **There is a well-known study conducted on coffee.**

  ❍ "실시된 유명한 실험"에서 "실시된"이 '수동'의 의미로 명사를 수식하므로, 과거분사(conducted)가 주어인 명사(a well-known study)를 꾸미도 록 해야 한다.

03 **He lifted the exhausted fish from water.**

  ❍ '지치게 하는(exhausting)'이 아닌, '지쳐 있는'의 의미이므로 과거분사형(exhausted)을 써야 한다.

04 **The farmer felt satisfied with the man's work.**

  ❍ 농부가 '만족해하는' 경우이므로, 감정동사의 과거분사형(satisfied)을 쓴다. 무언가를 '만족시키는 경우'에는 감정동사의 현재분사형(satisfying)을 쓴다. *be(feel) satisfied with-: -에 만족해하다

05 〈능률(김) 2과〉

We can reduce the amount of trash thrown away.

  ❍ "버려지는"의 뜻을 갖는 '수동'의 과거분사(thrown)가 목적어(trash)를 수식하도록 한다.

06 〈다락원 2과〉

The surrounding mountains are covered with snow.

  ❍ 'surrounding'은 "주변의"라는 현재분사로 명사(mountains)를 수식하도록 쓰고 'be covered with(=-으로 덮여 있다)'는 과거분사를 포함한 숙어적 표현이다.

07 〈능률(김) 7과〉

The secret lies in hanji's amazing physical properties.

  ❍ 감정동사(amaze)의 현재분사(amazing)는 "놀라운"의 뜻으로 현재분사(amazing)가 명사(physical properties)를 수식하도록 쓴다.
    cf) amazed: 놀란 *lie in-: -에 있다

08 〈비상 6과〉

Pop-up promotions on the Internet can be annoying.

  ❍ 감정동사(annoy)의 현재분사(annoying)는 "짜증 나게 하는"의 뜻으로 문장 내에서 주격보어로 쓰이고 있다.
    cf) annoyed: 짜증 나는

09 **Students entered the classroom carrying a flower made out of paper.**

  ❍ "종이로 만들어진 꽃을 들고"라는 표현은 '만들어진 꽃'이 '수동'의 의미이므로 과거분사(made)가 명사(a flower)를 수식하도록 해야 하고, '꽃을 들 고'는 '능동'의 뜻으로 현재분사(carrying)를 써서 'carrying a flower'로 써야 한다.

10 〈능률(김) 8과〉

Teens' brains are still maturing and not completely developed.

○ "자라는 중이다"는 현재분사(maturing)를 활용하여 현재진행형(be+v-ing)으로 쓰고 "발달되지 않았다"는 과거분사(developed)를 활용하여 수동태(be+p.p)로 표현한다. 접속사 and 뒤에 be동사(are)가 생략되어 있다.

11 〈시사(한) 4과〉

He developed a small listening device <u>using</u> an old cell phone.
변화

○ 내용상 "~을 사용하여"는 '능동'의 뜻이므로 현재분사(using)를 사용한다.

12 〈능률(김) 3과〉

He leads a <u>boring</u> life <u>filled</u> with daydreams.
            변화   변화

○ "지루한"은 감정동사의 현재분사(boring)로 쓰고, "~으로 가득 찬(가득 채워진)"은 '수동'의 뜻이므로 과거분사(filled)를 활용하여 목적어 'a boring life'를 수식한다.

13 〈능률(양) 4과〉

Two <u>boiling</u> bowls were <u>placed</u> on our table.
      변화   변화

○ "끓는"은 '능동'의 의미로 명사(bowls)를 수식하므로 현재분사(boiling)를 써야 하고 동사 "놓여졌다"는 '수동'의 의미이므로 수동태(be p.p)로 표현한다.

14 〈금성 7과〉

K-pop is <u>gaining</u> large profits <u>using</u> <u>advanced</u> technologies.
       변화   변화   변화

○ 동사가 "얻고 있다"이므로 현재진행형(be+v-ing)으로 쓰고 "진보된 기술들을 사용하여"의 표현은 '수동(=진보된)'의 의미로 명사(technologies)를 수식하므로 과거분사(advanced)를 써야 한다. 또한 "~을 사용하여"는 '능동'의 뜻이므로 현재분사(using)를 활용한다.

15 〈시사(박) 3과〉

The Maine Lobster Festival is a celebration of dishes <u>made</u> from fresh lobsters <u>caught</u> off the coast of Maine.
       변화   변화

○ "~로 만든[만들어진] 요리"는 '수동'의 의미로 명사(dishes)를 수식하므로 과거분사(made)를 써야 하고 "잡힌 신선한 바닷가재"도 '수동'의 의미로 명사(lobsters)를 수식하므로 과거분사(caught)를 쓴다.

16 〈능률(김) 3과〉

He expects the others <u>to</u> praise his <u>amazing</u> ability.
       추가   변화

○ "다른 이들이"와 "칭찬해 줄 것"이 O와 OC의 관계이므로 5형식 문장으로 쓰되, 동사 expect가 OC로 to부정사를 취하므로 'to praise'로 써야 한다. 또한 "놀라운 능력"에서 "놀라운"은 감정동사의 현재분사형(amazing)으로 쓴다.

17 **The instructor found it hard <u>to</u> make <u>bored</u> students focus on the class.**
                                       추가   변화

◐ "지루해하는 학생들이 수업에 집중하도록 하는 것"과 "어려운(hard)"이 O와 OC의 관계이므로 5형식 문장으로 쓰되, to부정사를 활용하여 목적어를 쓰면 'to make bored students focus on the class'이다. 여기에서 사역동사(make)의 목적어인 "지루해하는 학생"은 감정동사의 과거분사형(bored students)으로 써야 하고 이와 같이 O가 긴 경우에는 『동사+it(가목적어)+목적격보어(hard)+to부정사(진목적어)』의 어순으로 배열한다.

18 **The new treatment <u>developed</u> in other countries is <u>being</u> <u>considered</u> innovative.**
                              변화   변화   변화

◐ "개발된 그 새로운 치료법"에서 "개발된"은 '수동'의 의미로 명사(treatment)를 수식하므로 과거분사(developed)를 써야 하고 동사 "고려되고 있다"는 '진행형 수동태(be being p.p: −되는 중이다)'를 활용하여 쓸 수 있다.

19 **It was <u>exciting</u> and <u>shocking</u> <u>to</u> watch the newly <u>released</u> film.**
              변화   변화   추가   변화

◐ 내용상 "새로 나온 그 영화를 보는 것"이 주어이고 to부정사를 활용하여 쓰면(명사적 용법) 'to watch the newly released film'인데 주의할 점은 "나온[출시된]"이 '수동'의 의미이므로 과거분사(released)를 써야 한다는 점이다. 주어가 길 경우 보통 가주어(it)를 문두에 두고 진주어는 문미에 쓴다. 또한 "흥미롭고 충격적인"은 감정동사의 현재분사형으로 표현한다.

20 **The <u>postponed</u> plan stopped our company from <u>taking</u> the initiative.**
            변화   변화

◐ "연기된 계획"은 '수동'의 의미로 명사(plan)를 수식하므로 과거분사(postponed)를 써야 하고 'stop O from v−ing'는 "O가 −하지 못하게 하다"의 뜻을 가진 동명사가 들어간 자주 쓰이는 표현이다.

9. 분사구문

01 **After considering his offer, I decided to turn it down.**

    ◐ "그의 제안을 고려해 본 후"라는 표현은 종속절 'After I considered his offer'로 쓸 수 있고, 이를 분사구문으로 고치면, 'Considering his offer'이나, 접속사의 의미를 분명히 하기 위해, 분사구문에 접속사(after)를 쓰기도 한다. *turn down: 거절하다

02 **Not knowing the location of her house, I waited for her in the street.**

    ◐ "그녀의 집의 위치를 몰랐기 때문에"를 종속절로 쓰면 'As I didn't know the location of her house'이고, 분사구문으로 고치면, 'Not knowing the location of her house'이다. 분사구문의 부정은 분사 바로 앞에 not 또는 never를 써야 한다.

03 **Having worked late at night, I am tired now.**

    ◐ "밤늦게까지 일했기 때문에"를 종속절로 쓰면, 'As I worked late at night'이고, 주절(I am tired now)보다 '이전의 일'은 완료형 분사구문 (Having p.p)으로 표현하므로 'Having worked'를 써야 한다.

04 **Although puzzled by her answer, he hired her.**

    ◐ '그녀의 대답에 당황스러웠지만'을 종속절로 쓰면, 'Although he was puzzled by her answer'이고, 분사구문으로 고치면 '(Being) puzzled by her answer'이지만, being은 보통 생략한다. 접속사의 의미를 명확히 하기 위해 접속사(although)를 분사 앞에 쓸 수 있다.

05 **Overjoyed, the emperor gave him a lot of gold.**

    ◐ 'Overjoyed'는 종속절 'While he was overjoyed'를 분사구문 'Being overjoyed'로 고친 형태로, being은 주로 생략한다.

06 **My son lay on his side, imitating his father's sleeping position.**

    ◐ 'imitating' 이하의 구문은 종속절 'while he imitated his father's sleeping position'을 분사구문으로 쓴 형태이다.

07 **Taken prisoner by his enemies, he complained about the treatment by them.**

    ◐ 'Taken prisoner by his enemies'은 종속절 'After he was taken~'을 분사구문으로 쓴 형태로, 'being taken prisoner by his enemies'에서 being이 생략된 형태이다.

08 **The criminal approaches with his head bowed.**

    ◐ "고개를 숙인 채"라는 표현은 'with+O+v-ing/v-ed' 형태로 쓸 수 있고, "O가 –하면서/–한 채로"의 의미이다. "머리(목적어)"는 '스스로 숙이는 것'이 아닌, 동작을 당하는 '수동'의 의미이므로 과거분사(bowed)를 써야 한다.

09 〈시사(한) 1과〉

    They go around town in a truck, waving and celebrating the day with community.

    ◐ "손을 흔들고 주민들과 함께 그날을 축하하며"의 표현은 종속절 'while they wave and celebrate the day with community'를 분사구문으로 표현할 수 있다. '능동'의 뜻이므로 현재분사를 병렬시켜 쓴다.

10 〈시사(한) 7과〉

    Begun in 1882, it has been under construction for more than one hundred years.

    ◐ 종속절 'As it was begun in 1882'를 분사구문으로 쓰면 'Being begun in 1882'이나 'Being'은 보통 생략한다.

11 〈시사(박) 4과〉

Finishing the note, Mike almost gave up on his life.
　　변화

❍ "메모를 끝낸 후"의 표현은 종속절 'After he finished the note'이고 분사구문으로 고치면 'Finishing the note'이다.

12 〈능률(김) 5과〉

The hermit thanked him, **handing** the king his spade.
　　　　　　　　　　　　　　변화

❍ "-하고는 왕에게 그의 삽을 건넸다"의 표현은 'and he handed the king his spade'이고 분사구문으로 쓰면 'handing the king his spade'이다.

13 〈시사(박) 8과〉

Born and **raised** in New York, Mr. Fine bought a farm.
　변화　　　　변화

❍ 'As he was born and raised'을 분사구문으로 쓰면 'Being born and raised'이나 'Being'은 보통 생략한다.

14 〈천재(김) 5과〉

She bowed to me with her palms **held** together.
　　　　　　　　　　　　　　　　　변화

❍ "손바닥을 붙인 채로"의 표현은 'with+O+v-ing/v-ed' 형태로 쓸 수 있고, "O가 -하면서/-한 채로"의 뜻이다. O인 "손바닥(palms)"이 동작을 당하는 '수동'의 의미이므로 과거분사(held)를 써야 한다.

15 〈시사(박) 6과〉

Having completed our volunteer work, we went by train to the nearby ruins.
　추가　　　변화

❍ 주절의 "유적지로 갔다"보다 그 이전에 "봉사활동을 마무리"한 것이므로 종속절을 쓰면 'After we had completed our volunteer work'이고 분사구문으로 쓰면 'Having completed our volunteer work'이다. 주절보다 더 이전의 일은 완료형 분사구문(having+p.p)으로 표현한다.

16 She complained about the food **served** by the waiter **with** her arms **crossed.**
　　　　　　　　　　　　　　　　변화　　　　　　　　추가　　　　　변화

❍ "팔짱을 낀 채로"의 영어표현은 'with+O+v-ing/v-ed' 형태로 쓸 수 있고, "O가 -하면서/-한 채로"의 의미이다. 목적어인 'her arms'가 스스로 '팔짱을 끼는' 것이 아닌, 동작을 당하는 '수동'이므로, 과거분사(crossed)를 써야 한다. 또한 "제공된 음식"에서 "제공된"은 '수동'의 의미로 명사(food)를 수식하므로 과거분사(served)를 써야 한다.

17 My friend is used to **studying with** music **playing** loudly.
　　　　　　　　　　　　　　변화　　추가　　　　　변화

❍ "큰 소리로 음악을 튼 채로"의 의미는 'with+O+v-ing/v-ed'의 형태로 표현할 수 있고, 자동사(play)는 '수동'의 의미로는 과거분사를 쓰지 못한다.
　*be used to 명사/동명사: -하는 데 익숙하다

18 Not **knowing** when the economy will be **recovered**, many investors feel anxious.
　　　　　변화　　　　　　　　　　　　　　　　　변화

○ "경제가 언제 회복될지를 모르기 때문에"를 종속절로 쓰면 'As they don't know–'로 쓰되, 'don't know'의 목적어로 간접의문문(의+S+V)을 활용하여 쓴다. 이를 분사구문으로 쓸 때 주의할 점은 부정어 not을 분사 바로 앞에 써야 한다는 점이다.

19 It is careless **of** you **to** leave your office **with** the light **turned** on.
　　　　　　　　　추가　추가　　　　　　　　　추가　　　　　　변화

○ "사무실을 떠나다니"를 to부정사를 활용하여 쓰면 'to leave your office'이고 보통 주어가 길어지면 가주어(It)와 진주어(to부정사)가 있는 문장으로 쓴다. '사람에 대한 판단의 형용사(careless)'가 있는 경우는 to부정사의 의미상 주어로 'of+목적격'을 쓰고 "불을 켠 채로"는 'with+O+v–ing/v–ed' 형태로 쓸 수 있다. 목적어(the light)가 동작을 당하는 '수동'이므로, 과거분사(turned)를 써야 한다.

20 **There being** many sponsors to help them, **collecting** donation **is** not so difficult.
　　　추가　변화　　　　　　　　　　　　　　변화　　　　　　변화

○ "그들을 도와줄 많은 후원자가 있기 때문에"를 종속절로 쓰면 'As there are many sponsors to help them'이고 종속절의 주어(There)와 주절의 주어(collecting)가 다르므로 분사구문으로 전환 시 주어(there)를 생략할 수 없다. 또한 주절의 주어인 "기부금을 걷는 것"은 동명사주어(collecting donation)를 사용하여 쓰고 동명사주어는 단수 취급하므로 단수동사(is)를 쓴다.

10. 관계사 1

01 〈시사(박) 8과〉

Not everyone can do what I did.

○ 동사(do)의 목적어인 "내가 했던 것을"은 관계대명사 what을 활용하여 'what I did'로 쓴다(명사절).
  *Not everyone: 모든 사람이 −인 것은 아닌(부분부정)

02 **We live in a society that values youth above age.**

○ "젊음에 가치를 두는 사회"를 쓸 때, "젊음에 가치를 두는"이 "사회"를 꾸미고 있으므로 "사회(a society)"를 선행사로 하여 관계대명사절(that values youth)이 수식하도록 단어를 배열하여 쓴다.

03 **What I learned at school was very useful.**

○ "내가 학교에서 배웠던 것은"이 주어 부분이고, 관계대명사 what절[what+(s)+v: −하는 것]을 활용하여 쓰되, what절은 단수 취급하므로 단수동사(was)를 써야 한다.

04 〈시사(박) 8과〉

I came up with what I consider a brilliant idea.

○ 동사 "떠올렸다"의 목적어인 "기가 막힌 아이디어라고 생각하는 것을"은 관계대명사 what절[what+(s)+v: −하는 것]을 활용하여 쓴다(명사절).
  *come up with− : −을 떠올리다/생각해내다

05 **He is an average−looking man whose teeth are not straight.**

○ 'He is an average−looking man'과 'His teeth are not straight'의 두 개의 문장에서 His 대신 소유격 관계대명사 whose를 써서 두 개의 문장을 결합한 문장이다.

06 **Fall semester is a time when students are under various types of pressure.**

○ 관계부사 when절(when students are under various types of pressure)이 선행사(a time)를 수식하고 있고, 관계부사(when)는 뒤에 완전한 문장이 이어진다.

07 〈능률(김) 4과〉

This family now has a safe place where they can lay their heads.

○ 내용상 "머리를 누일 수 있는"이 "안전한 장소"를 수식하므로 선행사(a safe place)를 관계부사절(where+S+V)이 수식하도록 배열한다.

08 **There is a reason why human cultures respected the old.**

○ "~가 있다"의 의미이므로 'There+be동사+S'의 형태로 단어를 배열한다. 또한 주어 부분이 "인간 문화가 노인들을 존중했던 이유가"이고, "인간 문화가 노인들을 존중했던"이 "이유"를 수식하므로, 선행사를 'a reason'으로 하여 관계부사절(why human cultures respected the old)이 선행사를 수식하도록 영작한다. 관계부사는 선행사와 함께 쓰일 때, 생략도 가능하다. *the 형용사(old): −한 사람들(=노인들)

09 Voting is a process by which a person expresses an opinion officially.

- ○ "한 개인이 의견을 공식적으로 표현하는"이 "과정"을 꾸미고 있으므로, 선행사(a process)를 관계사절(by which a person expresses an opinion officially)이 수식하도록 단어를 배열할 수 있다. which 뒤에 있던 전치사 by를 관계대명사(which)와 함께 쓰면, 관계대명사 이하의 문장도 완전해진다.   *부사(officially)는 동사(expresses) 앞에 써도 된다.

10 Let's create a safe, comfortable environment in which kids can play and study freely.

- ○ "안전하고 편안한 환경"을 "아이들이 자유롭게 놀 수 있고, 공부할 수 있는"이 꾸미고 있으므로, 전자를 선행사(관계사절의 수식을 받는 명사)로 하고, 후자를 관계사절(in which kids can play and study freely)로 하여 수식하도록 하면 된다. '전치사+관계대명사(in which)'는 뒤에 완전한 문장이 이어진다.

11 〈천재(이) 7과〉

What this hole does is control the air.
  추가   변화

- ○ 주어 "이 구멍이 하는 일"은 관계대명사 what절[what+(s)+v: ~하는 것]을 활용하여 쓰되, what절은 단수 취급하므로 단수동사(is)를 써야 한다. '(to) control'은 주격보어로 쓰이고 있다.

12 〈시사(박) 5과〉

What mattered most was the vividness of the moment.
  추가

- ○ which 삭제 : 주어 "가장 중요했던 것"은 관계대명사 what절(명사절)을 사용하여 쓸 수 있고, what은 다른 관계대명사와 달리 선행사를 필요로 하지 않는다.

13 The man whose necktie is red looks very healthy.
               추가

- ○ whom 삭제 : 'The man looks very healthy와 His necktie is red'에서 'His'대신 소유격 관계대명사 whose를 써서 두 개의 문장을 결합한 문장이고, 감각동사(looks) 뒤에 쓰인 형용사(healthy)는 주격보어이다.

14 The specialist with whom I work is kind of selfish and impolite.
                   추가

- ○ that 삭제 : 주어 부분인 "함께 일하는 그 전문가"는 선행사(The specialist)가 관계대명사절(with whom I work)의 수식을 받는 문장으로 영작할 수 있다. 주의할 점은 전치사(with) 뒤에 관계대명사 'that'을 쓸 수는 없다는 것이다.   *kind of : 다소

15 〈비상(홍) 3과〉

This project may change the way people think about food.

- ○ how 삭제 : "사람들이 음식에 대해 생각하는"이 "방식(the way)"을 수식하고 있으므로 선행사를 "방식(the way)"으로 하여 관계사절(how people think about food)의 수식을 받도록 영작한다. 주의할 점은 선행사 'the way'와 관계부사 'how'를 함께 쓰지 못하므로 이 문장에서는 how를 삭제해야 한다.

16 〈능률(김) 3과〉

This is <u>what</u> makes you <u>special</u>.
    추가   변화

❍ "당신을 특별하게 만드는 것"의 표현은 관계대명사 what을 활용하여 주어(This)의 보어 자리(명사절)에 쓸 수 있다. 동사 'make'는 O와 OC를 취하는 5형식 동사로 OC에는 부사(specially)가 아닌 형용사(special)를 써야 한다.

17 〈시사(한) 5과〉

It was someone you had difficulty <u>working</u> with.
                                변화

❍ 내용상 "당신이 일하는 데 어려움을 겪게 한"을 관계대명사절로 하여 선행사(someone)를 꾸미도록 영작할 수 있다. 관계대명사절에 전치사(with)의 목적어가 없는 불완전한 문장이므로 선행사(someone) 뒤에 관계대명사가 생략되어 있다.

18 〈시사(박) 2과〉

Consider some of the <u>fascinating</u> ways in <u>which</u> animals are <u>involved</u> in everyday English.
                         변화   추가   변화

❍ "동물이 일상영어과 관련되어 있는"이 "흥미로운 방식(the fascinating ways)"을 수식하므로 관계사절이 선행사를 후치수식하도록 쓴다. 또한 "흥미로운"과 "관련된"은 분사형으로 내용상 각각 'fascinating'과 'involved'로 쓴다.

19 We found <u>it</u> difficult to satisfy <u>what</u> the customer really wanted.
            추가   추가

❍ "그 고객이 진정으로 원하는 것을 만족시키는 것"과 "어려운(difficult)"이 O와 OC의 관계이므로 5형식으로 쓰되, O가 긴 경우 『동사+it(가목적어)+목적격 보어(difficult)+to부정사(진목적어)』의 어순으로 배열한다. 동사 'satisfy'의 목적어인 "진정으로 원하는 것"은 관계대명사 what을 활용하여 목적어 자리(명사절)에 쓸 수 있다.

20 <u>Exploited</u> in <u>developing</u> countries, the farmland in <u>which</u> farmers grow the crops is decreasing.
     변화   변화   추가

❍ "개발도상국가에서 개발되어서"를 종속절로 쓰면 'As it is exploited in developing countries'이고 분사구문으로 고치면 'Being exploited in developing countries'이나 보통 'Being'은 생략한다. 또한 "농부들이 곡식을 키우는 농경지"는 "농경지(the farmland)"를 선행사로 하여 관계사절(in which farmers grow the crops)의 수식을 받도록 쓴다. '전치사+관계대명사' 뒤에는 완전한 문장이 나온다.
*exploit : 개척[개발]하다, 이용하다, 착취하다

11. 관계사 2

01 **Whoever comes early will get free coffee.**

❍ "일찍 오는 누구든지"가 주어이므로 복합관계대명사절(whoever+v-: "-하는 누구든지")을 활용하여 주어를 완성한다.

02 **Whatever my wife cooks is very fantastic.**

❍ 복합관계대명사절(whatever+s+v: -하는 것은 무엇이든지)을 활용하여 주어인 "내 아내가 요리하는 것은 무엇이든"을 쓰고, 복합관계대명사절은 단수취급하므로 단수동사(is)를 써야 한다. be동사(is) 뒤의 형용사(fantastic)는 주격보어로 쓰이고 있다.

03 **This fish lives on small insects, which can be found under ground.**

❍ 관계대명사의 계속적 용법으로 which가 사용된 문장인데, 여기에서, which는 and they(=insects)의 의미이다.

*live on-: -을 먹고살다

04 **He has collected various kinds of vehicles, some of which are very rare.**

❍ "-하고 그들 중 몇몇은"의 표현은 계속적 용법의 관계대명사를 활용하여 '대명사(some)+of+관계대명사(which)'로 나타낼 수 있다. 여기에서 which는 두 개의 문장을 연결(접속사 and의 역할)하고 동시에 대명사(them=vehicles)의 역할을 한다. 2개의 문장이 연결되기 위해서는 관계대명사(=연결어)가 있어야 하므로 which 대신 대명사(them)를 쓰지 않도록 주의해야 한다.

05 〈능률(양) 3과〉

No matter how simple it is, it can bring a change.

❍ "아무리 -할지라도"의 뜻은 'No matter how 형용사/부사 S+V'로 표현할 수 있고, 'no matter how'는 복합관계부사 however로 바꿔 쓸 수도 있다.

06 〈능률(양) 7과〉

The guests simply eat whatever Marisa is cooking that day.

❍ 동사(eat)의 목적어 자리에 있는 "-한 것은 무엇이든지"의 표현은 복합관계대명사절(whatever+s+v)을 활용하여 쓸 수 있다.

07 **The performance attracted young people, most of whom caused the traffic jam.**

❍ "-하고 그들 대부분은"의 표현은 계속적 용법의 관계대명사를 활용하여 '대명사(most)+of+관계대명사(whom)'로 나타낼 수 있다. 여기에서 whom은 두 개의 문장을 연결(접속사 and의 역할)하고 동시에 대명사(people=them)의 역할을 한다. 2개의 문장이 연결되기 위해서는 관계대명사(=연결어)가 있어야 하므로 whom 대신 대명사(them)를 쓰지 않도록 주의해야 한다.

08 **No matter how hard I ran, I couldn't catch up with him.**

❍ 'No matter how 형용사/부사 S+V'는 "아무리 -하더라도"의 의미로, 'no matter how'는 복합관계부사(however)로 바꿔 쓸 수 있다.

*catch up with-: -을 따라잡다

09 〈시사(박) 2과〉

Whenever a white elephant was found, it was given to the king.

❍ "-할 때마다"의 표현은 복합관계부사(whenever+S+V)를 활용하여 쓰고 'at any time when+S+V'로 바꿔 쓸 수도 있다.

10 〈동아 6과〉

This kind of painting is called Minhwa in Korean, which means a folk painting.

❍ 관계대명사의 계속적 용법으로 which가 사용된 문장으로 여기에서, which는 and it(=Minhwa)의 의미이다.

11 **You should stop <u>what</u> you are now doing for your health.**
                          추가

❍ that 삭제 : 'stop'의 목적어인 "지금 하고 있는 것"은 관계대명사 what절을 활용하여 쓴다. what은 선행사를 별도로 취하지 않고 완전하지 않은 문장이 뒤따른다.

12 **He looked up to his parents, both of <u>whom</u> had a good reputation.**
                                            추가

❍ them 삭제 : 계속적 용법의 관계대명사를 '대명사(both)+of+관계대명사(whom)'의 형태로 쓰면 접속사(and) 없이도 2개의 문장을 연결함과 동시에 'whom'은 선행사(his parents)를 대신하는 대명사 역할도 한다. *look up to+명사: -을 존경하다(↔look down on)

13 〈시사(박) 8과〉

Carbon gas is produced, <u>which</u> <u>has</u> a harmful effect on the climate.
                          추가   변화

❍ "-하고 그것은"의 표현은 계속적 용법의 관계대명사 which(=and it)를 사용하여 쓸 수 있는데, 이 문장의 경우 선행사는 앞 문장 전체의 내용 (Carbon gas is produced)이고 이런 경우는 주어를 단수 취급(it)하므로 단수동사(has)를 써야 한다.

14 〈시사(박) 10과〉

<u>Whoever</u> has a healthy mind <u>is</u> capable of reading other people's minds.
    추가   변화

❍ 주어인 "건전한 마음을 가진 사람은 누구든지"는 'whoever(=anyone who)+V'를 활용하여 쓸 수 있고 단수 취급하므로 단수동사(is)를 써야 한다.

15 〈능률(김) 4과〉

<u>No matter how</u> scary the dream was, at least you've woken up safe and sound in your own home.
        추가

❍ "꿈이 아무리 무서웠다 하더라도"의 표현은 'No matter how 형용사/부사 S+V'(아무리 -하더라도)를 활용하여 쓸 수 있고 'no matter how'는 복합관계부사인 'however'로 바꿔 쓸 수도 있다.

What he did not know <u>was</u> how smart lions are.
   추가   변화

◐ 주어가 "그가 몰랐던 것"이고 관계대명사 what절(명사절)을 활용하여 쓰되, what절은 보통 단수 취급하므로 단수동사(was)를 써야 한다. 또한 "사자들이 얼마나 영리한지"는 주어의 내용을 보충해 주는 주격 보어에 해당하는 말로, 간접의문문(의문사+S+V)을 활용하여 쓴다.

17 <u>**Whoever**</u> makes a good suggestion will <u>be</u> <u>given</u> a gift certificate.
       추가   추가   변화

◐ 주어인 "좋은 제안을 하는 누구든지"는 'whoever(=anyone who)+V'를 활용하여 쓸 수 있고 동사 "주어질 것이다"는 조동사의 수동태(will be p.p)로 표현한다.

18 Each person is made <u>to</u> do <u>what</u> is necessary to reach the goal.
                           추가   추가

◐ that 삭제 : 술어 부분인 "하도록 지시받았다"의 표현은 사역동사(make)가 있는 문장의 수동태(be made to R)로 쓸 수 있다. 'to+R'은 능동태에서 목적격 보어로 있던 동사원형을 수동태에서 to부정사(to do)로 고친 형태이다. 또한 동사(do)의 목적어인 "필요한 것"은 선행사를 취하지 않는 관계대명사 what을 활용하여 쓴다(what is necessary).

19 Not <u>knowing</u> the location in <u>which</u> there is enough water, he can't stop <u>walking</u>.
       변화   추가   변화

◐ "위치를 모르기 때문에"를 종속절로 쓰면 'As he doesn't know the location'이고 분사구문으로 고치면 'Not knowing the location'인데 분사구문의 부정은 분사(knowing) 바로 앞에 부정어(not)를 써야 한다. "충분한 물이 있는 위치"는 선행사를 'the location'으로 하여 관계사절(in which there is enough water)이 수식하도록 하는데, '전치사+관계대명사' 뒤에는 완전한 문장이 이어진다. 또한 동사 stop은 목적어로 동명사(walking)를 취한다.

20 I found <u>interesting</u> storybooks, most of <u>which</u> were based on the truths.
                 변화   추가

◐ them 삭제 : 계속적 용법의 관계대명사 'which'는 두 개의 문장을 연결함(접속사 and의 역할)과 동시에 대명사(them=storybooks)의 역할을 한다. 2개의 문장이 연결되기 위해서는 관계대명사(=연결어)가 있어야 하므로 which 대신 대명사(them)를 쓰지 않도록 주의해야 한다. 또한 "흥미로운"은 'interest'의 현재분사형으로 써야 한다. cf) interested: 관심 있는

I found interesting storybooks and most of them(=storybooks) were based on the truths.
= I found interesting storybooks, most of which were based on the truths.

12. 접속사

01 〈천재(이) 6과〉

There is neither an orchestra nor an audience.

○ "A도 B도 아닌"의 뜻을 갖는 상관접속사 'neither A nor B'를 활용하여 쓴다.

02 **It is not a tomb but a tower.**

○ 「not A but B」는 "A가 아니라 B"의 뜻을 가진 상관접속사이고, A와 B에는 같은 종류의 품사가 쓰여야 한다. 즉, A와 B는 병렬구조가 되어야 한다.

03 **Two artists were not only rivals but also each other's greatest critics.**

○ 「not only A but (also) B」는 "A뿐만 아니라, B도"의 뜻을 가진 상관접속사이고, A와 B는 같은 문법형태와 구조가 쓰인다.

04 〈능률(양) 8과〉

Sports players as well as workers experience brain injuries.

○ "A뿐만 아니라 B도"의 표현은 'B as well as A'로 표현할 수 있고 B(Sports players)가 주어이므로 복수동사(experience)를 써야 한다. 'Not only workers (but) also sports players experience brain injuries'도 같은 의미이다.

05 **The child is either in the room or in the kitchen.**

○ 「either A or B」는 "A 또는 B 둘 중 하나"의 뜻을 갖는 상관접속사이다.

06 〈시사(박) 9과〉

Sports will become both more enjoyable and more exciting.

○ 'both A and B'는 "A와 B 둘 다"의 뜻을 갖는 상관접속사이고 A와 B는 병렬구조를 이루어야 한다.

07 〈능률(김) 5과〉

Please let me know so that I can return home.

○ "집으로 돌아갈 수 있도록"의 표현은 접속사 'so that S can'(S가 –하기 위하여/–하도록)을 활용하여 쓴다.

08 **It was such a frightening moment that Morgan ran away.**

○ 「such (a/an) (형용사) 명사 that S+V」는 '너무 ~해서 …하다'의 의미이다.

09 〈시사(박) 2과〉

Some people still hold the belief that crocodiles weep.

○ 동사 hold의 목적어인 "–라는 믿음"의 표현은 동격의 접속사 that을 활용하여 'the belief that S+V'로 표현한다.

10 〈시사(박) 3과〉

Almost one ton of lobsters are served to both locals and visitors.

❍ 'both A and B'는 "A와 B 둘 다"의 뜻을 갖는 상관접속사이고 A와 B는 명사가 병렬구조를 이루고 있다.

11 **Neither my dad nor Tom gets up late in the morning.**
                       추가   변화

❍ 「neither A nor B」는 "A도 B도 ―아닌"의 상관접속사이고, 주어가 B(Tom)이므로 단수주어(Tom)의 수에 맞게 단수동사(gets)를 써야 한다.

12 〈시사(박) 5과〉

They hid messages in their pictures so well that we might miss them.
                                          추가   추가

❍ "너무 ～해서 …하다"의 의미는 「so 형용사/부사 that S+V」 구문을 활용하여 영작한다. 부사 well은 동사(hid)를 꾸미고 있다.

13 〈시사(한) 5과〉

This speech was so powerful that it threatened Franklin's political career.
                       추가   추가

❍ "너무 ～해서 …하다"의 의미는 「so 형용사/부사 that S+V」 구문을 활용하여 영작한다. 형용사 powerful은 주격보어이다.

14 〈시사(박) 8과〉

Not only people but also food travels in this world of global trade.
       추가   추가   변화

❍ 「not only A but (also) B」는 "A뿐만 아니라, B도"의 뜻으로 B(food)가 주어이므로 단수동사(travels)를 써야 한다.

15 **The students as well as our teacher are interested in going to the concert.**
                   추가   추가   변화

❍ 「B as well as A」는 "A뿐만 아니라, B도"의 의미로, 「not only A but (also) B」와 같은 표현이다. 주의할 점은 이 두 표현의 경우, 모두 주어가 B(The students)이므로, 이 경우는 복수동사(are)를 써야 한다.

16 〈다락원 1과〉

Earthquakes are both dangerous and scaring.
                            추가   변화

❍ 'both A and B'는 "A와 B 둘 다"의 뜻을 갖는 상관접속사로 A와 B는 병렬구조를 이뤄야 한다. 주격보어로서 형용사(dangerous, scaring)가 병렬되고 있는데, 내용상 "무섭게 하는"의 의미이므로 감정동사의 현재분사형(scaring)을 써야 한다.

17 Neither his wife nor he knows how blessed they are..
    　　추가　　　　　　　　추가　　　　변화　　　　　변화

○ 주어인 "그의 아내도 그도"는 『neither A nor B』 "A도 B도 ─아닌"의 상관접속사를 활용하여 쓰되, 주어가 B(he)이므로, 단수 주어(he)의 수에 맞 게 단수동사(knows)를 써야 한다. 또한 동사(knows)의 목적어인 "얼마나 그들이 축복받았는지"는 간접의문문(의문사+S+V)을 활용하여 쓰고(명사 절), "축복받은"이라는 '수동'의 의미는 과거분사형(blessed)으로 표현해야 한다.

18 Try to do whatever is necessary so that you can achieve your dream.
    　　　　　　　　추가　　　　　　　　　　　추가

○ 술어 부분(Try to do)의 목적어인 "필요한 것은 무엇이든지"는 복합관계대명사 whatever를 활용하여 쓰고(명사절) "당신의 꿈을 이루기 위해"는 'so that S+can'을 가지고 영작할 수 있다.

19 My colleague was so busy completing the project that it was impossible to have a vacation.
    　　　　　　　　추가　　　　변화　　　　　　　　추가　　　　　　　　추가

○ "너무 ~해서 ...하다"의 의미는 『so 형용사/부사 that S+V』구문을 활용하여 영작하되, "끝내는 데 너무 바빠서"의 표현은 동명사가 들어간 'be busy v-ing'를 사용하여 쓴다. that절의 "휴가를 갖는 것이 불가능했다"의 표현은 "휴가를 갖는 것"을 to부정사를 사용하여 쓰면 'to have a vacation'이고 긴 주어를 써야 할 경우 보통 가주어(it)를 쓰고 진주어는 문미에 둔다.

20 〈능률(김) 6과〉

There were still many things he could not do despite all his efforts.
    　　　　　　　　　　　　　　　　　　　　　　추가

○ although 삭제 : 내용상 "그가 할 수 없는 일들"은 일들(things)을 선행사로 하여 관계대명사절(he could not do)의 수식을 받도록 배열할 수 있고 "그의 모든 노력에도 불구하고"는 전치사 'despite+명사'를 활용하여 쓴다.
    cf) although(접속사)+S+V

13. 비교

〈능률(김) 1과〉

01

Ethan worked just as hard as every other player.

○ 『A as 원급 as B』는 "A는 B만큼 ~한"의 뜻으로 동등비교 표현이다. 주의할 점은 원급에 부사(hard)도 포함된다는 점이다.

02 **This battery was five times as durable as that.**

○ "-의 몇 배로 ~한"의 의미는 『배수사 as 원급 as』 표현을 활용하여 쓸 수 있다. 'This battery was five times more durable than that' 도 같은 의미이다.

〈능률(양) 8과〉

03

The new black box was 60 times more protective than older types.

○ "-보다 몇 배 ~한"의 의미는 『배수사+비교급~+than~』 표현을 활용하여 쓰되, '배수사+as+원급+as'를 활용하여 'The new black box was 60 times as protective as older types'로 같은 의미를 표현할 수 있다.

〈능률(김) 7과〉

04

One of hanji's newest uses is a treat for the ears.

○ 'one of the+최상급+복수명사'는 "가장 -한 것들 중에 하나"의 의미로 one이 주어이므로 단수동사(is)를 써야 한다. 본래 최상급 앞에는 'the'를 써야 하나, 정관사(the)가 소유격(hanji's)과 함께 쓰일 수 없으므로 'the' 없이 쓰이고 있다. *treat : 특별한 것[선물], 대접, 즐거움

05 **The larger the hole gets, the longer it takes to fill it.**

○ "-하면 할수록, 그만큼 더 ~하다"의 비교급 표현은 『The 비교급 (S+V), the 비교급 (S+V)』이다.

〈다락원 5과〉

06

The larger the gursha, the stronger the friendship or bond.

○ "-하면 할수록, 그만큼 더 ~하다"의 표현은 『The 비교급 (S+V), the 비교급 (S+V)』로 쓴다.

07 **Children are even more sensitive to unhealthy chemicals.**

○ 비교급 바로 앞에 쓰인 'much/even/still/far/by far/a lot'은 비교급을 강조하는 표현으로, '훨씬'의 의미이다.
*be sensive to+명사 : -에 대해 민감하다

08 **I would rather buy my apartment than pay such a high rent.**

○ "B보다 A하는 편이 낫다"는 'would rather A than B'의 표현을 쓰고 주의할 점은 A와 B가 병렬구조를 이뤄야 한다는 점이다.
▶ 어순주의 : such+a(an)+형용사+명사

09 **Home education is no less important than school education.**

○ "A는 B못지않게 ~한"의 표현은 'A is no less ~ than B'을 활용한다.

10 His facial expression in the mirror was not so much serious as awkward.

○ "A라기보다는 오히려 B"의 원급표현은 'not so much A as B' 또는 'B rather than A'이다.

11 This old copy machine works <u>as</u> <u>efficiently</u> <u>as</u> a new one.
　　　　　　　　　　　　　　　　추가　변화　추가

○ "~만큼 −한"의 동등비교 표현은 『as 원급 as』로 쓰되, 원급에는 형용사뿐만 아니라, 부사도 포함된다는 사실에 유의해야 한다. 동사(works)를 수식하고 있으므로 부사(efficiently)를 써야 한다.

12 <u>The</u> <u>higher</u> production cost, <u>the</u> <u>more</u> expensive a thing.
　　　추가　변화　　　　　　　　　추가　변화

○ 『The 비교급 (S+V), the 비교급 (S+V)』표현을 활용하여 배열하고, 비교급 뒤의 주어와 동사는 문맥상 내용에 영향을 주지 않거나, 가리키는 것이 무엇인지 분명한 경우, 생략 가능하다. 이 예문의 경우, be동사(is)가 생략되어 있다.

13 〈능률(양) 7과〉

<u>The</u> <u>more</u> I practice the play, <u>the</u> <u>more</u> <u>closely</u> I seem to follow her path.
추가　변화　　　　　　　　　추가　변화　변화

○ "−하면 할수록, 그만큼 더 ~하다"의 표현은 『The 비교급 (S+V), the 비교급 (S+V)』로 쓴다. 형용사(close)는 동사(seem to follow)를 수식해야 하므로 부사(closely)로 고쳐야 한다.

14 The text−message usage of kids is over twice <u>as</u> <u>much</u> <u>as</u> that of adults.
　　　　　　　　　　　　　　　　　　　　　　　추가　변화　추가

○ "−의 몇 배 만큼 ~한"의 의미는 『배수사 as 원급 as−』표현을 활용하여 쓸 수 있다. 비교 대상은 동일해야 하므로 'that of adults'에서 that of를 빠뜨리지 않도록 해야 한다. (여기에서 that은 the text−message usage를 가리킨다)

15 〈천재(이) 3과〉

I hid the slippers behind me <u>as</u> <u>quickly</u> and <u>naturally</u> <u>as</u> I could.
　　　　　　　　　　　　　　추가　변화　　　　　변화　추가

○ "할 수 있는 한 빠르고 자연스럽게"는 'as 원급 as S can'을 활용하여 쓸 수 있고, 'as 원급 as possible'과 같은 의미이다. 동사(hid)를 수식하고 있으므로 부사(quickly, naturally)를 써야 한다.

16 My story is one of the most <u>interesting</u> survival <u>tales</u> ever <u>told</u>.
　　　　　　　　　　　　　　변화　　　　　　　변화　　　변화

○ "가장 −한 것들 중에 하나"의 의미는 『one of the 최상급 복수명사』표현을 활용하고 전치사 of 뒤에 복수명사가 온다는 점에 유의해야 한다. "흥미로운"은 현재분사형(interesting)으로 써야 하고, "전해지는"은 '수동'의 의미로 명사(survival tales)를 수식하므로 과거분사(told)로 쓴다.

17 〈천재(이) 6과〉

<u>Being</u> part of this choir <u>is</u> <u>as</u> good <u>as</u> <u>meeting</u> old friends.
변화　　　　　　　　　　　변화 추가　추가　변화

○ "A는 B만큼 ~한"의 뜻은 동등비교 표현인 『A(일원이 된 것) as 원급 as B(만나는 것)』으로 쓸 수 있고 주어인 "일원이 되는 것"은 동명사를 활용하여 'Being part'로 쓸 수 있다. 비교 대상은 같은 품사를 써야 하므로 "만나는 것"도 동명사(meeting)를 써야 한다. 동명사주어(Being)는 단수 취급하므로 단수동사(is)를 쓴다.

18 I saw the road <u>repaired</u> <u>so</u> <u>frequently</u> <u>that</u> I became <u>more</u> and more familiar with a loud noise.

변화 추가 변화 추가 변화

○ "너무 ~해서 …하다"의 의미는 『so 형용사/부사 that S+V』 구문을 활용하여 영작하되, "너무나 자주 도로가 수리되는 것을 봐서"는 지각동사(saw) 뒤의 목적어(the road)가 동작을 당하는 '수동'의 의미이므로 목적격 보어로 과거분사(repaired)를 써야 한다. 또한 과거분사(repaired)를 수식하기 위해서는 부사(frequently)를 써야 하며 "점점 더 익숙한"에서 "점점 더"는 '비교급 and 비교급'으로 표현한다.

19 It is necessary <u>to</u> exercise <u>as</u> often <u>as</u> possible <u>so</u> that you can stay healthy.

추가 추가 추가 추가

○ "운동하는 것이 필수적이다"의 표현은 "운동하는 것"을 to부정사(명사적 용법)를 활용하여 쓰면 'to exercise'이고 주어 부분이 길어지면 가주어(it)를 문두에 두고 진주어(to exercise~)는 문미에 쓴다. "가능한 한 자주"는 'as 원급 as possible'을 활용하고, "건강을 유지하기 위하여"는 'so that S+V'를 사용하여 쓴다.

20 I thought <u>it</u> much better <u>to</u> use public transportation not to be late for the class.

추가 추가

○ "대중교통을 이용하는 것"과 "더 좋은(better)"은 O와 OC의 관계이므로 5형식으로 쓰되, O가 길어질 경우는 가목적어(it)를 활용하여 『동사+it(가목적어)+목적격 보어(better)+to부정사(to use)』의 어순으로 배열한다. 비교급의 강조표현(much)은 비교급 바로 앞에 써야 하고(much better) "늦지 않기 위해"에서 to부정사의 부정은 to부정사 바로 앞에 부정어(not)를 써야 한다.

14. 가정법

01 〈동아 4과〉

You would be lucky if you could see even one or two stars.

◯ '현재사실과 반대되는 일'을 가정할 때는 가정법 과거[S 조동사의 과거형+R, if S 동사의 과거형(be동사는 were)]로 표현한다. if절은 문두에 써도 된다(=If you could see even one or two stars, you would be lucky).

02 〈지학 7과〉

If you weighed 60 kilograms, you would weigh only about 23 kilograms on Mars.

◯ '현재 사실과 반대되는 일'을 가정할 때는 가정법 과거[If S 동사의 과거형(be동사는 were), S 조동사의 과거형+R]로 표현한다.

03 〈능률(김) 5과 일부 응용〉

If you hadn't helped me, that man would've attacked you.

◯ 가정법 과거완료(If S had p.p, S 조동사의 과거형 have p.p)는 '과거 사실에 대한 반대되는 일'을 가정할 때 쓰는 표현으로 'As you helped me, that man didn't attack you'의 의미이다.

04 **If I had joined the army, I could be proud of myself now.**

◯ 과거의 실현되지 못한 일(군대에 가지 않은 일)이 현재까지 영향을 미칠 때(자신이 자랑스럽지 않은 일) '혼합가정법'을 사용하여 표현하고, 『If S had p.p ~, S 조동사(과거형)+R ~』의 형태를 쓴다.

05 **I wish my son were a model student doing homework well.**

◯ 『I wish S V(과거형)~』은 '가정법 과거'로 "–라면 좋을 텐데"의 의미이다. 'I am sorry that my son isn't a model student doing homework well'과 같은 의미이다. 가정법 과거에서 be동사는 'were'를 사용하고, doing은 a model student를 수식하는 현재분사이다.
*a model student : 모범생

06 **I wish I had studied harder when I was a high school student.**

◯ 『I wish S had p.p~』는 '가정법 과거완료' 표현으로 "–했다면 좋았을 텐데"의 의미이며 직설법으로 쓰면 'I am sorry that I didn't study harder when I was a high school student'이다. when절은 문두에 위치해도 된다.

07 **My friend walks powerfully as if he were a soldier.**

◯ 『as if S V(과거형)』은 '가정법 과거' 표현으로 "마치 –인 것처럼"의 의미이다. 'In fact, my friend isn't a soldier'로 바꿔 쓸 수 있다.

08 **Jack talks as if he had lived in the U.S.A in 2011.**

◯ 『as if S had p.p』은 '가정법 과거완료' 표현으로 "마치 –였던 것처럼"의 의미이다. 'In fact, Jack didn't live in the U.S.A in 2011'과 같은 표현이다.

09 〈비상 4과〉

My trip to Venice would not be complete without a gondola ride.

○ '현재 사실과 반대되는 일'을 가정할 때는 가정법 과거로 쓰고 주절은 'S 조동사의 과거형+R'로 쓰는데, 'without+명사'는 if절을 대신할 수 있는 표현이다. 또한 가정법 과거에서 'Without+명사'는 'If it were not for+명사' / 'Were it not for+명사' / 'But for+명사'로 바꿔 쓸 수 있다.

10 〈시사(박) 8과〉

Without ice cream, my happiness couldn't be complete.

○ "―이 없다면"은 if절을 대신할 수 있는 'without+명사'를 활용할 수 있고 '현재 사실의 반대를 가정하고 있으므로 '가정법 과거'로 주절은 'S 조동사의 과거형+R'로 쓴다. 이때 'Without+명사'는 'If it were not for+명사' / 'Were it not for+명사' / 'But for+명사'로 바꿔 쓸 수 있다.

11 〈능률(김) 5과〉

I would have died if you hadn't saved my life.
    변화   추가 변화   변화

○ '과거 사실에 대한 반대되는 일'을 가정할 때는 가정법 과거완료(If S had p.p, S 조동사의 과거형 have p.p)로 표현한다. 직설법으로 표현하면 'As you saved my life, I didn't die'이다.

12 **I wish I knew how to cope with the problem.**
     추가   변화

○ 「I wish S+V(과거형)~」는 '가정법 과거' 표현으로 "―라면 좋을 텐데"의 의미이다. 직설법으로 쓰면 'I am sorry that I don't know how to cope with the problem'이다. *cope with : ―에 대처하다

13 **If I had bought the book online, I would have [got]gotten a discount.**
     추가   변화   변화   추가   변화

○ '가정법 과거완료'는 「If S had p.p~, S 조동사(과거형) have p.p~」의 형태를 취하고, '과거 사실의 반대' 또는 '과거의 불가능한 일'을 가정하는 표현이다. *get a discount : 할인을 받다

14 〈금성 7과〉

The audience feels as if the singer were actually on stage.
         추가   변화

○ 「as if S V(과거형)」은 '가정법 과거' 표현으로 "마치 ―인 것처럼"의 의미이다. 'In fact, the singer is not on stage'와 같은 의미이다. 주의할 점은 가정법 과거에서 be동사는 수와 관계없이 'were'로 쓴다는 것이다.

15 **Were I a president of Korea, I would stay in the Blue-House.**
    변화   변화

○ if 삭제 : 가정법 과거문장인 'If I were a president of Korea'에서 접속사 If가 생략이 되면, 동사 were가 문장 앞으로 가서 주어(I)와 동사(Were)가 도치된 문장이 만들어진다. 가정법 과거문장이므로 주절은 'S 조동사(과거형)+R'으로 써야 한다.
   *Blue-House : 청와대

16 **Had** the students **known** the accident in advance, they wouldn't **have** **boarded** the ship in 2014.
변화   변화   추가   변화

○ if 삭제 : 가정법 과거완료문장인 'If the students had known the accident in advance'의 형태에서, 접속사 If가 생략되면, 동사 had가 문장 앞으로 가서, 주어(the students)와 동사(had)가 도치된 문장이 만들어진다. 가정법 과거완료문장이므로 주절은 'S 조동사(과거형) have p.p'로 써야 한다.

17 〈시사(박) 8과〉

Without[But for/Were it not for/If it were not for] electricity and transportation, we **would** have to
추가

live like primitive people.

○ 현재 사실의 반대를 가정하는 문장(가정법 과거)에서 "~이 없다면"의 표현은 'Without+명사'나 'If it were not for+명사' / 'Were it not for+명사' / 'But for+명사'로 쓸 수 있다. 또한 주절은 'S+조동사(과거형)+R'로 써야 한다.

18 〈다락원 4과〉

Had he not **taken** things for granted, the tortoise could not **have** beaten him.
변화   변화   추가

○ if 삭제 : '과거 사실에 반대되는 일'을 가정하므로 가정법 과거완료 문장인 'If he had not taken things for granted, the tortoise could not have beaten him'으로 쓸 수 있고 접속사 If가 생략되면, 동사(had)가 문장 앞으로 가서, 주어(he)와 동사(had)가 도치된 문장이 만들어진다. 가정법 과거완료 문장이므로 주절은 'S+조동사(과거형) have p.p'로 써야 한다.

*take A for granted : A를 당연시하다

19 **Without[But for/Had it not been for/If it had not been for]** my coworkers' help, I wouldn't **have** **finished** the
추가   변화   추가   변화

project on time.

○ 과거 사실의 반대를 가정하는 문장(가정법 과거완료)에서 "~이 없었다면"의 표현은 'Without+명사'나 'If it had not been for+명사' / 'Had it not been for+명사' / 'But for+명사'로 쓸 수 있다. 또한 주절은 'S+조동사(과거형)+have p.p'로 써야 한다.

20 If I **had** **had** an opportunity to apply for a permanent job, I **would** receive more annual salary now.
변화   변화   변화

○ have 삭제 : 과거의 실현되지 못한 일(정규직에 지원하지 못한 일)이 현재까지 영향을 미칠 때(더 많은 연봉을 받지 못하는 일) '혼합가정법'을 사용하여 표현하고, 「If S had p.p ~, S 조동사(과거형)+R ~」의 형태를 쓴다.

15. 도치

01 **There was nothing left to drink in the bottle.**

⊙ "(주어)이/가 있다"의 표현은 『There be S』의 주어와 동사가 도치된 표현을 활용해야 한다. '-thing'으로 끝나는 대명사(nothing)는 뒤에서 수식을 해야 하며, '-thing+형용사[분사]+to부정사'의 어순을 취한다.

02 〈시사(한) 7과〉

At the entrance to the park are two buildings.

⊙ 'Two buildings are <u>at the entrance to the park</u>(전치사구)'에서 전치사구를 강조하기 위해 문두에 두면 주어(two buildings)와 동사(are)가 도치된다.

03 〈시사(박) 7과〉

Never again did lions cross Richard's fence.

⊙ 부정어(Never)를 강조하기 위해 문두에 두면 주어(lions)와 조동사(did)가 도치된다.

04 〈능률(김) 5과〉

Equally various were the answers to the second question.

⊙ 'The answers to the second question were equally various'에서 보어(equally various)를 강조하기 위해 문두에 쓰면 주어(The answers)와 동사(were)가 도치된다.

05 **Not only was he a noted author, but also a gifted speaker.**

⊙ 주어진 우리말에 "A뿐만 아니라 B도"의 의미를 담고 있으므로 『Not only A but also B』 구문을 활용하여 배열하되(He was not only a noted author, but also a gifted speaker), 강조를 위해 Not only를 문장 앞에 쓰면, 주어(he)와 동사(was)가 도치된다. *gifted : 재능 있는, noted : 유명한

06 **Never did she imagine that he would be a famous singer.**

⊙ 동사(상상도 못 했다:never imagined) 뒤에 써야 할 목적어는 "그가 유명한 가수가 될 거라고"이고, '접속사that+S+V'를 활용하여 쓸 수 있다(She never imagined that he would be a famous singer). 이 문장에서 부정어(never)를 강조하기 위해 문장 앞에 쓰면, 주어(She)와 조동사(did)의 도치가 일어난다.

07 **Hardly have I heard such an interesting story.**

⊙ 동사(have hardly heard) 뒤에 써야 할 목적어가 "그런 재미있는 이야기를"이고, 'such+a(n)+형용사+명사'의 어순으로 쓸 수 있다(such an interesting story). 부정어(hardly)를 강조하기 위해 문장 앞에 쓰면, 주어(I)와 조동사(have)가 도치된다.

08 **Not until we lose health do we realize its value.**

⊙ 'We don't realize its value <u>until we lose health</u>'의 문장에서 'Not until S+V'(S가 V하고 나서야 비로소)를 강조하기 위해 문장 앞에 쓰면(Not until we lose health), 주어(we)와 조동사(do)의 도치가 일어난다(do we realize).

09 〈시사(한) 7과〉

On a hill within the park are curved terraces and multicolored tile seats.

❍ 'Curved terraces and multicolored tile seats are <u>on a hill within the park</u>(전치사구)'에서 전치사구를 강조하기 위해 문두에 쓰면 주어(Curved terraces and multicolored tile seats)와 동사(are)가 도치된다.

10 〈시사(한) 5과 Culture〉

so does time reveal a person's character.

❍ 'As S V, so V S'는 "~하듯이 …하다"의 의미로 'so' 뒤에 나오는 주어(time)와 조동사(does)는 도치된다.

11 **Neither <u>does</u> a pedestrian respect traffic signals.**
　　　　　　변화

❍ 부정어(neither)를 강조하기 위해 문장 앞에 두면, 주어(a pedestrian)와 조동사(does)가 도치된다. 주어가 단수이므로 단수동사(does)를 써야 한다.

12 〈능률(김) 3과〉

There <u>is</u> no such thing as the right moment.
　　　　　변화

❍ "(주어)이/가 있다/없다"의 표현은 『There be S』의 주어와 동사가 도치된 표현을 활용해야 한다. 'such A as B'는 "B와 같은 그런 A"의 의미이고 주어가 단수명사(thing)이므로 단수동사(is)를 써야 한다.

13 **Only after we finish this project can we get a paid vacation.**

❍ 'We can get a paid vacation only after we finish this project'의 문장에서 부사(only)를 포함한 문장을 강조를 위해 문두에 쓰면, 주어(we)와 조동사(can)의 도치가 일어난다. *a paid vacation : 유급휴가

14 〈능률(김) 7과〉

Not only is hanji clothing practical, but it's also making waves.

❍ "A뿐만 아니라 B도"의 의미를 담고 있으므로 『Not only A but also B』 구문을 활용하여 배열하되(Hanji clothing is not only practical, but it's also making waves), 강조를 위해 Not only를 문장 앞에 쓰면, 주어(hanji clothing)와 동사(is)가 도치된다.

15 〈동아 6과〉

Not until the late Joseon period <u>did</u> paintings begin to decorate the homes of common people.
　　　　　　　　　　　　　　　　　　추가

❍ 'Not until S+V'(S가 V하고 나서야 비로소)를 강조하기 위해 문장 앞에 쓰면, 주어(paintings)와 조동사(did)의 도치가 일어난다(did paintings begin).

16 〈비상 4과〉

Along the buildings <u>were</u> shops <u>selling</u> beautiful glass pieces.
　　　　　　　　　　　변화　　　　　변화

❍ 주어 부분인 "아름다운 유리 공예품을 파는 상점들"에서 수식 부분이 주어(shops)를 '능동("파는")'의 의미로 꾸며주므로 현재분사(selling)를 써야 하고, 전치사구(along the buildings)를 강조하기 위해 문두에 쓰면 주어(shops)와 동사(were)가 도치된다.

17 〈천재(김) 8과〉

Only after a king died <u>was</u> the Sillok of his reign <u>published</u>.
　　　　　　　　　추가　　　　　　　　　　　　　　　　변화

○ 동사가 "편찬되었다"의 '수동'의 뜻이므로 'was published'로 쓰되, 부사(only)를 포함한 문장(Only after a king died)을 강조를 위해 문두에 쓰면, 주어(the Sillok)와 동사(was)의 도치가 일어난다(The Sillok of his reign was published only after a king died—강조되기 이전의 문장).

18 <u>Surprising</u> was the news <u>that</u> the accident was deliberate.
　　　변화　　　　　　　　　　추가

○ 'The news(S) (that the accident was deliberate : 동격절) / was(V) / surprising(SC)'
"그 사고가 의도적이라는 소식은"이 주어 부분이고, 동격의 접속사(that)를 활용하여 쓰면(the 명사 that S V), 'the news that the accident was deliberate'로 쓸 수 있다. 주격보어인 "놀라운 것"은 현재분사형 형용사(surprising)를 써야 하고 이를 강조하기 위해 문두에 쓰면, 주어(the news)와 동사(was)가 도치된 문장이 된다.

19 <u>Found</u> in front of the door was my key which I had lost.
　　　변화

○ 'My key(S) (which I had lost:관계대명사절) was(V) found(SC) in front of the door(M)'
주어 부분인 "내가 잃어버렸던 열쇠"는 주어(my key)를 수식하는 관계대명사절(which I had lost)로 배열하고, '키를 잃어버린 일'이 '발견된 일'(과거시제)보다 더 이전의 일이므로, 과거완료시제(had lost)를 써야 한다. 동사가 "발견되었다"라는 '수동'의 의미이므로 수동태(was found)를 쓰되, 과거분사(found)를 강조하기 위해 문두에 쓰면, 주어(my key)와 동사(was)가 도치된다.

20 Not only <u>does</u> the doctor <u>learn</u> what <u>causes</u> the illness, but he also knows well how he treats it.
　　　　　　추가　　　　　　　　변화　　　　　변화

○ "A뿐만 아니라 B도"는 『Not only A but also B』 구문을 활용하여 배열(The doctor not only learns what causes the illness, but he also knows well how he treats it)하되, 강조를 위해 Not only를 문장 앞에 쓰면, 주어(The doctor)와 조동사(does)가 도치되고 조동사(does) 뒤에는 동사원형(learn)을 써야 한다. 동사 'learn'과 'knows'의 목적어인 "무엇이 그 질병을 유발시키는지"와 "어떻게 그것을 치료하는지"는 간접의문문[의문사+(S)+V]을 활용하여 쓸 수 있다.

16. 강조(do, It - that)

01 〈시사(한) special lesson〉

I do know I will be forever grateful.

❂ 일반동사(know) 바로 앞에 'do/does/did'를 쓰면 동사를 강조("정말로" 또는 "진짜로"의 의미)할 수 있다. 주의할 점은 강조의 'do'가 조동사이므로 바로 뒤에는 동사원형이 쓰인다는 점이다.

02 My relative does help me with my chores.

❂ 강조의 'does'가 동사(help)를 강조하고 있다.   *help O with+명사 : O가 '명사'하는 것을 돕다

03 〈천재(이) 8과〉

It is Juldarigi that often highlights a school sports day.

❂ "…한 것은 바로 (강조하는 말) -이다" 의 표현은 『It is+강조하는 말+that(관계사)』의 강조구문을 활용하여 쓸 수 있다.

04 〈시사(박) 9과〉

It was a new training suit that changed the team.

❂ 강조하는 말이 "새로운 운동복"이므로 『It is+강조하는 말+that(관계사)』의 강조구문을 활용하여 배열한다.

05 It was the president that we met 3 hours ago.

❂ "…한 것은 바로 (강조하는 말) -이다" 의 표현은 『It is+강조하는 말+that(관계사)』의 강조구문을 활용하여 쓸 수 있다. 관계대명사절 속의 'met'의 목적어(the president)가 강조되고 있고, 선행사가 사람이므로 'that' 대신 'who(m)'를 쓸 수도 있다.

06 It was my colleague who was fired in the company.

❂ 강조하는 말이 "나의 동료(my colleague)"이므로 『It is+강조하는 말+that(관계사)』의 강조구문으로 표현할 수 있고 'who' 대신 'that'도 가능하다.

07 It was in the university where I saw my wife for the first time.

❂ 강조하는 말이 "대학교 안(in the university)"이므로 『It is 강조하는 말 that(관계사)』의 강조구문을 활용하여 전치사구를 강조하도록 문장을 쓴다. 관계부사 'where' 대신 관계부사 'that'도 가능하다.

08 It was in 2001 that September 11 attacks occurred.

❂ 강조하는 말이 "2001년"이고 강조하는 말은 전치사구(in 2001)도 가능하므로 『It is 강조하는 말 that(관계사)』의 강조구문으로 쓰되, 'that' 대신 관계부사 'when'도 가능하다.

09 〈시사(박) 9과〉

It was goal-line technology that settled any disputes over goals.

❂ "-한 것은 바로 …이다"의 표현은 『It is 강조하는 말 that(관계사)』의 강조구문으로 쓸 수 있고 이 문장의 경우 강조하는 말은 "골라인 판독기술"이다.

10 It is only after parents' death that we realize their devotion.

○ 내용상 강조하는 말이 "부모님이 돌아가신 후(only after parents' death)"이고 『It is 강조하는 말 that(관계사)』의 강조구문을 활용하여 쓸 수 있다. 'only after parents' death'를 문장 앞에 위치시켜서 강조하는 표현을 쓸 수도 있는데, 이 경우에는 주어와 동사가 도치된다(Only after parents' death do(V) we(S) realize their devotion).

11 She **did** study English, but she couldn't speak it.

　　　추가

○ 일반동사 앞에 do를 쓰면, 그 일반동사를 강조하는 표현이 된다. 주의할 점은 강조의 do도 조동사이므로 뒤에 나오는 동사는 동사원형(study)을 써야 한다는 것이다. 시제가 과거이므로 did를 써서 study를 강조한다.

12 My friend is ambitious, but he **does** look depressed today.

　　　　　　　　　　　　　　　　　　변화

○ 주어(he)가 3인칭 단수이고 문장의 시제가 현재이므로 동사(look)를 강조하기 위해서는 'does'를 써야 한다.

13 It was two weeks ago **that**[when] the unexpected earthquake happened.

　　　　　　　　추가

○ 내용상 "바로 2주 전"이 강조되고 있으므로 『It is 강조하는 말 that(관계사)』의 강조용법을 활용하여 쓰되, that대신 관계부사(when)도 가능하다.

14 It is whether we have a dream **that** is most important.

추가　　　　　　　　　　　　　　추가

○ "우리가 꿈을 가지고 있는지"가 강조되고 있으므로 『It is 강조하는 말 that(관계사)』의 강조용법을 활용하여 문장을 쓸 수 있다. '접속사 whether+S+V'는 "S가 −인지 아닌지"의 뜻으로 문장 내에서 명사절(S,O,C)로 쓰인다.

15 〈금성 6과〉

It is not until you divide the portrait into four squares **that** you can solve the question.

추가　　　　　　　　　　　　　　　　　　추가

○ 내용상 "초상화를 4등분하고 나서 비로소"(not until you divide the portrait into four squares)를 강조하고 있으므로 『It is 강조하는 말 that(관계사)』의 강조용법을 활용하여 영작한다. 이외에 부정어(not until)를 강조하기 위해 문두에 쓰면 주어(you)와 조동사(can)가 도치되는 'Not until you divide the portrait into four squares can(v) you(s) solve the question'도 같은 의미이다.

*divide A into B : A를 B로 나누다

16 It is who ties a bell on the neck of a cat **that** is difficult to decide.

추가　　　　　　　　　　　　　　　　추가

○ 해석상 강조되는 말인 "누가 고양이 목에 방울을 달지"는 간접의문문[의문사+(S)+V]을 활용하여 쓴 후(who ties a bell on the neck of a cat), 『It is 강조하는 말 that(관계사)』의 강조용법을 활용하여 영작한다.

It is the other ingredients that make bibimbap taste so great.
추가   추가   변화

○ 해석상 "바로 다른 재료"를 강조하고 있으므로 『It is 강조하는 말 that(관계사)』를 활용하여 쓰되, "비빔밥을 맛있게 해 주다"는 5형식 동사인 사역동사(make)를 활용하고 목적격 보어에 동사원형(taste)을 쓴다는 점에 주의해야 한다.

18 It was not his behavior but his attitude that I hated most.
  추가 추가 추가   추가   추가

○ 강조되고 있는 "그의 행동이 아니라, 그의 태도"는 상관접속사 'not A but B : A가 아니라 B'를 활용하여 쓰고 강조구문인 『It is 강조하는 말 that(관계사)』를 사용하여 영작한다.

19 The company did compete with other businesses, some of which were completely bankrupt.
              변화   변화   추가

○ them 삭제 : 동사인 "진짜로 경쟁했다"는 강조의 'do'를 일반동사(compete) 바로 앞에 써서 표현할 수 있고 시제가 '과거'이므로 'did'를 쓰되, 강조의 'do'는 조동사이므로 뒤에는 동사원형(compete)을 써야 한다. 또한 "–했고, 그들 중 몇몇은"의 표현은 'other businesses, some of them were–'을 쓰면 접속사가 없는 틀린 문장이므로 문장을 이어주면서(접속사 역할) 명사(other businesses)를 대신(대명사 역할)하는 관계대명사 'which'를 써야 한다.

– **It is only when they return home with a load of honey that they make a straight line.**
      추가   추가

– **Only when they return home with a load of honey do they make a straight line.**
                                                      추가

○ "꿀을 잔뜩 가지고 집으로 돌아갈 때뿐(only when they return home with a load of honey)"의 표현을 강조하기 위해서는 『It is 강조하는 말 that(관계사)』의 강조용법을 활용하여 쓰거나, 강조하고자 하는 문장을 문두에 쓸 수 있다. 문두에 쓰는 경우 주어(they)와 조동사(do)가 도치된다는 점에 유의해야 한다.

17. 수의 일치

01 〈천재(이) 8과〉

Which team wins is not that important.

❍ 주어인 "어떤 팀이 이길지"는 간접의문문[의문사+(S)+V]을 활용하여 쓰되, 간접의문문은 단수 취급하므로 단수동사(is)를 써야 한다. 이 문장에서 which는 의문형용사("어떤")로 'which team'은 간접의문문에서 의문사이자 주어로 취급되고 있다. 'that'은 형용사(important)를 수식하는 지시부사("그렇게")이다.

02 Nearly half of immigrants who came to the country are unemployed.

❍ "그 나라에 온 거의 절반의 이민자들"이 주어 부분이고, 관계대명사절("그 나라에 온": who came to the country)을 이용하여 선행사("이민자들": immigrants)를 수식하도록 단어를 배열하여 주어 부분을 완성한다. 주어가 immigrants로 복수이므로, 복수동사(are)를 써야 한다. 부분을 나타내는 말(half, %, 분수, the rest, some, most 등)은 주어로 쓰이지 않고, of 뒤에 있는 '전체를 나타내는 명사'가 주어가 된다.

03 More than 80 percent of people in each country were aware of e-books.

❍ 주어는 부분을 나타내는 말인 '80 percent'가 아니라, 복수명사(people)이므로 복수동사(were)를 써야 한다.
  *be aware of+명사 : ―에 대해 알고 있다

04 〈비상 2과〉

Choosing complementary colors creates a bold impression.

❍ 주어 부분인 "보색을 선택하는 것"은 동명사 주어(Choosing)를 활용하여 쓰되, 동명사 주어는 단수 취급하므로 단수동사(creates)를 써야 한다.
  *bold : 뚜렷한, 눈에 띄는, 과감한

05 〈다락원 1과〉

The majority of accidents happen due to unsafe riding.

❍ "―의 대다수"는 'the majority of 전체명사'로 쓰는데, 전체명사(accidents)가 주어이므로 복수동사(happen)를 써야 한다.
  *due to+명사 : ―때문에

06 Whether I liked living in messy rooms was another subject.

❍ "내가 어질러진 방에서 사는 것을 좋아하는지는"이 주어 부분이고, 명사절(whether S V: S가 V―인지 아닌지)을 활용하여 주어 부분을 쓴다. 주어로 쓰인 'Whether이 이끄는 절(명사절)'은 단수 취급하므로 단수동사(was)를 써야 한다.

07 〈동아 2과〉

Each of these ingredients has its own English expression.

❍ 'Each of 복수명사'는 "각각의 (명사)들"의 의미로 Each가 주어이고 단수이므로 단수동사(has)를 써야 한다.

08 〈비상 3과〉

A third of global food production goes into trash bins annually.

❍ 주어 부분에 '분수(A third)'를 포함한 '부분을 나타내는 말'이 있는 경우, 전치사(of) 뒤에 있는 전체명사(global food production―단수)를 주어로 보기 때문에 단수동사(goes)를 써야 한다.

09 〈금성 4과〉

A number of companies around the world have built up more effective energy sources.

○ 'a number of 복수명사'는 주어 자리에 쓰일 경우, 복수명사(companies)가 주어이므로 복수동사(have)를 써야 한다.

10 **Nobody believed the remedy of other countries which was introduced by the doctor.**

○ 관계대명사절(which was introduced by the doctor)이 수식하는 선행사는 'countries'가 아니라, 내용상 단수명사인 'remedy'이므로, 관계대명사절의 동사도 단수동사(was)를 써야 한다. 즉, 주격 관계대명사절의 동사는 선행사의 수에 일치시켜야 한다.

11 〈시사(한) 3과〉

Most of these colors and flavors <u>are</u> not natural.
                              변화

○ "부분을 나타내는 표현+of+전체명사"는 전체명사(these colors and flavors)를 주어로 보기 때문에 이 문장의 경우 복수동사(are)를 써야 한다.

12 **Sign language for <u>the deaf</u> <u>was</u> developed in France.**
                    추가   변화

○ 주어가 'Sign language'로 단수명사이므로, 단수동사(was)를 써야 한다. 'the deaf'가 "청각 장애인들"로 복수이지만, 이 문장에서는 주어를 꾸미는 수식어로 사용되고 있다. cf) the 형용사 : ―한 사람들

13 **The number of the children who suffer from the measles <u>is</u> decreasing.**
                                                        변화

○ 'a' 삭제 : "홍역으로 고통을 받고 있는 아이들의 수"가 주어 부분에 해당하고, '―들의 수'는 『the number of 복수명사(children)』를 활용하여 쓰되, 단수명사인 'The number'가 주어이므로 단수동사(is)를 쓴다. 또한 선행사("아이들": children)가 관계대명사절("홍역으로 고통을 받고 있는": who suffer from the measles)의 수식을 받도록 배열한다. 'the measles(홍역)'를 복수명사로 취급하지 않도록 주의해야 하고 이 문장에서 주어로 보지 않도록 해야 한다.

14 〈시사(박) 10과〉

99 percent of ordinary people <u>are</u> affected by the feelings of people close to them.
                              변화

○ "부분을 나타내는 표현 of 전체명사"는 전체명사(ordinary people)를 주어로 보기 때문에 복수동사(are)를 써야 한다.

15 **The most essential tool of modern societies which <u>is</u> available everywhere <u>is</u> a computer.**
                                              변화   변화

○ 관계대명사 which 이하에서 수식하는 명사(선행사)는 내용상 'modern societies'가 아닌 'tool'이고 주격 관계대명사절의 동사는 선행사(tool : 단수명사)의 수에 일치시켜야 하므로 단수동사(is)를 써야 한다. 또한 문장의 주어도 'tool'이므로 단수동사(is)를 문장의 동사로 써야 한다.

16 **Each of the <u>members</u> <u>is</u> <u>interested</u> in <u>helping</u> the sick.**
                  변화   변화   변화   변화

○ 주어 부분인 "각각의 구성원들"은 'each of the 복수명사'를 활용하고, each가 주어이고 단수이므로 단수동사(is)를 써야 한다. 동사(is interested in: ―에 관심이 있다) 뒤에 써야 할 목적어인 "아픈 사람들을 돕는 일"의 표현은 먼저 전치사(in)의 목적어로 동명사(helping)를 쓰고, 동명사의 목적어로 'the sick'(the+형용사: ―한 사람들)을 쓴다.

17 **What** is important in <u>dealing</u> with this problems <u>is</u> your effort.
　　추가　　　　　　　　　　변화　　　　　　　　　변화

❍ "이 문제들을 다루는 데에 있어 중요한 것"이 주어 부분이고, 관계대명사(what: –하는 것)를 활용하여 주어 부분을 쓴다. 전치사(in) 뒤에는 전치사의 목적어로 동명사(dealing)를 써야 하고 관계대명사 what이 이끄는 절은 단수 취급하므로 단수동사(is)를 쓴다. *deal with–: –을 다루다

18 A number of <u>scientists</u> <u>studying</u> the cause of aging <u>seem</u> to find the answer to it.
　　　　　　　　변화　　　　변화　　　　　　　　　　　변화

❍ the 삭제 : "노화의 원인을 연구하는 많은 과학자들"이 주어 부분이고, 수식어("노화의 원인을 연구하는": studying the cause of aging)가 주어("많은 과학자들": A number of scientists)를 수식하도록 한다. "연구하는"이라는 '능동'의 의미로 명사(scientists)를 수식하므로 현재분사(studying)를 써야 하며, 따라 나오는 어구(the cause of aging)가 있어 수식어가 길어지는 경우에는 명사(scientists)를 뒤에서 수식한다. 『a number of 복수명사』는 '많은 –들'의 의미로, 복수명사(scientists)가 주어이므로, 복수동사(seem)를 쓴다.

19 <u>It</u> <u>was</u> whether the consumers needed the new products <u>that</u> <u>was</u> considered in <u>launching</u> them.
　　추가　　　　　　　　　　　　　　　　　　　　　　　추가　변화　　　　　　변화

❍ if 삭제 : "–한 것은 바로 ...이다"의 표현은 『It is 강조하는 말 that(관계사)』의 강조구문으로 쓴다. 이 문장에서는 강조하는 말이 "소비자들이 그 신제품들을 필요로 하는지"이고 '접속사(whether)+S+V'로 쓸 수 있는데, 접속사 'if(–인지 아닌지)'는 주어 자리에 쓰일 수 없다. 명사절(whether the consumers needed the new products)은 단수 취급하므로 관계사절 안에는 단수동사(was)를 써야 하고 "출시할 때"의 표현에서 전치사(in)의 목적어로는 동명사(launching)가 와야 한다.

20 So late <u>does</u> he <u>submit</u> his job application that <u>getting</u> a job <u>seems</u> to be difficult.
　　　　변화　　　변화　　　　　　　　　　　　변화　　　변화

❍ "너무 ~해서 ...하다"의 의미는 『so 형용사/부사 that S+V』 구문을 활용하여 영작한다. 접속사 that절의 "직장을 얻는 것이 어려워 보인다"는 동명사 주어(getting)를 활용하여 쓰되, 동명사 주어는 단수 취급하므로 단수동사(seems)를 써야 한다(He submits his job application so late that getting a job seems to be difficult.). 이때 'so 부사'를 강조하기 위해 문두에 쓰면 주어(he)와 조동사(does)가 도치되고 조동사(does) 뒤에 위치하는 동사는 동사원형(submit)의 형태를 취해야 한다.

18. 조동사

01 〈천재(김) 1과〉

I shouldn't have ever started skipping your classes.

○ "–하지 말았어야 했다"는 '과거의 일을 후회'하는 내용이므로 『shouldn't have p.p』로 표현한다. 동사 'start'는 목적어로 동명사(skipping)를 취한다.

02 ### The sound must have reached fish through the water.

○ "전달되었음이 틀림없다"가 동사이고, '과거의 일에 대한 확신'을 나타내므로 『must have p.p』 "–였음이 틀림없다"의 표현을 활용하여 동사를 쓴다(must have reached).

03 〈시사(박) 8과〉

The tomatoes in your lunch salad may have come from Chile.

○ "였을지도 모른다"라는 '과거의 일에 대한 추측'은 『may have p.p』로 표현한다(may have come).

04 ### My friend can't have finished his homework completely.

○ "끝냈을 리가 없다"가 동사이고, '과거의 일에 대한 부정적 확신'을 나타내므로 『can't have p.p』 "–이었을 리가 없다"의 표현을 사용하여 동사를 쓴다(can't have finished).

05 ### You had better not go out in a rainy day.

○ 『had better R』은 "–하는 편이 낫다"는 표현으로, 부정표현은 not의 위치가 better 뒤에 위치한다. 따라서 『had better not R』이 되어 "–하지 않는 편이 낫다"의 의미가 된다.

06 〈시사(한) 8과〉

It was important that the robot be able to see its feet.

○ 주어가 "로봇이 자신의 발을 볼 수 있는 것"이고 명사절(that S V)을 활용하여 주어를 쓰되, 주어가 길어지므로 가주어 it을 문두에 두고 진주어인 명사절은 문미에 쓴다. 『당연/의무/중요』 형용사가 있는 문장에서는 that절에 조동사 should가 생략될 수 있으므로 동사원형(be)이 주어(the robot) 바로 뒤에 올 수 있다.

07 ### My father and I used to go fishing on weekends.

○ 『used to R』="–하곤 했다/(예전에는)–였다"의 의미로, '과거의 습관'이나 '과거의 상태'를 나타낸다.

08 ### Alcohol is used to remove the ink stains.

○ 『be used to R』은 "–하는 데 사용되다"라는 표현으로, 'used to R'(–하곤 했다/예전에는 –였다)와 혼동하지 않도록 주의해야 한다. 또한 『be used to 명사/v-ing』는 '–하는 데 익숙하다'의 뜻이다.

That required that someone stay with him all the time.

❍ 『명령/요구/주장/제안 동사』 + that S (should) R'과 같이 동사 "요구하다(require)" 뒤의 that절이 "당위성"을 의미하는 경우, 조동사(should)가 생략될 수 있으므로 주어(someone) 뒤에 동사원형(stay)을 쓴다.

The driver insisted that the blacks give up their seats to white passengers.

❍ 동사 "주장했다(insisted)"의 목적어가 "흑인들이 백인 승객들에게 그들의 좌석을 양보해야 한다고"이므로 'that S+V'의 명사절을 활용하여 목적어를 쓸 수 있다. 주절에 명령(order), 요구(demand), 주장(insist), 제안(suggest)을 나타내는 동사가 쓰이고, that절이 '당위성'을 의미하면, 'that S (should) R'의 형태로 문장을 써야 한다.

11 I <u>may</u> <u>have</u> put my cell-phone on the bench.
　　　　추가　　추가

❍ "두었을지도 모른다"가 동사이고, '과거의 일에 대한 추측'을 나타내므로 『may have p.p』 "-였을 지도 모른다"의 표현을 활용하여 동사를 쓴다(may have put).

You all must <u>have</u> <u>played</u> this game at least once.
　　　　　　　추가　　변화

❍ 동사가 "했었음이 틀림없다"라는 '과거의 일에 대한 확신'을 나타내므로 『must have p.p』 "-였음에 틀림없다"의 표현을 활용하여 동사를 쓴다 (must have played).

13 The commander insisted that the soldiers <u>overcome</u> all difficulties.
　　　　　　　　　　　　　　　　　　　변화

❍ 동사 "주장했다(insisted)"의 목적어가 "군인들이 모든 어려움을 극복해야만 한다고"이므로 'that S+V'의 명사절을 활용하여 목적어를 쓸 수 있다. 주절에 명령(order), 요구(demand), 주장(insist), 제안(suggest)을 나타내는 동사가 쓰이고, that절이 '당위성'을 나타내면, 'that S (should) R'의 형태로 문장을 써야 한다.

She suggested that I <u>explore</u> the city on my own for a few hours.
　　　　　　　　　변화

❍ 주절에 제안(suggest)을 나타내는 동사가 쓰이고, that절이 '당위성'을 나타내면, 'that S (should) R'의 형태로 쓴다.

15 It is natural that a bus driver not <u>use</u> his cell-phone while driving.
　　　　　　　　　　　　　　　변화

❍ 'does' 삭제: "휴대폰을 사용해서는 안 된다는 것"이 주어 부분이고, 주어 부분이 길어지면 가주어 it과 진주어(that+S+V)를 사용하는 경우가 많다. "당연하다"처럼 당위성(마땅히 그러해야 하는)을 나타내는 형용사(essential/important/necessary 등)를 써야 할 경우에는, 진주어인 'that절'에 조동사 should가 쓰이고, 이 should는 생략 가능하므로 동사원형(use)만 남는다.

16 Don't put your focus on <u>what</u> <u>should</u> <u>have</u> <u>been</u> done.
                                                        추가   추가   추가   변화

○ "당신의 초점을 두지 마라"는 부정명령문이므로 'Don't put your focus'로 쓰고, "마무리돼야 했던 일"의 표현은 전치사 on(~에 관해)의 목적어로 관계대명사 what을 이용하여 쓸 수 있다. 또한 '과거에 이루지 못한 일에 대한 후회'를 나타내므로 『should have p.p』 "~했어야 했는데"의 표현으로 쓴다(should have been done).

17 〈시사(박) 2과〉

Your mom might <u>have</u> <u>told</u> you <u>to</u> make a beeline home after school.
                              추가   변화   추가

○ 동사 "말했을 수도 있다"는 '과거의 일에 대한 추측'이므로 'may[might] have p.p'를 활용하여 쓴다. 이 문장에서 동사 'tell'은 5형식 동사로서 OC로 to부정사(to make)를 취한다.

18 The futurists <u>worried</u> about the next generation insisted that <u>the</u> <u>number</u> of newborn <u>babies</u> <u>increase</u>.
                변화   추가   추가   변화   변화

○ 주어(The futurists)를 수식하는 "걱정하는"은 과거분사형(worried)으로 써야 하고(cf. worrying: 걱정스러운) 동사 "주장했다(insisted)"의 목적어는 "신생아들의 수가 증가해야 한다고"이므로 'that S+V'의 명사절을 활용하여 목적어를 쓸 수 있다. 주절에 주장(insist)을 나타내는 동사가 쓰이고, that절이 '당위성'을 나타내면, 'that S (should) R'의 형태로 문장을 써야 한다. 따라서 that절의 주어인 "~들의 수"는 'the number of 복수명사(~들의 수)'를 활용하여 쓰되, 동사는 바로 앞에 'should'가 생략되어 있으므로 동사원형(increase)으로 써야 한다.

19 <u>It</u> <u>was</u> <u>not</u> the latest novel <u>but</u> a cookbook <u>that</u> I should <u>have</u> <u>purchased</u> in the bookstore.
         추가   추가   추가   추가   추가   변화

○ "...한 것은 바로 (강조하는 말) ~이다"의 표현은 『It is+강조하는 말+that(관계사)』의 강조구문을 활용하여 쓸 수 있다. 강조하는 말이 "최신 소설책이 아니라, 요리책"이고 상관접속사(not A but B)를 활용하여 쓸 수 있다. 또한 "구입했어야 하는 것"의 표현은 '과거에 이루지 못한 일에 대한 후회'를 나타내므로 『should have p.p』로 쓴다.

20 Most of the volunteers <u>are</u> <u>so</u> <u>tired</u> with the massive works <u>that</u> they had better <u>take</u> a break.
                              변화 추가 변화   추가   변화

○ "너무 ~해서 ...하다"의 의미는 『so 형용사/부사 that S+V』 구문을 활용하여 쓰되, 주어 자리에 부분을 나타내는 말(Most)이 있는 경우 전치사 of 뒤의 전체명사(the volunteers)를 주어로 본다. 주어가 복수이므로 복수동사(are)를 써야 하고 "지쳐서"는 과거분사형(tired)으로 써야 하며(cf. tiring: 지치게 하는) that절의 술어 부분인 "휴식을 취하는 게 낫다"는 조동사(had better+R)를 사용하여 쓴다.

19. 시제

01 **Humans have used wood as a building material since ancient times.**

◐ "–해 오고 있다"의 의미는 과거(ancient times)부터 현재까지의 일을 나타내므로 현재완료시제(have p.p)를 사용하여 한다.

02 **I found my pet that I had lost a year before.**

◐ 애완동물을 발견(found)한 일보다, 잃어버린 일이 더 이전의 일이므로 과거완료시제(had p.p)를 써야 한다. "잃어버렸던 애완동물"의 표현은 my pet을 선행사로 하여 관계대명사절(that I had lost)이 수식하도록 배열한다.

03 **The man seems to have been rich in the past.**

◐ 본동사의 시제(–해 보인다: 현재시제)보다 더 이전의 일(부유했던 것: 과거시제)은 to 부정사의 완료형(=to have p.p)으로 나타낸다. 'It seems(현재시제) that the man was(과거시제) rich in the past'와 같은 의미이다.

04 **I am sorry for having lost your book 3 days ago.**

◐ 문장의 시제(유감스럽다: 현재시제) 보다, '책을 잃어버린 일'(과거시제)이 더 이전의 일이므로, 전치사 for의 목적어로 단순동명사(losing)를 쓰면 안 되고, 완료형 동명사(having lost)를 써야 한다. *be sorry for+명사/동명사: –에 대해 유감스럽다

05 〈금성 8과〉

The 119 team rescued the family who had been trapped inside.

◐ 문장의 동사인 "구했다(rescued)"보다 관계대명사절의 "갇혀 있던" 일이 더 이전의 일이므로 과거완료시제(had p.p)로 표현하되, '수동'의 의미이므로 과거완료의 수동태(had been p.p)로 써야 한다.

06 〈시사(박) 4과〉

He was thirsty because he had swallowed so much salt water.

◐ 주절의 "목이 말랐다(was thirsty)"보다 종속절의 "바닷물을 마셔서"가 더 이전의 일이므로 과거완료시제(had p.p)로 써야 한다(had swallowed).

07 〈시사(박) 5과〉

If you look at the picture closely, you will see a strange form.

◐ '조건'의 if절에서는 미래의 의미("그림을 면밀히 살펴보면")라도 현재시제(look)가 미래시제(will look)를 대신한다. 물론 주절은 미래시제(will see)로 쓴다.

08 **My boyfriend will wait for me until the class is done.**

◐ 때를 나타내는 접속사(until)가 있는 부사절에서는 미래의 의미일지라도 현재시제(is)를 쓴다. *be done: 끝나다

09 **Having finished my assignment, I was allowed to use my smartphone.**

◐ 내용상 종속절인 "과제를 끝낸 후(After I had finished my assignment)"가 주절의 시제(was allowed–과거시제)보다 더 이전의 일이다. 주절보다 종속절의 시제(had finished–대과거)가 더 이전의 일이면 완료형 분사구문(having p.p)으로 쓴다.

10 **Having been bitten by the cat, I am afraid of it now.**

○ 주절의 시제(무서워한다–현재시제)보다 '고양이에게 물린 일(과거시제)'이 더 이전의 일이므로, 완료형 분사구문(having p.p)으로 쓴다. 이때, having been은 생략이 가능하다

11 **We will pass the test unless it <u>is</u> difficult.**
변화

○ 조건을 나타내는 접속사(unless)가 있는 종속절에서는 미래의 의미일지라도 현재시제(is)를 쓴다.

12 〈능률(김) 7과〉

Designers <u>have been using</u> hanji to make clothes, socks, and ties.
추가   추가   변화

○ "–해 오고 있다"는 현재완료진행형(have been v–ing)을 활용하여 쓴다.

13 〈시사(박) 6과〉

Other volunteers who <u>had arrived</u> in Huyro earlier welcomed us.
추가   변화

○ 주어(Other volunteers)를 수식하는 관계대명사절("먼저 도착한"의 내용이 본동사("맞아 주었다"–과거시제)보다 더 이전의 일이므로 과거완료(had arrived)시제로 써야 한다.

14 **The government official in the court denies <u>having accepted</u> a bribe last year.**
추가   변화

○ 술어 부분인 "뇌물을 받았던 것을 부인한다"는 동사 'deny'가 목적어로 동명사를 취하므로 'accepting'을 써야 하나, 본동사(denies)보다 동명사(accepting)의 시제가 더 이전의 일이므로 동명사의 완료형(having p.p)으로 써야 한다.

15 **The instant food in the refrigerator seems <u>to have been manufactured</u> a week ago.**
추가 추가   변화   변화

○ 본동사(seems)의 시제보다 "제조되었던 것"이 더 이전의 일이므로 to부정사의 완료형(to have p.p)으로 써야 하며 내용상 '수동'의 의미이므로 'to have been manufactured'로 쓴다.

16 **Most of the world <u>seems to have been</u> frozen during the Ice Age.**
변화   추가 추가   변화

○ 주어 부분인 "세계의 대부분"은 부분을 나타내는 말(most)이 주어가 아니라, 전체명사(the world–단수)가 주어이므로 단수동사(seems)를 써야 한다. 또한 술어 부분인 "얼어 있었던 것으로 보인다"는 'seem to+R(–해 보이다)'을 활용하되, 본동사(seems)보다 to부정사의 내용이 더 이전이 일이므로 to부정사의 완료형(to have p.p)을 써야 한다(to have been).

17 **The NGO has <u>been insisting</u> that the government <u>take</u> steps to reduce greenhouse gases.**
추가   변화   변화

○ 동사가 "주장해 왔다"의 의미이므로 현재완료 진행형(have been v–ing)을 활용하여 '과거부터 현재까지의 진행 중인 행동이나 상황'을 표현할 수 있다. 또한 주절의 동사가 'insist'이고 that절이 "당위성"을 의미하는 경우, 조동사(should)가 that절에 있고 생략될 수도 있으므로 주어(the government) 뒤에 동사원형(take)을 쓴다. → 『명령/요구/주장/제안 동사』 + that S (should) R'

18 The engineer <u>had</u> <u>had</u> difficulty <u>repairing</u> my car when I stopped at the garage.
　　　　　　　　추가　변화　　　　　　변화

- ● "–하는 데 어려움을 겪다"는 동명사가 들어간 표현인 'have difficulty (in)v–ing'로 쓰고 종속절("정비소에 들렀을 때")보다 주절("어려움을 겪고 있었다")이 더 이전의 일이므로 주절은 과거완료시제(had p.p)로 써야 한다.

19 The majority of the employees <u>want</u> to apologize for <u>having</u> <u>treated</u> you badly.
　　　　　　　　　　　　　　　　　변화　　　　　　　　　　　추가　　변화

- ● 부분을 나타내는 말(The majority)은 전치사 of 뒤의 전체명사(the employees–복수)가 주어이므로 이 문장의 경우 복수동사(want)를 써야 한다. 또한 술어 부분인 "사과하기를 원한다(want to apologize)"보다 "당신을 잘못 대접했던 일"이 더 이전의 일이므로 전치사 for의 목적어로 완료형 동명사(having p.p)를 쓴다(having treated).

20 <u>Having</u> honestly <u>explained</u> <u>how</u> to cope with the situation, you feel more comfortable.
　　　추가　　　　　　　변화　　　추가

- ● 주절의 시제("편안함을 느낀다"–현재시제)보다 분사구문의 시제가 더 이전의 일("정직하게 설명했기 때문에"–과거시제)을 나타내면 완료형 분사구문 (having p.p)으로 표현한다. 분사구문을 종속절로 쓰면 'As you honestly explained how to–'이다. 또한 동사 'explain'의 목적어로 '의문사 +to부정사'를 쓸 수 있다(explained how to cope with).

20. 병렬구조

01 **I enjoy walking and running to stay in shape.**

❍ "걷고 뛰는 것을"의 표현은 동사 'walk'과 'run'이 접속사(and)로 연결되므로 병렬구조로 쓰되, 동사 'enjoy'는 목적어로 동명사를 취하므로 'walking and running'으로 써야 한다.

02 **My mom cooked the food and served it to my guests.**

❍ 동사 "요리하다(cook)"와 "대접하다(treat)"가 접속사(and)를 기준으로 연결되므로 병렬구조가 되도록 동사를 과거시제로 쓴다.

03 〈시사(박) 5과〉

Its purpose was to capture a moment in time and hold it forever.

❍ 내용상 "포착하다(capture)"와 "붙잡다(hold)"가 접속사(and)로 연결되므로 병렬구조로 작성하되, 주격 보어에 to부정사를 쓸 수 있으므로 'to capture and to hold'로 쓰고 접속사(and) 뒤에 반복되는 to는 생략할 수 있다.

04 〈능률(김) 3과〉

He practices new skills by rolling, spinning, and diving high above the sea.

❍ 해석상 "구르고" "돌고" "하강함으로써"는 접속사(and)로 연결되므로 병렬구조로 쓰되, 전치사(by) 뒤에는 동명사를 써야 하므로 'rolling' 'spinning' 'diving'으로 병렬시켜야 한다. 3개 이상의 표현을 병렬시킬 때에는 'A, B and C'의 형태로 쓴다.

05 〈비상 (4과)〉

We had a nice chat, took some great pictures, and exchanged email addresses.

❍ 내용상 동사 "(이야기를) 하다(had)"와 "찍었다(took)" 그리고 "교환했다(exchanged)"가 접속사(and)로 연결되므로 과거형 동사로 병렬구조를 쓰되, 3개 이상의 표현을 병렬시킬 때에는 'A, B and C'의 형태로 써야 한다.

06 **Avoiding eating until you land helps you adjust to a new time zone and prevent jet lag.**

❍ 주어 "삼가는 것"은 동명사를 활용하여 쓰고(Avoiding) 동사 'avoid'는 목적어로 동명사를 취하므로 'eating'을 써야 한다. 또한 동명사 주어 (Avoiding)는 단수 취급하므로 단수동사(helps)를 써야 하고 동사 'help'은 목적격 보어로 '(to) R'을 취한다. 목적격 보어 자리에 "적응하다 (adjust)"와 "예방하다(prevent)"가 접속사(and)로 연결되므로 병렬구조를 이루도록 쓴다.

07 〈능률(김) 3과〉

Taking medicine can help you deal with your emotions and relieve your worries.

❍ 주어 "약을 먹는 것"은 동명사 주어를 활용하여 쓴다(Taking medicine). 동사 'help'은 목적격 보어에 '(to) R'을 취하고 내용상 목적격 보어자리 에 "감정을 다루다(deal with your emotions)"와 "걱정거리를 덜어주다(relieve your worries)"가 접속사 'and'로 연결되므로 병렬구조가 되 도록 동사원형을 써야 한다.

08 **My roommate likes not only to discuss things with me, but also to ask for my advice.**

❍ 동사 'like'의 목적어 자리에 "A뿐만 아니라, B도"의 표현은 상관접속사 'not only A but (also) B'를 활용하여 쓰되, A와 B는 병렬구조를 이뤄야 하고 동사 'like'이 목적어로 to부정사를 취하므로 'to discuss'와 'to ask'가 병렬구조를 이루도록 쓴다.

09 **We should help the poor to earn their own money, or to produce their own food.**

　○ 동사 'help'은 OC로 'to (R)'을 취하고 OC자리에 "벌다"와 "생산하다"가 접속사 'or'로 연결되므로 'to earn'과 'to produce'가 병렬구조를 이루도록 써야 한다.

10 〈시사(박) 6과〉

We stayed in Cusco, recovering from the long hours of flight and adjusting to the high mountain area.

　○ "장시간의 비행으로부터 회복하고(recovering) 고산 지역에 적응하며(adjusting)"는 두 개의 분사구문이 접속사(and)로 연결되어 있는 표현으로 분사구문이 병렬구조가 되도록 배열되어야 한다.

11 〈능률(김) 4과〉

We carried bricks, mixed concrete, and dug holes for pipes.
　　　변화　　　　　변화　　　　　　　변화

　○ 동사 "날랐다(carried)" "섞었다(mixed)" "팠다(dug)"가 내용상 접속사(and)로 연결되므로 병렬구조로 써야 한다. 또한 3개 이상의 표현을 병렬시킬 때에는 'A, B and C'의 형태로 쓴다.

12 〈시사(박) 9과〉

Every athlete tries to run faster, jump higher, or become stronger.
　　　　　　　　　　　　　　변화　　　　　변화

　○ 'every'는 단수명사(athlete)를 취하고 단수 취급하므로 단수동사(tries)를 쓴다. 그러나 이 문장에서 "더 빨리 달리다(run faster)"와 "더 높이 뛰다(jump higher)" "더 강해지다(become stronger)"는 내용상 동사(tries)와 병렬구조를 이루는 것이 아니라 동사(tries)의 목적어인 'to run'과 병렬되므로 'to jump'와 'to become'이 이어져야 하나, 반복되는 'to'는 생략이 가능하다.

13 **He has improved his English by reading English newspapers and watching American dramas.**
　　　　　　　　　　　　　　　　　　　　　　　　　　　　　　　　　변화

　○ "영자 신문을 읽고 미국 드라마를 봄으로써"의 표현은 'by+v-ing(–함으로써)'의 형태로 쓸 수 있고 '읽다(read)'와 '보다(watch)'가 내용상 접속사로 연결되므로 전치사(by)의 목적어로 2개의 동명사(reading, watching)가 병렬구조를 이루도록 쓴다.

14 〈능률(김) 1과〉

Ethan had a special talent for calming people down and bringing out the best in them.
　　　　　　　　　　　　　　　　　　　　　　　　　　　　변화

　○ "사람들을 침착하게 하고 그들 안에서 최고의 능력을 끌어내는"의 표현은 "침착하게 하는 것"과 "끌어내는 것"을 접속사(and)로 연결시켜야 하므로 전치사 'for'의 목적어로 동명사(calming, bringing)가 병렬구조를 이루도록 써야 한다.

15 〈시사(한) 1과〉

You just have to keep doing something, seizing the next opportunity, and staying open to trying something new.
　　　　　　　　　　　　　　　　　　　　　　　　　　　　　　　　　　변화

　○ "계속해서 –하다"는 'keep+v-ing'로 표현하고 "(계속해서) 하는 것"과 "(계속해서) 잡는 것" "(계속해서) 열려 있는 것"이 내용상 병렬구조이므로 주어진 단어 중 'stay'는 동명사 'staying'으로 고쳐야 한다.

16 <u>Recycling</u> electronics both <u>prevents</u> pollution <u>and</u> <u>conserves</u> natural resources.
       변화   변화   추가   변화

  ❍ 주어인 "재활용하는 것"은 동명사 주어(Recycling)를 활용하여 쓰고 동명사 주어는 단수 취급하므로 단수동사(prevents)를 써야 한다. 또한 "A와 B 둘 다"는 상관접속사 'both A and B'로 표현하고 A와 B가 병렬구조가 되어야 하므로 동사 'conserve'도 동명사 주어(Recycling)로 인해 단수형(conserves)으로 써야 한다.

17 It is necessary <u>to</u> head for the bicycle shop and <u>purchase</u> a new helmet.
                          추가   변화

  ❍ 주어 부분에 해당하는 "자전거 매장으로 가서 새 헬멧을 사는 것"을 to부정사를 활용(명사적 용법)하여 쓰면 'to head for the bicycle shop and (to) purchase a new helmet'이고 접속사 'and'로 내용이 연결되므로 병렬구조로 써야 한다. 반복되는 to부정사의 to는 생략이 가능하고 주어가 길어지면 가주어(it)를 문두에 쓰고 진주어는 문미에 써준다.

18 〈시사(한) 3과〉

  <u>slowing</u> digestion and <u>blocking</u> nutrient absorption
       변화   변화

  ❍ 주어가 "(탄산음료 안의) 산(acid)"이고 단수이므로 단수동사(interacts)를 써야 한다. "소화를 늦추고 영양소 흡수를 막는다"의 표현은 접속사(and)와 주어가 생략된 분사구문으로 쓸 수 있고 접속사(and)로 내용이 연결되므로 병렬구조로 쓰되, 각각 목적어(digestion, nutrient absorption)를 취하는 '능동'의 의미이므로 현재분사(slowing, blocking)로 시작해야 한다.

19 〈비상 6과〉

  The lower price would lead more customers <u>to</u> consider <u>buying</u> the jeans and <u>spending</u> another $20 on a T-shirt.
                                        추가   변화   변화

  ❍ "더 많은 소비자들(more customers)"과 "(쓸 것을)고려하다"가 내용상 O와 OC의 관계이므로 5형식으로 쓰되, 동사 'lead'는 목적격 보어로 to부정사를 취하므로 OC는 'to consider'가 되어야 한다. 또한 동사 'consider'는 목적어로 동명사를 취하므로 내용상 접속사(and)로 연결되고 있는 'consider'의 목적어인 "(청바지를) 사고 (티셔츠에 또 20달러를) 쓸 것"은 동명사가 병렬구조를 이루도록 해야 한다(buying and spending).

20 〈능률(김) 7과〉

  Paper-making technology of the Unified Silla Kingdom era was more advanced than <u>that</u> of either Japan <u>or</u> China.
                                                           추가
  추가

  ❍ 내용상 "통일신라시대의 제지기술"과 "일본이나 중국의 제지기술"이 비교되고 있고 비교 대상은 병렬구조(비교 대상이 같아야 함)를 이뤄야 하므로 'than' 뒤에 'that'을 추가해야 하며 여기에서 대명사 that이 의미하는 것은 'Paper-making technology'이다. 또한 "일본이나 중국의 제지기술"은 상관접속사 'either A or B(A이거나 B)'를 활용하여 쓴다.

memo

memo